Édition révisée

LA MÉDIATION FAMILIALE

Édition révisée

LA MÉDIATION FAMILIALE

collectif multidisciplinaire

coordonné par
Lisette Laurent-Boyer

LES ÉDITIONS YVON BLAIS INC.

C.P. 180 Cowansville (Québec) Canada
Tél.: (514) 266-1086 FAX: (514) 263-9256

Dépôt légal: 1er trimestre 1998
Bibliothèque nationale du Québec
Bibliothèque nationale du Canada

ISBN: 2-89451-226-0

PRÉFACE DE LA PREMIÈRE ÉDITION

«La médiation est surtout un art», écrit madame Laurent-Boyer.

Mais il y a 5 500 ans un intendant du Pharaon, Ptah-Hotep, enseignait que «les barrières de l'art ne sont pas fermées et aucun artiste n'atteint jamais la perfection à laquelle il aspire».

C'est ce sentiment d'une quête de la perfection qui se dégage de la lecture de cet ouvrage précurseur au Québec. En vingt ans, les ruptures conjugales de droit et de fait sont passées de 10%: phénomène quasi marginal, à 50%: désastre de société. Qui plus est, des enfants y sont impliqués par plusieurs dizaines de milliers. C'est tout l'avenir d'un peuple que l'on hypothèque.

Les législateurs, tant canadien que québécois, ont tradition-nellement mis le sort de ces familles en détresse entre les mains des tribunaux. Mais ceux-ci n'étaient pas outillés pour faire face à l'ac-croissement spectaculaire de leur clientèle et, surtout, aux problèmes innombrables et souvent nouveaux que ces litiges traînent dans leur sillage. Il fallait créer de toutes pièces une relation de coopération confiante entre les juges, les avocats et les professionnels des sciences humaines afin d'élargir les débats, de faire éclater les frontières strictement juridiques et de faire entrer de plain-pied au prétoire des disciplines jusque-là regardées avec une certaine méfiance.

Le 3 février 1975 était établi à Montréal, auprès de la Chambre de la famille de la Cour supérieure, un premier service d'expertise psychosociale en matière de garde d'enfants. Peu après, le service s'étend au reste du Québec. Au début des années 80 vient s'y ajouter un service de médiation familiale. C'est cette institution dont le présent ouvrage examine les principes et l'action et prône l'extension ainsi que la professionnalisation.

Les résultats obtenus au cours des dix dernières années sont encourageants; et pourtant on a l'impression que l'institution n'en est encore qu'à ses premiers balbutiements. «Actuellement», écrit madame Francine Guilbault, «elle ne rejoint que 10% des couples et s'adresse à une clientèle de classe moyenne et bien informée». Les questions se pressent donc en rangs serrés; par exemple:

– les médiateurs viennent actuellement des sciences humaines et du droit: faut-il viser à faire de la médiation une profession indépendante, ou doit-on se satisfaire d'une spécialisation dans le cadre des professions existantes?

– peut-on institutionnaliser la formation des médiateurs?

– comment étendre le service de médiation (Montréal et Québec) à tout le territoire québécois?

– dans les cas de recours aux tribunaux, faut-il rendre obligatoire une médiation préliminaire?

– quel est le rôle du médiateur vis-à-vis les enfants du divorce?

– ces enfants doivent-ils être impliqués dans les discussions?

– la médiation doit-elle être gratuite? Peut-il exister un système privé parallèle?

À ces questions, comme à plusieurs autres d'ailleurs, les auteurs, toutes et tous experts dans le domaine, tentent d'apporter des réponses ou, au moins, des pistes de solution. Toute la société doit leur en savoir gré et s'inspirer de leurs propos: ce sont réellement des artistes!

Jules Deschênes, O.C., C.R., LL.D.
Juge en chef de la Cour supérieure
du Québec de 1973 à 1983
Président de la Société royale
du Canada

AVANT-PROPOS

Dans l'état actuel des pratiques au Québec, la médiation familiale s'exerce principalement en matière de séparation et de divorce. Ce collectif est né du désir de médiateurs, regroupés au niveau de la formation continue, d'une publication dans le but de promouvoir le développement de la médiation et de servir à la formation.

Il s'agit d'un premier livre sur la médiation familiale écrit en français en Amérique du Nord. Tous les auteures et auteurs se situent au carrefour des sciences juridiques et sociales. Ils sont des praticiens de la médiation familiale, à l'exception du juge Robert Lesage, souvent présent aux conférences et journées d'étude dans ce domaine.

La nature, le processus et les champs d'application de la médiation familiale sont étudiés, de même que la place de l'enfant dans la réorganisation de sa famille. Puisque ce livre est un ouvrage collectif, des sujets sont repris par plus d'un auteur. Certains thèmes sont traités de manière semblable et différente. Ceci est la richesse d'un travail de groupe qui entraînera certainement la poursuite de discussions, d'expérimentations et de recherches sur la médiation familiale. Chaque auteur assume l'entière responsabilité de ses opinions.

Cet ouvrage s'adresse tant aux praticiens qu'aux professionnels des sciences humaines et du milieu juridique et aux personnes qui désirent connaître cette approche implantée au Québec depuis plus de quinze ans. La médiation familiale est un sujet encore plus d'actualité depuis que M. Paul Bégin, alors ministre de la Justice du Québec, a déposé le projet de loi 65 instituant au Code de procédure civile la médiation préalable en matière familiale. Dans la préface, l'honorable Jules Deschênes pose plusieurs questions dont: «Dans les cas de recours aux tribunaux, faut-il rendre obligatoire une médiation préliminaire?» D'autres professionnels impliqués dans le domaine se sont posés cette question et continuent de le faire. Ce débat se poursuit.

Le projet de loi 65 a été modifié et la loi est en vigueur depuis le 1er septembre 1997. La principale modification est le remplacement de l'obligation de la médiation préalable par l'obligation pour les conjoints de participer à une session d'information sur la médiation avant de pouvoir être entendus par le tribunal. Si les conjoints désirent recourir aux services d'un médiateur familial accrédité, sur une base volontaire, ils peuvent bénéficier de séances de médiation gratuites. Ce volet de la loi permet une égalité pour les citoyens du Québec en regard de l'accessibilité à la médiation familiale.

La loi 65 a également mis en vigueur les dispositions de la loi 14 adoptée en 1993 à l'effet que le tribunal puisse ordonner la médiation. Le gouvernement du Québec a aussi mis en place un comité de suivi dans le but d'évaluer l'implantation de cette loi au cours de sa première année de fonctionnement. La médiation familiale demeure insuffisamment connue. Dans le but de promouvoir l'éducation du public et de professionnels reliés à cette approche, l'A.M.F.Q. réalisera un vidéo sur la médiation aussitôt que le financement nécessaire sera accordé.

Depuis l'implantation de la médiation familiale au Québec en 1981, des questionnements sont avancés, des réponses apportées, des expérimentations et des recherches réalisées. Avec l'édition révisée de notre livre, nous continuerons avec grande conviction d'apporter notre contribution à l'avenir de la médiation familiale.

Nos sincères remerciements à tous les auteurs qui ont contribué à ce que ce collectif soit un reflet de la pensée et de la pratique multidisciplinaire de la médiation familiale. Nous tenons aussi à souligner l'appui constant de monsieur Louis Bossé, directeur des publications, aux Éditions Yvon Blais.

D'un commun accord, les auteurs ont accepté de verser leurs droits à l'A.M.F.Q. (Association de médiation familiale du Québec). Cette décision a été motivée par un intérêt à collaborer étroitement autant au mandat de promotion que de formation et de qualité des membres de cette association.

Lisette Laurent-Boyer

AUTEURS ET AUTEURES

Suzanne BARRY

Suzanne Barry est psychologue clinicienne en pratique privée. Elle détient un doctorat en psychologie de l'Université Laval et ses travaux de recherche ont porté sur le droit de parole de l'enfant dans la séparation parentale. Madame Barry a toujours travaillé auprès des enfants, d'abord comme enseignante, puis actuellement comme thérapeute. Son bureau, le Centre de médiation, de consultation et d'expertise psychologique, rejoint particulièrement des familles touchées par les réorganisations familiales engendrées par la séparation, le divorce ou le remariage des parents. Elle est superviseure de stages en psychologie et membre du Comité des organismes accréditeurs en médiation familiale.

Linda BÉRUBÉ

Linda Bérubé est travailleuse sociale, médiatrice familiale accréditée et pratique la médiation depuis 1982. Présidente fondatrice de l'Association de médiation familiale, elle a également participé à l'implantation de la médiation au Service de médiation public de Québec. Elle est présentement associée au Centre de médiation IRIS Québec, une équipe interdisciplinaire de médiateurs fondée en 1991. IRIS Québec dispense des services de médiation familiale et organisationnelle, offre des formations de base et complémentaire ainsi que de la supervision aux médiateurs des cinq disciplines reconnus pour l'exercice de la médiation. Madame Bérubé enseigne la médiation à la maîtrise en service social de l'Université Laval, et elle est coresponsable de la formation à l'Institut européen de médiation familiale à Paris.

Pierrette BRISSON-AMYOT

Détentrice d'une maîtrise en service social de l'Université Laval, Pierrette Brisson-Amyot, directrice adjointe à la direction des services professionnels du Centre de services sociaux de Québec, est fondatrice et directrice du Service d'expertise (1976) et médiation (1984) de Québec. Depuis plusieurs années, elle enseigne la médiation en matière matrimoniale (Barreau du Québec, Chambre des notaires) et en matière de protection de la jeunesse (Centres de services sociaux du Québec). Co-responsable, avec madame Françoise Lafortune, d'un projet expérimental concernant la médiation à la Commission des normes du travail. Superviseure en médiation à la clinique de psychologie rattachée à l'École de psychologie de l'Université Laval.

Daniel CAMOZZI

Daniel Camozzi est né en France et a vécu dans plusieurs pays avant de s'installer au Québec. Il a obtenu une maîtrise en service social en 1975. Il travaille comme médiateur et superviseur des stagiaires au Service de médiation à la famille depuis 1981. Il a donné de la formation en médiation familiale et a présenté un bon nombre de conférences à travers le Canada et l'Europe. Il est très intéressé par l'application de la médiation dans différents contextes, que ce soit familial ou politique, pour arriver à de meilleures résolutions de conflits.

Suzanne CLAIRMONT

Diplômée en droit et en criminologie, Suzanne Clairmont est médiateur accrédité et avocate en droit de la famille. Pratique la médiation familiale depuis 1986 et agit comme superviseure et formatrice en médiation familiale. Présidente de l'Association de médiation familiale du Québec. Également membre du Conseil d'administration de Médiation familiale Canada. Vice-présidente du Comité de médiation du Barreau du Québec. Coprésidente du 8e congrès canadien de Médiation familiale Canada (octobre 1994). Depuis 1988, chargée du cours de Législation sociale à l'École de service social de l'Université de Montréal. Membre de l'Association des avocats en droit de la famille et de l'Academy of Family Mediators.

François CRÊTE

François Crête est notaire, médiateur familial accrédité. Il exerce en pratique privée et s'intéresse, depuis 1976, à la médiation. Il est président et directeur général du Centre de médiation Famicom (1994) Inc. Il est professeur chargé de cours à l'Université de Sherbrooke, à l'École de psychologie de l'Université Laval de Québec et enseigne également la médiation familiale pour la Chambre des notaires du Québec. Il est membre du Comité des Organismes accréditeurs en Médiation familiale à titre de représentant de la Chambre des notaires du Québec.

Lorraine FILION

Détentrice d'une maîtrise en service social de l'Université de Montréal, Lorraine Filion travaille depuis 22 ans auprès des couples et familles séparés et divorcés. Depuis 1983, elle assume la coordination des Services d'expertise et de médiation des Centres Jeunesse de Montréal auprès de la Cour supérieure du Québec à Montréal. Outre sa pratique de médiation familiale, elle a écrit des articles publiés dans des revues scientifiques, au Québec et à l'étranger, en plus de participer à nombre de colloques et conférences au Canada et en Europe. Elle a déployé beaucoup d'efforts et d'énergie afin de faire connaître et démystifier la médiation familiale et la garde partagée, tant auprès des professionnels des sciences humaines et juridiques qu'auprès de la population en général.

Francine GUILBAULT

Détentrice d'une maîtrise en service social de l'Université de Montréal et membre de la Corporation des travailleurs sociaux du Québec, Francine Guilbault a développé une expertise en médiation et en intervention clinique et communautaire dans la problématique de la séparation-divorce et des transformations familiales. Membre accréditée de l'Association de médiation familiale du Québec, elle a été durant 5 ans coordonnatrice d'un groupe d'entraide pour femmes cheffes de familles. Depuis 1987, elle exerce en C.L.S.C. où elle a mis sur pied un service de médiation partielle dans une équipe qui a développé une programmation en consultation conjugale et familiale particulièrement à l'étape d'une rupture d'union et de restructuration de vie.

Jacqueline LaBRIE

Jacqueline LaBrie est travailleuse sociale, médiatrice accréditée et membre de l'Ordre professionnel des travailleurs sociaux du Québec. Elle est membre en règle du Registre national des travailleurs sociaux en pratique privée de l'Association canadienne des travailleurs sociaux. Elle travaille auprès des familles et des enfants au Centre de services sociaux de Québec de 1972 à 1982, elle exerce en pratique privée depuis 1982. En plus des services de médiation, elle offre, entre autres, des services d'expertise psychosociale et agit

comme témoin expert au tribunal de la jeunesse, et à la Cour
supérieure lorsqu'il y a litige en matière de garde d'enfants. Elle
travaille également au Service d'expertise psychosociale du Centre
jeunesse de la Montérégie, à titre contractuel. Elle est superviseure
et formatrice. Présidente fondatrice de Médiation professionnelle du
Québec, elle a développé avec Jean Poitras, psychologue, une formation «Sur les aspects psychologiques de la médiation». Elle a été très
active au sein de l'Association de médiation familiale du Québec pour
promouvoir le développement de la pratique de la médiation familiale
au Québec.

Françoise LAFORTUNE

Françoise Lafortune, travailleuse sociale, pratique en bureau
privé comme psychothérapeute et médiatrice depuis 1984. Travaillant comme chargée de projet à l'Aide juridique, elle commence à
pratiquer la médiation au début des années 80, puis sera engagée par
le nouveau Service de médiation de la Cour supérieure du district de
Montréal pour exercer le métier et l'enseigner aux autres professionnels. Elle a eu charge d'enseignement comme «assistant-professor»
au Département de service social de l'Université McGill (1973-1989)
et auprès de nombreuses corporations (psychologues, Barreau,
Chambre des notaires), ainsi qu'à la Commission des normes du
travail.

Lisette LAURENT-BOYER

Lisette Laurent-Boyer est travailleuse sociale et médiatrice
familiale accréditée. Thérapeute conjugale et familiale depuis 30 ans,
elle a pratiqué dans les secteurs public et privé. Cette pratique l'a
mise en contact avec des familles qui vivent la séparation et le divorce,
ce qui a motivé son orientation à la médiation familiale. À Montréal
et à Joliette, Mme Boyer offre des services de médiation familiale, est
formatrice et superviseure en médiation familiale. Elle a aussi dirigé
des sessions de formation en France et en Martinique et elle participe
régulièrement à des séminaires sur la médiation familiale. De plus,
elle est présidente sortante de l'A.M.F.Q. et membre de l'exécutif de
Médiation familiale Canada. Depuis presque quinze ans, elle travaille à la promotion de la médiation familiale et au développement
de la collaboration nécessaire avec le milieu juridique.

Lucile LAVERDURE

Lucile Laverdure est travailleuse sociale retraitée dans la ville de Québec depuis 1990. À Montréal, durant trente ans, elle a travaillé dans le domaine du service social, secteur public. D'abord auprès des itinérants et des immigrants de 1960 à 1964; ensuite auprès de couples et de familles jusqu'en 1981. En médiation familiale globale depuis son implantation à Montréal en 1981, à titre de médiatrice, ainsi que de superviseure et formatrice depuis 1984. Dans le secteur privé de 1988 à 1990 en psychothérapie et médiation. Active actuellement au niveau de comités de l'Association de médiation familiale du Québec.

Robert LESAGE

Robert Lesage est juge à la Cour supérieure du Québec depuis 1982. Il est diplômé des universités Laval et de Toronto. Il a pratiqué le droit pendant 25 ans et plaidé devant toutes les juridictions judiciaires et un bon nombre de tribunaux administratifs. Il a enseigné et a été actif au Barreau. Ses fonctions actuelles l'ont amené à écrire et à participer à plusieurs séminaires sur le droit familial.

Richard J. McCONOMY

Avocat-médiateur, admis au Barreau en 1971, Richard J. McConomy est fondateur et associé de l'étude légale McConomy, Sévigny & De Wolfe. Il est président de la section «droit de la famille» du Barreau canadien et vice-président de Centraide Montréal. Il a été membre du Conseil du Barreau de Montréal et président de son comité sur le droit de la famille (1987-1989). Il est médiateur accrédité de l'Association de médiation familiale du Québec.

TABLE DES MATIÈRES

III. Place de l'enfant et médiation

I

NATURE, PROCESSUS ET APERÇU HISTORIQUE

La médiation familiale: définition, cadre théorique, bienfaits pour la famille et étude de modèles

Lisette Laurent-Boyer*

---

* Travailleuse sociale et médiatrice familiale accréditée.

Dans l'esprit de ce livre sur la médiation familiale, il faut entendre, qu'au Québec, la médiation familiale s'exerce principalement en matière de séparation et de divorce. C'est dans ce secteur que les services publics de médiation familiale établis dans les régions de Montréal, Laval, Québec et Chaudière-Appalaches, de même que les médiateurs privés, pratiquent la médiation. Il y a cependant, depuis environ huit ans, une ouverture à la médiation familiale relativement à d'autres conflits familiaux, particulièrement dans le secteur de la protection de la jeunesse.

Ce premier chapitre est un texte de base qui traitera de la définition de la médiation familiale: sa nature, ses caractéristiques, son déroulement; du cadre théorique; des bienfaits pour la famille; de différents modèles de médiation. Plusieurs thèmes de ce premier chapitre seront repris et approfondis ailleurs dans cet ouvrage.

I. DÉFINITION

La médiation familiale est une méthode de résolution de conflits. Définir la médiation[2] de cette manière, c'est situer sa provenance américaine. En effet, le modèle de médiation familiale pratiqué au Québec est d'origine américaine. Il présente une approche alternative au système adversaire et vise à aider les conjoints qui se séparent à conclure des ententes pour satisfaire les besoins des membres de la famille et régler toutes les conséquences de la dissolution du couple et de la transformation de la famille.

Nous empruntons à l'A.M.F.Q. (Association de médiation familiale du Québec) la définition suivante: «La médiation est une méthode de résolution de conflits basée sur la coopération. Le médiateur, tiers impartial, aide les couples désirant dissoudre leur union à élaborer eux-mêmes une entente viable et satisfaisante pour chacun». Dans ce contexte, les conjoints sont les négociateurs, le médiateur est un tiers qui facilite la discussion, dirige le processus, est responsable de ce processus mais non du résultat (Haynes, 1989).

---

1. Le terme «médiateur» définit aussi bien le médiateur que la médiatrice.
2. Le terme «médiation» désigne l'expression «médiation familiale».

Il est établi que le médiateur est un tiers impartial, neutre. Cette question de neutralité appelle cependant des nuances si le médiateur constate que l'intérêt de l'enfant ou de l'un ou l'autre des conjoints peut être lésé. Des auteurs se sont interrogés sur cette question en regard de la protection de l'intérêt de l'enfant et ont élaboré des stratégies d'intervention en ce sens (Lafortune, Brisson-Amyot et Côté, 1990). Lorsque l'intérêt d'un des conjoints n'est pas respecté, le médiateur recourt à des techniques et stratégies pour ne pas cautionner des ententes non équitables pour chacun. L'intervention de médiation familiale se situe auprès des conjoints qui se séparent dans leur rôle de conjoints et/ou de parents. Lorsque ces derniers viennent en médiation sur une base volontaire, ce qui est presque toujours le cas dans le contexte québécois, leur motivation est d'établir avec autodétermination leurs ententes dans le but de réorganiser leur famille en situation de crise, dans cette transition de l'après-séparation.

Bien sûr, c'est la responsabilité du médiateur de recommander, en cours de médiation, une consultation juridique pour que les conjoints connaissent respectivement leurs droits et obligations. Si cette consultation n'a pas été nécessaire en cours de médiation, elle le sera avant de judiciariser leurs ententes. Le tribunal, dans cette perspective, est un dernier plutôt qu'un premier recours. La médiation est aussi définie, de façon appropriée, comme une étape au cours de laquelle les conjoints établissent eux-mêmes leurs ententes. La judiciarisation est une phase ultérieure.

Le processus de la médiation répond mieux aux besoins des parents de préserver le bien-être et l'intérêt de leurs enfants. Leur démarche est alors rassurante pour ces derniers car ils comprennent que leurs parents s'efforcent de régler leurs différends, en tenant compte de leurs besoins et, particulièrement, de ce besoin essentiel qu'ils ont de maintenir un accès à leurs deux parents même si ces derniers sont séparés ou divorcés (Wallerstein, Kelly, 1980).

La médiation familiale s'inscrit dans une orientation de société qui encourage l'autodétermination, la communication, la responsabilité. On voit la médiation s'installer dans différents secteurs: municipalités, petites créances, relations de travail, normes du travail, santé et sécurité au travail, quartiers. L'objectif alors est de résoudre les conflits de la manière la plus satisfaisante possible, en même temps que d'en éviter la polarisation. Dans le contexte de la séparation ou du divorce, c'est une manière de s'entendre (Service de médiation familiale de Montréal, 1984), un moyen d'humaniser le divorce, cette réalité si actuelle. En effet, au Québec, les séparations touchent actuellement un couple sur deux, si nous incluons les ruptures des couples qui vivent en union de fait. Ce qui fait écrire à Richard Cloutier (1990) que 20% des familles québécoises ont déjà vécu l'expérience d'une séparation parentale, environ 20-25% des enfants vivent dans une famille dite réorganisée. Actuellement, aux États-Unis, 38% des enfants vivent dans des familles monoparentales (Fassel, 1991). En Amérique du Nord, le nombre de ruptures après remariage serait encore plus élevé qu'après une première union.

Contexte social et juridique

Les lacunes des services juridiques et de leur structure ont aussi contribué à l'implantation des services de médiation. En effet, les insatisfactions sont nombreuses quant aux coûts, aux lenteurs administratives et au non-respect des jugements concernant l'exercice de l'autorité parentale et la pension alimentaire. Les insatisfactions n'ont pas été seulement exprimées par les conjoints impliqués, mais aussi par des juges, avocats, psychiatres, psychologues et travailleurs sociaux (Lafortune, 1984). Comme pour le concept de la garde conjointe et partagée, l'influence du milieu des sciences humaines a été importante (L'Heureux-Dubé, 1979; Mayrand, 1990). Les professionnels de ce milieu ont souvent signalé, surtout depuis les années 70, les répercussions négatives du système adversaire et proposé de nouvelles approches.

Quand la séparation survient, le plus souvent, elle a été décidée par un des deux conjoints. On établit à 80-85% le nombre de décisions de divorce prises par l'un ou l'autre des conjoints. Dans un grand nombre de cas, elle n'a pas été prévue, c'est le désarroi (Trafford, 1988). Les émotions vécues par les enfants et les adultes sont variées et bouleversantes. Le stress est souvent omniprésent dans la famille.

Les conjoints qui se séparent sont ébranlés. Ils cherchent des alliés pour les rassurer sur leur compétence personnelle, conjugale et parentale. Pour cette fin, ils consultent amis, parents, nouveau conjoint, thérapeute, avocat-conseil.

Wallerstein (1989) a élaboré les tâches psychologiques des parents et des enfants après le divorce, la première étant de se séparer avec civilité. Il faut établir des arrangements. La médiation permet de déterminer des ententes en pensant tout d'abord à l'avenir immédiat de la famille. Par la suite, la famille expérimente des arrangements de vie, les modifie s'il y a lieu pour arriver à établir des ententes satisfaisantes pour le présent et le futur.

Un des objectifs principaux est que les enfants de parents séparés maintiennent la meilleure relation possible avec leurs deux parents. Dans cette perspective, il n'y a ni gagnant ni perdant. Le vocabulaire change: on parle de responsabilités parentales générales et financières plutôt que de garde, droits d'accès et pension alimentaire. Dans son intervention, le médiateur a aussi un rôle éducatif, il est un guide. Dans sa préface, le juge Jules Deschênes souligne l'importance de bien comprendre les besoins des enfants qui vivent la séparation de leurs parents. Les conjoints qui se séparent ont aussi besoin d'avoir une information juste sur les questions économiques, fiscales et légales.

Donnons ici l'exemple d'une famille pour laquelle la médiation, intervenue dès la décision de la séparation, a permis l'implication du père, ceci bien sûr dans l'intérêt des enfants, mais a aussi favorisé pour la mère un partage des responsabilités parentales et conséquemment, un allégement de sa tâche de parent-gardien. La séparation avait été décidée par la mère tout de suite après la naissance de leur quatrième enfant, le père ayant une autre femme dans sa vie. Spontanément, la mère ne voulait pas que le père ait accès au bébé et elle n'envisageait pour les aînés que de courtes périodes de résidence avec leur père. Les séances de médiation se sont échelonnées sur une dizaine de semaines, souvent avec intervalles de deux semaines.

Les conjoints, dans leur rôle de parents, sont arrivés à établir des ententes progressives pour un accès du nourrisson au père et des périodes de résidence plus longues pour les aînés chez leur père. Le père visitait les enfants au domicile familial et la mère, pendant ces périodes, s'absentait pour vaquer à ses affaires personnelles. Ultérieurement, le père a gardé les enfants dans la résidence familiale pour permettre à la mère de prendre des vacances. Parallèlement, les ententes concernant le partage de leurs biens et la contribution financière (pension alimentaire) ont pu être déterminées de façon satisfaisante.

La souffrance psychologique n'a pas été éliminée mais diminuée. La médiation a apporté des avantages pour les enfants et les parents au niveau du système familial, et le règlement judiciaire de leur divorce, par la suite, s'est fait plus rapidement que pour d'autres personnes de leur entourage et les coûts ont été moindres, selon leur témoignage. La médiation évite de rester à cette dimension de la famille qui est brisée au moment de la séparation et aide plutôt la famille à se réorganiser (Coogler, 1978). Cette approche donne aux familles qui vivent la séparation cette orientation où l'on dit: «les conjoints se quittent, les parents demeurent» (Boyer, 1989). Le médiateur pourra vérifier avec les conjoints de quelle manière les enfants ont été informés de la séparation et les inviter à le faire d'une manière appropriée pour que les enfants comprennent la séparation de leurs parents (Wallerstein, 1989). Cette intervention des parents, en plus d'être rassurante pour les enfants, pourra les déculpabiliser quand ces derniers se croient responsables du divorce de leurs parents.

La séparation est une décision d'adultes avec laquelle la majorité des enfants sont en désaccord (Hetherington, 1989; Wallerstein et Blakeslee, 1989). Très souvent, cette décision est communiquée aux enfants de façon inappropriée. Suzanne Barry (1990) rapporte que 80% des enfants n'ont pas été préparés ni avertis de la décision ou du divorce de leurs parents, tel que constaté par Wallerstein et Kelly (1980).

La médiation peut donc se situer avant, pendant (à la condition que les procédures judiciaires soient suspendues) ou après les procédures judiciaires en divorce ou en séparation quand il y a insatisfaction concernant l'exercice de l'autorité parentale et/ou la contribution financière.

Indications

Quelles en sont les indications?

Les conjoints peuvent venir en médiation quand les conflits et la colère sont élevés et que la communication est rompue. Il n'est cependant pas nécessaire que les difficultés soient aussi grandes. Les participants manquent souvent d'information et d'outils pour déterminer les meilleures ententes et considèrent qu'ils ont besoin d'un médiateur pour y parvenir. Dans ce sens, la médiation est une étape nécessaire, même si le niveau de conflit entre les conjoints n'est pas très élevé. Certains craignent le système adversaire, estimant que cela implique plus de temps, des coûts élevés et la possibilité d'un jugement insatisfaisant. La motivation des conjoints qui demandent les services d'un médiateur, sur une base volontaire, semble le plus souvent mixte: être maîtres de leurs ententes et avoir des coûts moindres que dans le système adversaire avec des avocats respectifs. Les clients de la médiation estiment que leurs coûts sont moindres même s'ils demandent une consultation juridique et/ou confient à un avocat de préparer leurs procédures judiciaires, ce que les Américains appellent la *comprehensive mediation*.

Caractéristiques

La médiation familiale, telle que pratiquée au Québec actuellement, est le plus souvent *globale*. Ceci signifie qu'elle touche les sujets suivants: exercice de l'autorité parentale (relations parents-enfants, garde, accès), partage des biens et contribution financière (pension alimentaire). Le Service de médiation de Montréal privilégie ce modèle et a longtemps bénéficié des services d'un avocat consultant (Filion, 1988). Dans une étude parue en 1987 sur la médiation des divorces et des questions familiales faite dans trois villes canadiennes et subventionnée par le ministère de la Justice du Canada, James Richardson souligne les avantages de la médiation globale. C'est aussi l'opinion de Joan B. Kelly (1990) que cette forme de médiation est la plus efficace. Les résultats de la recherche qu'elle a dirigée au Northern California Mediation Center, touchant le règlement complet du divorce et comparant deux groupes, concluent que les clients de la médiation sont plus satisfaits que ceux du groupe qui ont eu recours au système adversaire quant au partage des biens et au soutien financier du conjoint. Il y eut aussi moins de retours au tribunal par la suite, pour les clients de la médiation.

Quant aux questions relatives à la garde des enfants, aux périodes de résidence avec le parent non gardien, de même qu'à la contribution financière pour les enfants, le niveau de conflit présenté par le groupe de la médiation est nettement inférieur comparé à celui des clients du système adversaire, tel qu'évalué selon l'échelle de conflit parental d'Ahron. Étant donné qu'il n'y avait pas de différence au sujet des conflits parentaux dans les deux groupes pendant le mariage, il ressort que la médiation, à court terme, diffuse et réduit le conflit pendant le processus du divorce.

La médiation peut aussi être *partielle*. Alors, elle ne traitera qu'un ou deux des trois sujets. Ainsi, des conjoints sans enfant viennent en médiation pour régler le partage de leurs biens et établir le soutien financier si nécessaire. Nous rencontrons des jeunes couples qui mettent fin à leur mariage et, de plus en plus, des couples qui décident de se séparer après plus de trente ans de mariage et n'ont plus de responsabilités parentales. Viennent aussi en médiation partielle des parents qui, après jugement, veulent modifier le temps de résidence des enfants avec chaque parent et/ou la contribution financière.

La médiation dans le contexte québécois est le plus souvent *volontaire*. Il y avait cependant des possibilités que le tribunal ajourne la cause et, si les parties y consentaient, les référait au service de médiation pour une période déterminée (Murray, 1986). Telle que rédigée, cette règle ne pouvait être appliquée que dans les 4 districts judiciaires de Montréal, Laval, Québec et Chaudière-Appalaches qui étaient les seuls à offrir un service gratuit de médiation. Depuis l'entrée en vigueur de la loi 65, la médiation peut être ordonnée. Dans cette perspective, comme en médiation volontaire, la médiation peut être gratuite[3].

Un projet pour que la médiation devienne *mandatoire* a été à l'étude. En effet, au cours de l'automne 1990, le Conseil général du Barreau du Québec a adopté une résolution présentée par le Barreau de Montréal visant à rendre obligatoire la médiation familiale. Des conditions accompagnent cette résolution et sont rapportées dans les *Échos du Conseil général* du 1er décembre 1990. Il serait plus juste de qualifier cette forme de médiation de mandatoire plutôt que d'obligatoire. Partant du principe de base que la coopération est nécessaire en médiation, comment obliger des personnes en conflit à s'entendre? Il s'agit plutôt d'obliger ces personnes à essayer de s'entendre. Avoir un lieu de parole dans lequel le processus est dirigé pour favoriser la communication, étudier les besoins, explorer les différentes solutions possibles d'une manière raisonnée (Fisher et Ury, 1981), diminue les conflits et encourage la recherche d'ententes et de compromis. Ces ententes sont alors axées sur les relations parentales, en aidant les ex-conjoints à séparer leur relation conjugale antérieure de leur rôle de parent toujours présent (Emery, 1994).

Les expériences californiennes à cet égard sont positives, comme le rapportent Joan B. Kelly et Donald T. Saposnek, médiateurs californiens. Déjà depuis plusieurs années, dans cet État américain, il y a ordonnance de médiation aussitôt que des parents se présentent à la Cour au sujet d'un conflit concernant l'exercice de l'autorité parentale et le degré de satisfaction en regard de cette forme de médiation est élevé. Une recherche (Camplair et Stolberg, 1988), faite auprès de soixante-seize couples et individus en processus de divorce, comparant des couples référés par la Cour en médiation ou en litige, étudie les résultats de chaque type d'intervention et les sources d'influence sur le succès de la médiation. Soixante-neuf (69%) pour cent des couples en médiation arrivent à résoudre un ou plusieurs

---

3. *La médiation familiale gratuite*, Publication du Gouvernement du Québec, ministère de la Justice, 1997.

conflits. Le succès de la médiation peut être relié aux sujets des disputes et à leur importance de même qu'à la volonté de faire des compromis.

Après avoir parlé de différentes caractéristiques de la médiation: globale ou partielle, volontaire ou mandatoire, soulignons aussi que la médiation peut être *fermée* ou *ouverte*. Au Québec, actuellement, elle est toujours fermée, c'est-à-dire confidentielle, compte tenu principalement que les conjoints choisissent la médiation sur une base volontaire. Il est donc entendu, et ceci est spécifié dans le mandat confié au médiateur, avec consentement écrit, que si les conjoints n'arrivent pas à s'entendre, le médiateur ne pourra pas être appelé à témoigner au tribunal. Leur projet d'entente leur appartient. S'ils ne sont pas arrivés à s'entendre ou que leurs ententes n'ont été que partielles, non complétées par rapport aux objectifs fixés, leurs documents et le contenu de leurs discussions ne pourront pas être des éléments de preuve dans le système adversaire.

Si la médiation devient mandatoire, il y a un consensus chez les médiateurs à l'effet que son caractère de confidentialité persiste. Par conséquent, si les personnes impliquées s'entendent, elles présenteront elles-mêmes leurs ententes au tribunal. Si elles ne sont pas arrivées à s'entendre, le médiateur informera le juge, qui a ordonné la médiation, du processus qui a pris place sans dévoiler le contenu des sessions de médiation. Lorsque la médiation est *ouverte*, un rapport peut être produit au tribunal. Les critiques sont nombreuses chez nos voisins américains au sujet de la médiation ouverte (Review, AFCC, 1992).

La loi 65 ne rend pas la médiation obligatoire mais oblige les conjoints à participer à une séance d'information sur la médiation. Toutefois, elle a gardé son titre: *Loi instituant au Code de procédure civile la médiation préalable en matière familiale et modifiant d'autres dispositions de ce code.*

Déroulement

Le déroulement sera certainement influencé par le modèle de médiation choisi et le style du médiateur. Nous examinerons plus loin différents modèles de médiation. Un consensus est cependant établi quant au déroulement suivant. Tout d'abord, les deux conjoints doivent participer à la médiation, même s'il peut être indiqué au cours du processus de les rencontrer séparément, stratégie que Christopher W. Moore (1987) nomme un caucus.

Afin d'atteindre son objectif principal que les conjoints arrivent à établir des ententes éclairées, satisfaisantes et vivables, la médiation doit favoriser la *circulation de l'information*. Il est nécessaire que les conjoints qui sont les négociateurs, tout d'abord connaissent bien le processus de la médiation et ses règles et qu'ils définissent clairement le mandat qu'ils donnent au médiateur. À cet effet, les conjoints signent un consentement à la médiation (formule de consentement en annexe).

Le médiateur doit s'assurer que ses clients connaissent les besoins des enfants selon leurs étapes de développement, leurs besoins spécifiques comme enfants de parents séparés. Ce sujet sera particulièrement développé dans deux chapitres traitant des enfants du divorce. Les conjoints doivent aussi être informés sur ce qu'est l'exercice de l'autorité parentale et les différentes modalités de garde, de même que sur les lois concernant la séparation légale, le divorce, le partage du patrimoine familial et autres questions connexes soulevées par la loi 146, l'implication fiscale reliée à la pension alimentaire du conjoint, les nouvelles lois relatives à la fixation et la défiscalisation des pensions alimentaires pour les enfants.

Il s'agit bien de renseignements s'inscrivant dans le rôle éducatif du médiateur et non d'avis ou d'opinions qui, selon le sujet, relèvent plutôt de la compétence du professionnel concerné: avocat, comptable, psychologue, thérapeute familial et autres, si une consultation a été indiquée. Cette manière d'intervenir est d'ailleurs essentielle pour que le médiateur conserve son impartialité.

L'information que les clients apportent est essentielle pour que le médiateur saisisse le mieux possible les besoins de chacun, l'équilibre du pouvoir, les enjeux et les stratégies des membres de la famille (Saposnek, 1983).

L'information reçue peut aussi avoir des dimensions directionnelles (Haynes, 1989) dont le médiateur tient compte. Après la première étape d'évaluation et de détermination des objectifs de la médiation, il est nécessaire d'établir les besoins de chaque membre de la famille.

Dans ce but, les conjoints ont des *tâches* à accomplir:

– Aux parents qui ont soumis à la médiation l'exercice de l'autorité parentale, on peut demander de préparer un court écrit sur la relation que chacun veut poursuivre avec son ou ses enfants d'une part et, d'autre part, la place qu'il ou elle souhaite que l'autre conserve dans la vie de l'enfant.

- Pour que le partage de leurs biens soit satisfaisant, les conjoints doivent constituer la liste complète et exhaustive de tous leurs biens, en établissant la valeur.

- Préparer les budgets des enfants chez chaque parent et les budgets de chaque parent est aussi un devoir nécessaire pour fixer la contribution financière de chaque parent et une pension alimentaire s'il y a lieu.

- Des consultations avec des personnes extérieures ou d'autres professionnels peuvent être requises. Ces tâches impliquent les conjoints et permettent que les ententes négociées par la suite soient vraiment les leurs.

La création d'une relation de confiance entre eux et le médiateur, de même qu'entre eux-mêmes doit aussi accompagner le processus. Vient ensuite la négociation proprement dite sur les sujets soumis à la médiation: exercice de l'autorité parentale, partage des biens, contribution financière. La négociation se fait par la recherche et l'analyse de solutions et options variées d'une manière raisonnée.

Après la négociation, les décisions sont prises, les points d'entente sont établis. C'est le rôle du médiateur de rédiger le projet d'ententes qui peut aussi s'appeler le mémorandum d'ententes. Ce document doit refléter les ententes déterminées par les conjoints et n'a pas d'effet juridique. Dans le consentement à la médiation, les conjoints ont reconnu qu'il est de leur intérêt de consulter un conseiller juridique indépendant, avant de signer toute entente résultant de la médiation et pouvant avoir un effet sur leurs obligations et droits présents et futurs.

À cette étape, les conjoints décident s'ils veulent entreprendre les procédures légales nécessaires pour judiciariser. Certains judiciarisent rapidement, d'autres préfèrent expérimenter leurs ententes dans un premier temps. Fréquemment, les conjoints acceptent qu'une disposition de révision soit inscrite dans leur projet d'entente. Ils pourront réviser seuls ou avec l'aide d'un médiateur. Certains clients aiment réviser leurs ententes annuellement avec l'aide du médiateur pour mettre à jour leur information et considèrent que le médiateur facilite la communication entre eux et, par conséquent, la présentation des demandes qu'ils ont à se faire de part et d'autre. Ils peuvent, par exemple, réviser les périodes de résidence des enfants avec chaque parent et leur contribution financière. Régulièrement, les conjoints s'engagent à soumettre à la médiation tout changement éventuel qui peut affecter leurs ententes.

Les médiations sont-elles souvent complétées selon les objectifs fixés au départ? C'est une question souvent posée à cette période où les services de médiation sont encore mal connus. Au Québec, nous n'avons pas de recherches nous indiquant le taux de médiations complétées; l'observation des médiateurs l'établit à environ 70%. Toutefois pour des médiateurs, il n'est pas nécessaire qu'une médiation soit tout à fait complétée pour être réussie dans le contexte de la médiation sur base volontaire. Par exemple, il arrive que des ententes partielles soient faites en médiation et les autres négociées par les avocats, ce qui permet toutefois d'éviter des affrontements et des conflits polarisés.

Nous observons aussi que des conjoints qui se séparent viennent en médiation afin d'obtenir de l'information sur les différentes ententes possibles. Ils examinent des options, font des choix et expérimentent les ententes qui en découlent avant de les rendre définitives. Ils finalisent plus tard leurs arrangements, soit seuls, soit avec l'aide de médiateur ou d'avocat(s).

Il arrive aussi que la motivation de chaque conjoint ne soit pas la même. Nous pensons à des conjoints qui souhaitaient régler en médiation les conséquences de leur séparation, mais avec des motifs différents: pour l'époux, l'objectif était surtout d'établir un partage des biens inégal, tandis que l'épouse voulait un règlement à l'amiable satisfaisant sans heurter son mari par une procédure judiciaire. Ces conjoints n'ont pas mené à terme la médiation. Cependant, dans le processus, l'épouse a augmenté son pouvoir relationnel, ce qui l'a rendue capable de demander une consultation juridique pour connaître ses droits sans penser que le conflit serait ainsi davantage polarisé et devienne une provocation pour son mari.

Des impasses sont quelquefois prévisibles pour le médiateur, dès la première entrevue et, en même temps, un des conjoints tient à poursuivre cette démarche. Les impasses en médiation sont traitées dans un autre chapitre.

II. CADRE THÉORIQUE

Après avoir défini ce qu'est la médiation familiale: nature, contexte social et juridique, indications, caractéristiques et déroulement, nous abordons le cadre théorique.

Cette démarche nord-américaine de la médiation a rapidement suscité l'intérêt des professionnels des sciences humaines et juridiques intervenant auprès des familles en France, en Belgique et en Suisse. Dans son livre *Le temps des médiateurs*, Jean-François Six (1990) partage la même philosophie de base d'humaniser le divorce par la médiation familiale mais diffère aussi d'opinion: pour ce théologien et philosophe français, ce serait engager la médiation dans une impasse et la diminuer considérablement que de la définir par la résolution des conflits. Cette position indique une approche de la médiation très différente du modèle nord-américain qui est un mode de résolution de conflits principalement. Un mode de résolution de conflits égalitaire dans lequel les personnes impliquées, les conjoints, sont les négociateurs.

Le conflit peut être constructif (Wilmot et Hocker, 1985), voilà un élément central du cadre théorique. Pour atteindre cet objectif, la médiation est un mode de résolution de conflit qui encourage la communication, clarifie et recadre les perceptions et donne droit de cité aux émotions (Fisher et Ury, 1981).

Pour arriver à résoudre un conflit de façon satisfaisante et qu'ainsi le conflit soit constructif, des conditions sont nécessaires. En effet, un processus est mis en place afin que les éléments du conflit soient transformés dans un mode de collaboration, évitant d'établir un gagnant et un perdant. Ce processus est une activité exigeant l'implication de chaque personne et des mécanismes de communication visant à respecter l'équilibre du pouvoir (Wilmot et Hocker, 1985).

Prémisses de base

En plus de retenir comme élément de base que le conflit peut être constructif, d'autres prémisses peuvent servir de guide au médiateur:

1. Lorsqu'il y a un conflit, presque toutes les personnes veulent arriver à un règlement. Les difficultés sont davantage reliées au fait de ne pas savoir comment régler le conflit plutôt qu'à une absence de volonté de le solutionner (Haynes, 1989).

2. Les personnes impliquées, négociant elles-mêmes, peuvent arriver à un meilleur règlement que si ce règlement est négocié par des intermédiaires ou imposé arbitrairement (Foldberg et Taylor, 1988).

3. La médiation doit tenir compte du présent et être orientée vers le futur afin que les ententes reflètent bien les besoins des participants et puissent ainsi être vivables et durables (Foldberg et Taylor, 1988; Haynes, 1989).

4. L'importance de séparer conjugalité et parentalité dans les réorganisations de la famille (Wallerstein, Kelly, 1980; Saposnek, 1983; Boyer, 1989).

5. La médiation n'est pas de la thérapie mais permet la reconnaissance des émotions (Kelly, 1988; Somary et Emery, 1991).

6. Les besoins et les conditions de vie des enfants et des parents changeront, par conséquent il est important d'envisager un mécanisme de révision. De cette manière, les ententes concernant le temps de résidence des enfants chez chaque parent, de même que la contribution financière des parents seront mieux adaptées, particulièrement si le niveau de conflit est élevé (Foldberg et Taylor, 1988; Johnston, 1986, Irving, 1996)

Influence des valeurs sociales sur la médiation

Explorant les fondements théoriques de la pratique professionnelle de la médiation, Robert D. Benjamin (1990) recherche les nouvelles valeurs sociales intégrées dans cette pratique. Il fait un parallèle avec les conclusions récentes de physiciens à l'effet que plusieurs phénomènes physiques présentent de la complexité et un manque de certitude. Les solutions au conflit n'étant pas déterminées à l'avance, ni prévisibles, ont donc avantage à être étudiées et négociées par les personnes impliquées. Il est intéressant de souligner que le langage est différent qu'il s'agisse du conflit lui-même ou de la résolution du conflit: le langage du conflit est souvent composé de menaces, jugements et positions de défense tandis que le langage de la résolution du conflit est non menaçant, descriptif et factuel (Filley, 1975).

Les observations cliniques des professionnels des relations humaines travaillant auprès des familles, de même que les résultats des recherches sur les conséquences psychologiques du divorce chez les enfants et les adultes (Wallerstein, Kelly, 1980; Wallerstein, 1989; Johnston, 1986), ont influencé les actions des médiateurs familiaux et leur rôle éducatif. En effet, la médiation responsabilise les parents quant à l'importance du maintien du lien parental: le besoin de l'enfant d'avoir accès à ses deux parents est soutenu par des cliniciens et des chercheurs (Barry, 1988; Saucier, 1988; Saposnek, 1983).

La médiation influence aussi l'ouverture à différentes modalités de garde. Les décisions de garde partagée sont le plus souvent prises en médiation familiale (Careau et Cloutier, 1990). Nous retrouvons aussi dans les projets d'accord rédigés à la fin de la médiation, des articles indiquant que les enfants aient un accès souple et large au parent non gardien, même lorsque la garde exclusive est attribuée à un parent.

III. BIENFAITS POUR LA FAMILLE

Dans les pages précédentes, des bienfaits de la médiation pour la famille ont déjà été soulignés. En 1982, Daniel G. Brown établissait un tableau comparatif entre le système adversaire, d'une part, et la médiation en matière de divorce, d'autre part. Des dix-huit facteurs examinés, nous retenons surtout ceux qui touchent les responsabilités parentales. Il ressort que la médiation met l'accent sur le fait que:

– les parents sont parents pour toujours;

– ce sont eux qui décident du partage de leurs responsabilités générales et financières auprès de leurs enfants;

– ils respectent mieux les ententes établies.

Parmi les bienfaits pour la famille, notons que la réorganisation de la famille est favorisée plutôt que de rester à cette dimension de la famille brisée. La médiation est aussi une opportunité d'encourager les membres de la famille, parents et enfants, à accomplir les tâches psychologiques après le divorce (Saposnek, 1983; Wallerstein, 1989). Conséquemment, la famille peut mieux résoudre la crise du divorce dans une optique de croissance personnelle de ses membres. Cette transition de l'après-séparation peut alors être une étape de vie positive et prévenir les conséquences psychologiques négatives chez les enfants. Des cliniciens et des chercheurs rapportent «qu'il semble que ce soit plutôt la façon dont la famille se réorganise et le climat qui règne dans les relations familiales que la séparation des parents elle-même qui influencent le comportement du jeune à l'école et sa capacité d'adaptation» (Bengio, 1990).

Les résultats déjà mentionnés de la recherche comparative de Joan B. Kelly indiquent aussi des avantages pour la famille en humanisant cette réalité du divorce si présente à notre époque et surtout en favorisant la réorganisation de la famille avec autonomie et de manière structurée. Parmi les avantages rapportés dans cette recherche, avantages aussi observés par les médiateurs, citons:

- une plus grande implication des parents auprès des enfants;

- des pensions alimentaires établies en tenant compte des besoins de tous les membres de la famille et de la capacité de contribution de chaque parent et versées plus régulièrement;

- moins de retours au tribunal.

Les femmes ont-elles assez de pouvoir pour que la médiation soit satisfaisante et équitable pour elles? Cette question est régulièrement soulevée en examinant les différents aspects du pouvoir: économique, relationnel, professionnel, émotionnel (Guilbault et Angers, 1987; White, 1988). Dans son étude, James Richardson indique que les femmes ayant eu recours à la médiation ont obtenu des montants de pension alimentaire supérieurs à celles qui ont négocié par l'intermédiaire d'avocats. Ce facteur, de même que le fait que les coûts financiers soient moins élevés en médiation que dans le système adversaire sont aussi des bienfaits pour la famille. Nous n'ignorons pas cependant qu'une inégalité économique entre les femmes et les hommes persiste après le divorce et souvent s'accentue.

Donnons ici l'exemple d'arrangements que des parents ont établis en médiation, alors que l'application stricte de la loi ne le permettait pas. Il s'agit de conjoints divorcés depuis trois ans, parents d'un enfant d'âge scolaire. Au moment de la séparation, ils ont préparé leurs ententes en médiation et ont ensuite obtenu le divorce. L'enfant réside surtout avec sa mère, qui en a la garde, et visite son père fréquemment et régulièrement. L'entente entre les parents à son sujet est plutôt souple et flexible. Au moment de la révision prévue, le père déclare n'avoir pas les revenus suffisants pour contribuer financièrement à l'entretien de son enfant et il est vrai que ses revenus sont très limités. L'entrevue de médiation a permis que le père, réalisant les besoins d'entretien de l'enfant et l'implication de la mère à ce niveau avec des revenus modérés, se responsabilise et accepte de payer une pension alimentaire. En plus de ce montant de pension alimentaire, le père payera pour l'enfant des activités sportives. Au cours de l'entrevue de médiation, le père a exprimé certaines demandes à la mère quant à l'accès à l'enfant, ce qui était satisfaisant pour lui. De son côté, la mère apprécie l'implication du père auprès de l'enfant. Le montant de pension alimentaire versé est insuffisant selon elle, mais l'étude de la capacité réelle du père de payer une pension alimentaire la rend confiante que lors d'une révision annuelle future, il contribuera davantage s'il en est capable.

Les conjoints qui viennent en médiation disent souvent qu'ils sont heureux qu'il soit beaucoup question des enfants dans le processus et qu'ils aiment expérimenter les ententes avant de les judiciariser. Maîtres de leurs ententes établies après avoir étudié les besoins de tous les membres de la famille, les conjoints réussissent mieux à réorganiser la famille. Ces ententes sont aussi plus souvent respectées que des jugements. Si nous comparons ces ententes négociées à des applications rigides de jugements ayant des conséquences négatives pour les relations parents-enfants, nous observons un autre bienfait pour la famille. Il n'est pas rare que des applications rigides de jugements conduisent à des retours au tribunal, ce qui est habituellement source de tensions élevées pour la famille. Depuis 1993, le modèle américain de *transformative mediation* (Busch, Folberg, 1993) influence la pratique des médiateurs familiaux.

IV. ÉTUDE DE MODÈLES

Nous décrirons maintenant des modèles de médiation; les modèles proposés sont ceux dont la définition et le cadre théorique sont les mêmes que dans le modèle pratiqué au Québec, d'une part, et, d'autre part, des modèles élaborés pour intervenir auprès des familles dont le niveau de conflit est très élevé après la séparation. Depuis 1993, le modèle américain de *transformative mediation* (Busch, Foldberg, 1993) influence la pratique des médiateurs familiaux.

Des auteurs comme Fisher et Ury (1981), Foldberg et Taylor (1988) et Moore (1986) apportent un cadre théorique sur la manière de résoudre des conflits, le processus et les stratégies pour y parvenir. Leurs modèles respectifs portent sur la médiation générale et peuvent s'appliquer à la médiation familiale.

Les modèles de Joan B. Kelly et John M. Haynes touchent la médiation familiale en matière de séparation et de divorce. Ces deux médiateurs sont des praticiens expérimentés et des formateurs. L'essentiel de leur modèle est semblable à celui qui est décrit dans ce chapitre: l'objectif visé est d'arriver à une ou des ententes; les émotions sont reconnues mais la médiation n'est pas une thérapie quoiqu'elle puisse avoir des effets thérapeutiques.

Les premiers enseignements en médiation familiale établissaient très clairement que la médiation familiale n'est pas de la thérapie, ni de la réconciliation, ni de l'expertise psychosociale, ni de la pratique du droit.

Joan B. Kelly (1988) a produit une analyse intéressante du processus et du rôle de la médiation et de la psychothérapie en comparant le but, les techniques et les résultats de chacun.

Les difficultés rencontrées dans la pratique pour développer des hypothèses appropriées et mettre en oeuvre des stratégies (Moore, 1987) qui permettent aux conjoints d'arriver à des ententes équitables et satisfaisantes ont amené les médiateurs à se questionner sur l'impact des émotions dans le processus de la médiation et, conséquemment, à développer de nouveaux modèles.

Pour Janet R. Johnston et Linda E. G. Campbell (1986), la médiation basée sur la négociation raisonnée ne donne pas les résultats escomptés avec les parents qui présentent un niveau de conflit élevé, sont ambivalents au sujet de leur séparation et/ou présentent des perturbations psychologiques. Elles préconisent alors un modèle de counselling-médiation. Il est entendu avec les parents que les enfants doivent être évalués sur le plan clinique, compte tenu qu'eux-mêmes sont incapables d'établir ce qui est dans le meilleur intérêt de leurs enfants. Le rôle du médiateur sera alors d'éduquer les parents, de les conseiller et d'être l'avocat des besoins de l'enfant avant de diriger la négociation.

Dans ce modèle de counselling-médiation, une première étape de pré-médiation est requise. Howard H. Irving et Michael Benjamin (1989) considèrent aussi qu'une étape de pré-médiation est nécessaire lorsque le modèle de médiation basé sur la négociation raisonnée est inefficace. Ils parlent de médiation thérapeutique. Leur prémisse de base est qu'il faut adapter le service de médiation aux interactions variées des couples. Par conséquent, leur modèle de médiation thérapeutique est conçu pour les couples qui parviendront à travailler en médiation mais ne sont pas encore prêts pour le faire.

L'évaluation, première des quatre étapes de leur modèle, est exigeante: douze sphères du comportement et du fonctionnement des couples sont examinées dans une courte période de temps. Irving et

Benjamin considèrent que cette évaluation permet de prédire si la médiation sera une réussite ou un échec.

Dans les deux modèles de Johnson et Campbell et Irving et Benjamin, l'étape de pré-médiation est suivie de la négociation proprement dite. Par la suite, pour les premières, une phase d'implantation est installée au cours de laquelle le médiateur doit être disponible pour des urgences possibles et pour les deuxièmes, une phase de révision est nécessaire.

Même dans des médiations sans difficulté exceptionnelle, l'expérience du médiateur lui indique la pertinence de recommander à ses clients une révision périodique seuls ou avec l'aide d'un médiateur. Lorsque le médiateur identifie une possibilité que l'application d'une entente pose des problèmes, une entrevue de révision devrait être planifiée dans un but de support et afin de recourir éventuellement à d'autres solutions ou options plus appropriées.

Si nous revenons à la situation dans laquelle les conjoints sont disposés et prêts à négocier, le médiateur doit quand même souvent faire face à des émotions de colère et de peine exprimées fortement par ses clients. Karen Somary et Robert E. Emery (1991) relient la colère au processus de deuil, une tâche psychologique importante que les conjoints ont à accomplir après la séparation. Ils expliquent que la colère exprimée ne doit pas être perçue comme une résultante du système adversaire et que reconnaître un lien entre la colère et le deuil facilite le processus de la médiation. Une meilleure compréhension du rôle de la colère après la séparation permet au médiateur de mieux intervenir. Un juste équilibre entre l'expression d'émotions de colère et de peine et le processus lui-même de négociation doit être recherché par le médiateur.

Que le médiateur ait des antécédents professionnels dans le domaine des relations humaines ou des sciences juridiques, il a à tenir compte de la capacité de ses clients de négocier d'une manière raisonnée. Lorsqu'il y a impasse, en plus de la nécessité de recourir à d'autres méthodes, c'est souvent l'indication d'un travail de collaboration interdisciplinaire à mettre en oeuvre.

V. CONCLUSION

Ce premier chapitre a voulu traiter de la médiation familiale en général: définition, cadre théorique, bienfaits pour la famille, étude de modèles.

Certaines questions pourtant essentielles ont été peu abordées: la neutralité, l'équité, le pouvoir, la divulgation de renseignements surtout financiers par les participants et, particulièrement, la collaboration médiateur-milieu juridique et la jonction médiation-appareil judiciaire. Ce dernier sujet est étudié dans d'autres chapitres. Il faut comprendre que ce collectif est un début et que nous avons encore beaucoup à expérimenter, à réfléchir, à discuter, à élaborer théorie et pratique dans une perspective multidisciplinaire.

Le principal objectif de la médiation est d'offrir un service approprié à la famille qui vit le divorce, crise de vie la plus difficile à traverser selon des cliniciens et des chercheurs, et d'aider la famille à se réorganiser. À cet égard, les remarques des parents qui choisissent la médiation et les conclusions de recherches sont valorisantes pour les médiateurs. En effet, on souligne souvent que l'intérêt des enfants est préservé et favorisé par la médiation, ce qui conforte les parents, diminue les conflits entre eux et, parallèlement, leur permet de reconstruire plus facilement leur vie après la séparation.

Pour que la médiation soit efficace, que les ententes établies par les conjoints soient satisfaisantes, équitables et vivables, un lieu de parole avec un tiers facilitateur n'est pas suffisant. Il faut un processus structuré pour que la résolution du conflit soit constructive. Les quatre éléments de la négociation raisonnée de Fisher et Ury (1981) sont nécessaires:

– traiter séparément les questions de personnes et le différend;

– se concentrer sur les intérêts en jeu et non sur les positions;

– imaginer un grand éventail de solutions avant de prendre une décision;

– exiger que le résultat repose sur des critères objectifs.

Quand le processus est structuré et que les conditions d'intervention sont respectées (Haynes, 1989), la médiation peut donner les résultats souhaités et permettre que la crise ne se fige pas à sa dimension de danger, mais rejoigne aussi celle d'opportunité de croissance comme le conçoivent les interventionnistes en situation de crise. Dans l'état actuel de nos connaissances, la médiation est surtout un art (Haynes, 1989), compte tenu particulièrement que le cadre théorique sur la manière d'aider d'autres personnes à résoudre leur conflit eux-mêmes n'est pas unique et continue de se développer.

D'autres interventions peuvent être complémentaires à la médiation auprès des membres de la famille vivant la transition de la séparation, tels psychothérapie individuelle, thérapie du divorce, groupes d'entraide pour les enfants et les adultes.

La médiation familiale n'est pas une panacée, mais est un service qui doit faire partie des choix disponibles aux conjoints qui se séparent ou divorcent. Les médiateurs sont unanimement d'accord pour que la médiation soit accessible à toute la population, ce qui ne signifie pas que les services doivent être gratuits pour tous, mais certainement subventionnés pour les personnes qui ne peuvent en payer les honoraires en bureau privé.

Certains thèmes étudiés dans ce chapitre sont repris dans d'autres parties du livre et approfondis, tels le fonctionnement des enfants de parents séparés à court et à long terme et la garde partagée. Ces sujets sont importants pour que la médiation familiale réalise son objectif d'être un nouveau service à la famille, service le mieux adapté possible aux besoins de la famille en réorganisation.

Nous ne pouvons terminer ce chapitre sans souligner certains *défis* auxquels la médiation familiale doit répondre:

- les idéologies et les systèmes de valeurs différents des médiateurs.

- l'élaboration de modèles de médiation pour s'adapter aux personnes auxquelles le modèle régulier ne convient pas.

Ainsi, la violence est souvent présente dans les familles actuellement. Violence et médiation, deux mots qui, à la première résonance, ne s'accordent pas. Des médiateurs travaillent à l'élaboration de protocoles d'évaluation et d'intervention (M.F.C, 1991) auprès des familles sans penser tout régler avec la médiation. Nous recherchons des solutions possibles entre violence et médiation ponctuelle.

Si la médiation mandatoire s'inscrit dans le système judiciaire, des modèles de pratique devront aussi être définis pour que les résultats escomptés puissent être obtenus, particulièrement s'il y a de la violence dans la famille.

- La formation théorique et pratique des médiateurs provenant des milieux juridiques et des relations humaines et ayant des antécédents professionnels différents.

- L'intégration des services de médiation volontaire et mandatoire dans le système judiciaire ou en complémentarité avec ce système. On dit souvent que la médiation est pratiquée à l'ombre de la loi. Il serait peut-être plus juste de dire que la médiation travaille main dans la main avec la loi (Boyer, 1989).

- Certaines questions d'éthique professionnelle sont aussi un défi de taille pour le bon fonctionnement du processus de la médiation. En effet, les médiateurs expérimentés sont peu nombreux et coiffent souvent des chapeaux différents: les professionnels des relations humaines peuvent être à la fois psychothérapeutes individuels, conjugaux et familiaux, préparer des expertises psychosociales ou des évaluations psychologiques pour le tribunal et être médiateurs, tandis que ceux du milieu juridique peuvent agir comme médiateurs et pratiquer le droit traditionnel.

Depuis le 1er mai 1997, il est obligatoire d'être médiateur familial accrédité pour pratiquer la médiation en matière de séparation et de divorce. L'A.M.F.Q. (Association de médiation familiale du Québec) a été une pionnière: elle a joué un rôle de promotion de l'approche, a établi des critères de formation et évalué les qualifications de ses membres jusqu'en 1993. Cette association veut offrir au public un service de qualité de la part des médiateurs du Québec et, à cet égard, s'est dotée d'un code de déontologie, réussissant ainsi à obtenir la coopération et l'assentiment de quatre ordres professionnels pour le faire, soit le Barreau, la Chambre des notaires et les Corporations professionnelles des psychologues et travailleurs sociaux du Québec. En 1993, avec le règlement sur la médiation familiale, cinq ordres professionnels (les conseillers et conseillères d'orientation se sont ajoutés) et les Centres Jeunesse sont devenus les organismes accréditeurs des médiateurs familiaux.

Il est cependant intéressant et stimulant d'observer l'intérêt des médiateurs et aussi de professionnels des milieux juridiques et sociaux pour ces défis, de même que l'intérêt de la population en général pour la médiation. De plus, certaines recherches sur la médiation familiale et sur des sujets connexes en matière de séparation et de divorce sont en cours au Québec.

La médiation familiale a effectué un départ motivé et sérieux. Dans la préface, le juge Jules Deschênes écrit: «C'est ce sentiment d'une quête de la perfection qui se dégage de la lecture de cet ouvrage précurseur au Québec». Certainement animés par cet éloge, les médiateurs familiaux maintiennent les exigences professionnelles et le cap pour que cette réalisation soit une réussite multidisciplinaire.

CONSENTEMENT À LA MÉDIATION ET MANDAT

NOUS soussignés, demandons à _____ d'agir comme médiateur pour nous aider à faire une entente concernant notre famille postséparation, au sujet de l'exercice de l'autorité parentale, la contribution financière et le partage de nos biens.

Nous consentons à soumettre à la médiation les questions suivantes:

❏ Exercice de l'autorité parentale (garde et accès)

❏ Contribution financière (pension alimentaire)

❏ Partage des biens

❏ Autres _____

_____

Considérant les buts de la médiation présentés par le médiateur, nous acceptons les règles suivantes de fonctionnement:

a) Agir de façon honnête et franche comme si nous étions sous serment devant la Cour.

b) Divulguer toutes nos informations financières lors des discussions monétaires et celles du partage de nos biens.

c) Respecter le droit de parole accordé par le médiateur à l'un ou l'autre de nous deux.

d) Discuter et exprimer nos intérêts respectifs afin d'arriver à une entente satisfaisante pour nous deux et dans l'intérêt de nos enfants.

Nous nous réservons le droit absolu pour chacun de nous de mettre fin à la médiation après en avoir toutefois informé les personnes impliquées, de préférence en entrevue.

Il est entendu que si l'un de nous ne respecte pas l'une de ces règles, le médiateur pourra mettre fin à la médiation.

Le contenu de nos rencontres, des entrevues et de nos dossiers et documents servant à la préparation des rencontres, seront confidentiels et ne pourront en aucun moment faire l'objet de preuve devant le tribunal.

Nous comprenons que le médiateur est un tiers neutre, et nous nous engageons à ne pas l'appeler à témoigner en cour pour toutes procédures devant le tribunal.

Nous reconnaissons qu'il est de notre intérêt de consulter un conseiller juridique indépendant avant de signer toute entente résultant de la présente médiation et pouvant avoir un effet sur nos droits et obligations présents et futurs.

Enfin, les honoraires du médiateur seront de _____ /heure à partager entre nous de la façon suivante_____ .

S'il est dans l'intérêt de la médiation que le médiateur ait une ou des entrevues au bureau ou au téléphone avec un et/ou l'autre de nous deux, cette(ces) entrevue(s) sera(ont) facturée(s) à la personne concernée.

Nous acceptons la médiation en accord avec ce qui précède.

En foi de quoi, nous avons signé, à _____ ce _____ .

_____   _____
   Monsieur   Madame

_____
   Médiateur

CONSENTEMENT À LA MÉDIATION
MANDAT ADAPTÉ À LA MÉDIATION GRATUITE

NOUS soussignés, demandons à _____ d'agir comme médiateur pour nous aider à faire une entente concernant notre famille postséparation, au sujet de l'exercice de l'autorité parentale, la contribution financière et le partage de nos biens.

Nous consentons à soumettre à la médiation les questions suivantes:

✕ Exercice de l'autorité parentale (garde et accès)

✕ Contribution financière (pension alimentaire)

✕ Partage des biens

✕ Autres _____

_____

Considérant les buts de la médiation présentés par le médiateur, nous acceptons les règles suivantes de fonctionnement:

a) Agir de façon honnête et franche comme si nous étions sous serment devant la Cour.

b) Divulguer toutes nos informations financières lors des discussions monétaires et celles du partage de nos biens.

c) Respecter le droit de parole accordé par le médiateur à l'un ou l'autre de nous deux.

d) Discuter et exprimer nos intérêts respectifs afin d'arriver à une entente satisfaisante pour nous deux et dans l'intérêt de nos enfants.

Nous nous réservons le droit absolu pour chacun de nous de mettre fin à la médiation après en avoir toutefois informé les personnes impliquées, de préférence en entrevue.

Il est entendu que si l'un de nous ne respecte pas l'une de ces règles, le médiateur pourra mettre fin à la médiation.

Le contenu de nos rencontres, des entrevues et de nos dossiers et documents servant à la préparation des rencontres, seront confidentiels et ne pourront en aucun moment faire l'objet de preuve devant le tribunal.

Nous comprenons que le médiateur est un tiers neutre, et nous nous engageons à ne pas l'appeler à témoigner en cour pour toutes procédures devant le tribunal.

Nous reconnaissons qu'il est de notre intérêt de consulter un conseiller juridique indépendant avant de signer toute entente résultant de la présente médiation et pouvant avoir un effet sur nos droits et obligations présents et futurs.

Enfin, les honoraires du médiateur seront facturés au Service de Médiation de la Cour supérieure jusqu'à concurrence de _____ .

S'il est dans l'intérêt de la médiation que le médiateur ait une ou des entrevues au bureau ou au téléphone avec un et/ou l'autre de nous deux, cette(ces) entrevue(s) sera(ont) facturée(s) au Service de la Médiation.

Nous acceptons la médiation en accord avec ce qui précède.

En foi de quoi, nous avons signé, à _____ ce _____ .

_____   _____
        Monsieur   Madame

_____
        Médiateur

Si nous avons besoin de poursuivre la médiation après ces heures de médiation, les honoraires des médiateurs seront de 75$/heure à partager entre nous de la façon suivante _____ .

S'il est dans l'intérêt de la médiation que le médiateur ait une ou des entrevues au bureau ou au téléphone avec un et/ou l'autre de nous deux, cette(ces) entrevue(s) sera(ont) facturée(s) à la personne concernée.

Nous acceptons de continuer la médiation en accord avec ce qui précède.

En foi de quoi, nous avons signé, à _____ ce _____ .

_____   _____
        Monsieur   Madame

_____
        Médiateur

RÉFÉRENCES

Barreau du Québec. *Échos du Conseil général*, 1er décembre 1990.

BARRY, Suzanne (1988). *Le droit de parole de l'enfant dans la séparation parentale*. Thèse de doctorat en psychologie. Québec. Université Laval.

BARRY, Suzanne (1990). La place de l'enfant dans les transitions familiales. *Apprentissage et Socialisation*, vol. 13 (1).

BARUCH BUSH, Robert A., FOLGER, Joseph P., (1994). *The Promise of Mediation*. Jossey Bass Pub.

BASTARD, Benoît et Cardia, VONÈCHE, Laura (1990). *Le divorce autrement: la médiation familiale*. Syros Alternatives. Paris.

BENGIO, Luna (1990). L'impact de la séparation parentale sur l'enfant à l'école. *Apprentissage et Socialisation*, vol. 13 (1).

BENJAMIN, Robert D. (1990). The Physics of Mediation: Reflection of Scientific Theory in Professional Mediation Practice. *Mediation Quarterly*, vol. 8 (2).

BOYER, Lisette L. (1989). La Médiation familiale, un moyen d'humaniser le divorce, un nouveau service à la famille. *Le Travailleur social*, vol. 57 (4), revue de l'ACTS.

BROWN, Daniel G. Divorce and Family Mediation: History, Review, Future Directions. *Conciliation Courts Review*, vol. 20 (2).

CAREAU, Louise et CLOUTIER, Richard (1990). La garde de l'enfant après la séparation, profil psychosocial et appréciation des familles vivant trois formules différentes. *Apprentissage et Socialisation*, vol. 13 (1).

CAMPLAIR, Christopher W. et STOLBERG, Arnold L. (1990). Benefits of Court-Sponsored Divorce Mediation: a Study of Outcomes and Influences on Success. *Mediation Quarterly*, vol. 7 (3).

CLOUTIER, Richard (1990). Avant-propos. Spécial, jeunes et nouvelles familles. *Apprentissage et Socialisation*, vol. 13 (1).

COOGLER, Jim O. (1978). *Structure Mediation in Divorce Settlement*. Heath and Co. Lexington, MA.

EMERY, Robert (1994). *Renegociating Family Relationships*. Guilford Press.

FASSELL, Diane (1991). *Growing up Divorced*. Pocket Books. New York.

FILION, Lorraine (1988). Évolution des moeurs et des pratiques établies au service public de Montréal. *Résoudre*, vol. 4 (2).

FILLEY, Alan C. (1975). *Interpersonal Conflict Resolution*. Scott, Foresman and Company. Glenview, Illinois.

FISHER, Roger et URY, William (1981). *Comment réussir une négociation*. Seuil. Paris.

FOLDBERG, Jay et TAYLOR, Alison (1988). *Mediation: a Comprehensive Guide to Resolving Conflicts without Litigation*. Jossey-Bass Publishers. San Francisco.

GUILBAULT, Francine et ANGERS-NGUYEN, Andrée (1987). *La médiation: étape de restructuration de vie – Rapport de stage*. École de Service social, Université de Montréal.

HAYNES, John M. (1989). Mediating Divorce, Jossey Bass Pub.

HAYNES, John M. (1994). *The Fundamentals of Family Mediation*, State University of New York Press, Albany.

HETHERINGTON, E.M. (1989). Marital Transition: a Child Perspective. *American Psychologist*, vol. 4 (2).

IRVING, Howard H. et BENJAMIN, Michael (1989). Therapeutic Family Mediation: Fitting the Service to the Interactional Diversity of Client Couples. *Mediation Quarterly*, vol. 7 (2).

JOHNSTON, Janet R. et CAMPBELL, Linda E.G. (1986). Impasse-Directed Mediation with High Conflict Families in Custody Disputes. *Behavioral Sciences and Law*, vol. 4 (2).

KELLY, Joan B. (1990). *Mediated and Adversarial Divorce Resolution Processes: an Analysis of Post-Divorce Outcomes*. Final Report Prepared for the Fund of Research in Dispute Resolution. Northern California Mediation Center. Corte Madera, CA.

KELLY, Joan B. (1988). The mediation Process and Role: Comparisons to Psychotherapy. *Group analysis*, vol. 21.

LAFORTUNE, Françoise, BRISSON-AMYOT, Pierrette et CÔTÉ, Luc (1990). Comment protéger l'intérêt des enfants en médiation familiale. *Dialogue*, n° 108. Paris.

LÉVESQUE, Justin (1991). La médiation familiale: une intervention auprès des familles en réorganisation. *Intervention*, n° 89, revue de la CPTSQ.

L'HEUREUX-DUBÉ, Claire (1979). Garde ou autorité parentale: l'emprise de la sémantique. *Revue du Notariat*, vol. 91 (1-2), septembre, octobre 1988.

MAYRAND, Albert (1988). La garde conjointe, ré-équilibrage de l'autorité parentale. *Revue du Barreau canadien*, vol. 67 (2), juin 1988.

Médiation Familiale Canada. «Atelier-plénière sur un modèle interdisciplinaire relatif aux questions de médiation et de violence familiale». Exposé par Daniel Hamoline, lors du 6e congrès à Toronto, octobre 1991.

MOORE, Christopher W. (1986). *The Mediation Process, Practical Strategies for Resolving Conflict*. Jossey-Bass Publishers.

MURRAY, André (1986). La médiation familiale: une progression rapide. *Recueil de droit de la famille*.

Review AFCCC (1992). Special Issue: Mandatory mediation pro and con.

RICHARDSON, James (1987). La médiation des divorces rattachée aux tribunaux dans quatre villes canadiennes: un aperçu des résultats de recherche. Ministère de la Justice, Ottawa.

SAPOSNEK, Donald. T. (1983). *Mediating Child Custody Disputes: a Systematic Guide for Family Therapists, Court Counselors, Attorneys and Judges*. Jossey-Bass, San Francisco.

SAUCIER, Jean-François et AMBERT, Anne-Marie (1988). Adaptation des adolescents au décès ou au divorce des parents. *Santé mentale au Québec*, XIII (2).

Service de médiation familiale de Montréal (1984). *La médiation familiale: une manière de s'entendre*. (Document-vidéo).

SIX, Jean-François (1990). *Le temps des médiateurs*. Seuil, Paris.

SOMARY, Karen et EMERY, Robert E. (1991). Emotional Anger and Grief in Divorce Mediation. *Mediation Quarterly*, vol. 8 (3).

TRAFFORD, Abigail (1984). *Crazy Time Surviving Divorce*. Bantam Books.

WALLERSTEIN, Judith S. et BLAKESLEE, Sandra (1989). *Second Chances: Men, Women and Children, a Decade After Divorce*. Ticknor and Fields. New York.

WHITE, Brenda (1988). Lors du 3e congrès annuel de M.F.C. à Québec, exposé sur le pouvoir de la femme en médiation familiale suite à une étude que cette travailleuse sociale venait de compléter sur la médiation familiale dans une perspective féministe.

WILMOT, William W. et HOCKER, Joyce L. (1985). *Interpersonal Conflict*. W.C. Brown Publishers. Pubrique, Iowa.

Expertise et médiation en matière de garde d'enfant et de droits d'accès du parent non gardien

Jacqueline LaBrie*

S'il est vrai que, dans la majorité des dossiers de requête en divorce ou en séparation, on obtient un jugement en moins de temps qu'il n'en faut pour préparer une demande d'emploi, et qu'une minorité de dossiers fait l'objet de litige devant les tribunaux, mobilisant plusieurs heures, voire même plusieurs jours d'audition, souvent le processus qui aura amené la requête en garde d'enfant devant le juge aura été précédé de nombreuses démarches par chacune des parties.

À partir du moment où la décision de rompre a été prise par les parents, il leur faut régler les conséquences de celle-ci pour la famille. Souvent, d'un commun accord, ils conviendront du mode de garde des enfants sans difficulté et la restructuration des rapports parents-enfants se définira de façon harmonieuse.

D'autres auront à recourir à l'aide de professionnels spécialisés en matière de divorce et de séparation pour conclure eux-mêmes leurs ententes en médiation. Plusieurs choisiront ce mode de résolution des conflits volontairement avant même de consulter un avocat. D'autres seront référés par leur avocat à un service de médiation. En effet, la *Loi sur le divorce*[1] oblige les avocats à informer les couples qui veulent divorcer des divers moyens qu'ils peuvent prendre pour négocier une entente sur des questions comme la pension alimentaire, la garde des enfants et les aspects financiers de la dissolution du patrimoine. *Ils*

---

* Travailleuse sociale et médiatrice accréditée.
1. *Loi sur le divorce*, L.R.C. (1985), c. 3 (2ᵉ suppl.), art. 9.

doivent également informer leurs clients des services de médiation qu'ils connaissent.

Aussi, lors de l'audition d'une cause litigieuse, le juge peut suspendre l'instruction d'une demande en vue de favoriser la conciliation des parties[2] et les référer à un service de médiation sur le consentement de celles-ci. Depuis septembre 1997, les conjoints qui ont des enfants sous leur responsabilité peuvent choisir leur médiateur et en informer le tribunal. S'ils ne le font pas, le service de médiation familiale présent dans tous les Palais de justice de la province de Québec leur désigne un médiateur.

S'ils n'ont pas entrepris la médiation dans un délai de 20 jours ou si l'un deux refuse de s'y soumettre à l'in térieur de ce délai, le médiateur fait rapport au Tribunal et transmet copie du rapport aux parents ainsi qu'à leurs procureurs le cas échéant.

Cependant, pour d'autres, l'ampleur des difficultés ayant amené le couple à la rupture aura été si grande qu'ils seront incapables de s'entendre sur la façon d'exercer leurs rôles parentaux post-rupture.

Chacun aura alors recours à des experts en relations humaines – psychologues, travailleurs sociaux, médecins – pour démontrer au Tribunal leur capacité supérieure à veiller à l'intérêt de l'enfant.

Chacun des parents peut avoir recours à des experts pour étayer sa preuve et faire valoir sa position devant le juge saisi du dossier, qui aura à prendre une décision concernant la garde des enfants et les droits d'accès du parent non gardien. Alors la guérilla devant les tribunaux risque souvent d'être longue et fort onéreuse pour chacune des parties:

> Il arrive que les experts des parties se contredisent et, alors, la tâche du juge devient des plus ardues. Il a le choix entre nommer un expert indépendant, en vertu des articles 414 et suivants du Code de procédure civile et celui de s'en remettre à la preuve faite par des profanes.[3]

Dans d'autres situations, les parties amèneront le juge, par leurs positions diamétralement opposées, à recommander qu'elles se soumettent à une expertise psychosociale, afin d'éclairer le Tribunal

---

2. Code de procédure civile, L.R.Q., c. C-25, art. 815.2.
3. Henri KÉLADA, *Notions et techniques de preuve civile*, Montréal, Wilson et Lafleur, 1986, p. 273.

sur la décision qu'il doit prendre concernant la garde des enfants et la définition des droits d'accès du parent non gardien. C'est seulement sur le consentement des parties que l'expertise psychosociale peut avoir lieu.

Une minorité de dossiers font l'objet d'ordonnance d'expertise par les juges de la Cour supérieure; ainsi, par exemple, dans la région métropolitaine de Montréal, environ 250 dossiers par année sont expertisés par le service d'expertise psychosociale du Centre Jeunesse de Montréal et par le Centre Jeunesse de la Montérégie.

La médiation et l'expertise psychosociale sont partie intégrante du processus judiciaire. Souvent l'ordonnance d'expertise psychosociale interviendra lorsque le recours à la médiation et à la négociation volontaire aura échoué. L'ordonnance de procéder à une évaluation psychosociale est axée d'abord et avant tout sur l'intérêt du ou des enfants en cause. Il faut procéder ainsi, afin d'aider les parents à se dégager des conflits qui les opposent et à aborder le partage des responsabilités parentales dans un contexte de cellule familiale éclatée, dans laquelle l'enfant continuera à avoir droit à ses deux parents pour grandir.

L'EXPERTISE

L'expertise psychosociale dans le processus de séparation ou de divorce met en évidence que les aspects psychologiques, affectifs ou sociaux doivent être traités avec soin, quand une rupture ne peut plus être qu'une simple procédure légale visant à officialiser un nouveau statut social.

L'intervention de professionnels en relation d'aide devient alors d'un secours précieux pour l'appareil judiciaire, afin de lui permettre de bien jouer son rôle auprès des justiciables.

DÉFINITION DE L'EXPERTISE

Aux Centres Jeunesse de Montréal, le Service d'expertise psychosociale définit l'expertise psychosociale de la façon suivante:

C'est une évaluation complète et impartiale de la situation familiale et sociale de l'enfant, dont la garde ou les droits de visite et de sortie sont l'objet de litige entre les parents, ou entre les parents et les grands-parents.

Les principaux facteurs pris en considération dans la recherche du meilleur intérêt de l'enfant sont les suivants:

— les besoins de l'enfant;

— la capacité de chaque parent à remplir effectivement son rôle parental;

— la qualité de la relation parent-enfant;

— la motivation des parents quant à la garde de l'enfant en cause;

— les caractéristiques individuelles de chacun des parents;

— la dynamique familiale;

— les facteurs situationnels;

— l'attitude du parent-gardien de l'enfant face à l'exercice des droits de sortie de l'enfant avec l'autre parent[4].

Généralement, l'ordonnance d'expertise psychosociale interviendra dans des situations complexes, dans lesquelles une opinion d'expert permettra au juge d'apprécier les faits présentés par chacune des parties, afin de prendre une décision tenant compte de tous les aspects du dossier.

L'évaluation psychosociale sur ordonnance assure une plus grande garantie qu'elle sera neutre, impartiale et complète. En effet, l'expert qui aura à procéder à l'évaluation n'a pas à prendre plus pour l'une ou l'autre des parties; il se doit d'être objectif.

De la même manière, les parties en litige pourraient retenir les services d'un seul expert, psychologue ou travailleur social, afin de les aider à dégager l'intérêt réel des enfants dans le mode de garde à être adopté par elles. Là encore, l'impartialité et la neutralité de l'expert permettront d'obtenir une évaluation plus juste de la situation, ou plutôt plus objective quant aux recommandations à être faites.

Pour d'autres, lorsque chacun veut démontrer sa supériorité dans sa capacité à assumer la garde du ou des enfants en cause, on aura recours à des experts indépendants et choisis par chacune des

---

4. Le Service d'expertise psychosociale, C.S.S.M.M., *Le comment et le pourquoi du Service d'expertise psychosociale*, mai 1991, p. 16-17.

parties. Cette option a souvent l'inconvénient d'amener un doute sur l'impartialité de l'expert. En effet, il est difficile de paraître totalement objectif pour l'expert qui doit témoigner devant le tribunal, lorsqu'il a évalué une seule des parties en cause. On pourrait craindre, dans un tel contexte, qu'il ait un préjugé favorable à l'égard de la partie qui le cite.

Dans une telle situation, le choix de l'expert devient très important; la crédibilité professionnelle de celui-ci et ses compétences spécifiques, dans le domaine d'intervention pour lequel il aura à se prononcer, sont capitales.

Comme l'écrit Mᵉ Henri Kelada dans son livre *Notions et techniques de preuve civile*:

> Nous ne retrouvons pas dans les textes de lois une définition de l'expert. Les indices mentionnés par l'article 70 du Code de la preuve, de la Commission de réforme du droit du Canada, sont généralement admis comme critères. Voici ce que dit cet article:
>
>> Le témoin reconnu comme expert en raison de ses connaissances, de sa compétence, de ses expériences, de sa formation ou de son éducation, peut donner son opinion au cours de son témoignage lorsque l'information scientifique, technique ou spécialisée qu'il apporte est susceptible d'aider l'arbitre des faits à mieux comprendre la preuve, ou à résoudre un problème en litige.
>
> C'est au juge du procès qu'il appartient, en dernier ressort, de décider si un témoin sera ou non considéré comme témoin expert.[5]

Est-il besoin de préciser toute l'importance que revêt le recours à des experts pour éclairer le Tribunal? Cela peut être le début d'un long processus de débats et de discours contradictoires devant le Tribunal, qui ne font qu'alimenter le conflit, ou bien l'intervention d'un expert avec un mandat clair et accepté par les deux parties peut constituer un bon moyen de mettre fin à l'impasse. Ce moment d'arrêt pour chacune des parties peut permettre d'objectiver les positions de chacun et de refocaliser le débat sur l'intérêt des enfants, d'abord et avant tout, au-delà des conflits parentaux non réglés:

> Souvent le processus de l'expertise est une occasion privilégiée pour toute la famille. *Les parents*, en assumant davantage leurs responsabilités personnelles et familiales, arrivent à conclure une entente à

---

5. H. KÉLADA, *op. cit.*, note 3, p. 268-269.

l'amiable, dans certains cas. *L'enfant* en est le principal, mais non l'unique bénéficiaire.[6]

Selon madame Lorraine Filion, coordonnatrice du Service d'expertise et de médiation familiale des Centres Jeunesse de Montréal, près de 70% des dossiers où il y a eu évaluation psychosociale sur ordonnance, au cours de l'année 1990-91, ont abouti à une acceptation par les parents des recommandations de l'expert; parfois même, ce sont les parents eux-mêmes, avec l'aide de l'expert, qui en sont arrivés à établir une entente concernant la garde et les droits d'accès du parent non gardien.

Les motifs sous-jacents aux litiges concernant le partage de l'autorité parentale sont souvent complexes et difficiles à cerner. Il est donc impératif qu'on leur accorde toute l'importance nécessaire, afin d'aider la famille en situation d'impasse à s'outiller pour affronter les situations nouvelles engendrées par l'éclatement de la famille nucléaire.

Bien que l'expertise psychosociale n'ait pas un but thérapeutique et qu'elle n'ait pas un caractère décisionnel, souvent l'intervention de l'expert apportera une meilleure connaissance des impacts émotifs, psychologiques et sociaux de la séparation chez chacun des membres de la famille. Elle aidera chacun à mieux identifier ses propres mécanismes de fonctionnement, les forces et faiblesses de chacun dans l'actualisation de son rôle parental, et aidera, dans certaines situations, le couple à accepter la séparation. Pour plusieurs, admettre qu'un nouveau conjoint intervienne dans la vie de son enfant constitue une source d'insécurité affective si grande qu'ils oublient que l'enfant est capable de conserver des liens affectifs privilégiés avec ses parents, malgré la création de nouveaux sentiments significatifs dans la famille recomposée.

En résumé, l'expertise psychosociale fait partie du processus judiciaire; selon l'utilisation qu'on en fait, elle peut être aidante, dans la mesure où l'intérêt de l'enfant constitue la trame du travail de l'expert, sans préjugé biaisé en faveur de l'un ou l'autre des parents. Elle permet aussi au Tribunal de prendre une décision éclairée concernant le partage des rôles parentaux. Elle confirme l'autorité absolue du Tribunal à l'égard des décisions à rendre, puisqu'il appartient au juge de considérer le témoin expert, d'apprécier son rapport

---

6. Le Service d'expertise psychosociale, C.S.S.M.M., *op. cit.*, note 4, p. 19.

et d'agréer à ses recommandations. La décision finale relève du juge, même si celui-ci avait ordonné une évaluation psychosociale; il n'est nullement lié aux recommandations faites par l'expert.

LA MÉDIATION DANS LE SYSTÈME JUDICIAIRE

Depuis 1981, la médiation a place et reconnaissance dans le processus judiciaire entourant les procédures de séparation et de divorce au Québec.

En effet, la création d'un service de médiation public dans le district judiciaire de Montréal, grâce à une collaboration des ministères de la Justice et des Affaires sociales, a institutionnalisé un nouveau moyen d'aborder le règlement des conflits en matière de divorce et de séparation.

Tant l'évolution des moeurs, l'augmentation fulgurante du taux de séparation que la recherche par les justiciables d'un moyen plus humain et plus adapté aux nouvelles réalités de la vie de famille, forcent le développement de services de médiation accessibles et compétents.

Telle que définie par Brown (1982), la médiation est un processus volontaire dans lequel chacun s'engage, orienté vers la tâche, et où une tierce personne, un médiateur, en évitant de porter un jugement, aide les conjoints qui divorcent à améliorer leur communication et à être plus ouverts et directs entre eux. Ils changent ainsi une interaction potentiellement destructive et compétitive en une interaction coopérative, collaboratrice et négociatrice qui favorise un règlement à l'amiable des points litigieux qui les concernent. Pour sa part, Elkin définit la médiation comme étant «un processus *interprofessionnel* dans lequel les conjoints en instance de divorce demandent volontairement l'aide confidentielle d'une tierce personne neutre et qualifiée, pour résoudre leurs conflits d'une façon acceptable. De plus, l'aspect humain du processus devient évident puisque le médiateur tiendra compte des besoins de tous les membres de la famille, spécialement ceux des enfants, qui sont généralement absents, dans les rencontres de médiation».

LA MÉDIATION: POURQUOI?

Dans la pratique, les couples qui choisissent de régler les conséquences de leur séparation par la médiation le font volontairement. Pour certains, il est important de régler eux-mêmes les questions entourant la séparation; ils gardent ainsi un pouvoir de décision majeur sur le devenir de la famille.

Pour d'autres, le processus de médiation leur permet de prendre le temps nécessaire pour décider de l'orientation de chacun. Et enfin, pour plusieurs, la médiation contribuera à éviter l'adversité présente dans le processus judiciaire et minimiser ainsi les coûts, souvent exorbitants, reliés aux conséquences de la séparation.

Le succès de la médiation est directement lié à la motivation de chacun à trouver un terrain d'entente et à sa capacité d'aborder l'étape de la séparation comme un processus de restructuration et de réorganisation familiales, personnelles et sociales, susceptibles d'amener des transformations individuelles.

Les couples peuvent avoir recours à la médiation dès la prise de décision de se séparer, suite à une référence en cours de procédure, ou suite à un jugement en divorce ou en séparation auquel il y a lieu d'apporter des changements, relativement à la garde des enfants ou au partage des responsabilités financières des parents.

LE MÉDIATEUR

En médiation, le mandat du médiateur est défini par les clients eux-mêmes. Il est tenu de garantir à ses clients son impartialité et sa neutralité. Il doit, dès le début, procéder à une bonne analyse de la situation, afin de garder un rôle aidant dans le processus de prise de décisions.

Il est aussi important que le médiateur soit vigilant tout au cours du processus de médiation, de manière à éviter les impasses, et s'assurer de l'équilibre des pouvoirs des participants, lors des négociations. De façon globale, le principe d'équité doit être placé au centre de toutes les décisions prises par le couple et de façon plus spécifique, le meilleur intérêt de l'enfant doit être le motif des décisions le concernant.

L'élaboration du projet d'accord par le médiateur doit refléter fidèlement le contenu des décisions prises en cours de médiation. Le style et la forme sont laissés à l'initiative de chacun et demeurent très peu encadrés par une quelconque procédure.

Tout comme l'expertise, la médiation est partie intégrante du processus judiciaire. La signature par les parties du protocole d'en-

tente les lie au sens du Code civil. Il est donc impératif pour les clients de la médiation de consulter un conseiller juridique indépendant, avant de signer toute entente pouvant avoir un effet sur leurs droits et obligations présentes ou futures.

Le projet d'accord peut être déposé au tribunal pour obtenir un jugement par l'intermédiaire d'un avocat. Dans ce cas, l'avocat reçoit un mandat clair de ses clients, mais il lui incombe toutefois de s'assurer du contenu du document et de respecter l'esprit de l'entente intervenue en médiation.

Bien que le pouvoir de décision finale appartienne au juge, il n'en demeure pas moins que le rôle des parties dans l'élaboration de leur projet d'accord leur confirme une certaine autodétermination dans la réorientation et la restructuration du vécu familial. Ils pourront, à juste titre, se définir comme étant les artisans de leur nouvelle condition de vie et accepteront, conséquemment, plus facilement d'assumer les décisions prises et les engagements imposés par la situation.

Plusieurs questionneront l'utilité du processus de médiation, puisque de toute manière, il faut avoir recours au système judiciaire. D'autres verront la médiation comme étant une étape de plus qui vient alourdir le processus judiciaire de séparation ou de divorce.

L'utilité de la médiation en matière de divorce et de séparation se base surtout sur les aspects psychosociaux et humains entourant cette étape importante dans la vie d'une famille. La vie du couple se termine, mais les liens de filiation demeurent avec tout ce que cela implique d'engagement.

Ainsi, de façon générale, la médiation aura l'avantage d'apporter:

- une diminution de l'anxiété face à ce qui arrivera après la séparation ou le divorce;

- une discussion, dans une atmosphère positive, des décisions à prendre concernant les enfants et la famille;

- le sentiment d'être responsable du devenir de la famille;

- une réduction de la frustration et de l'animosité présentes dans un processus d'adversité;

– une diminution des coûts financiers et humains reliés aux procédures de divorce et de séparation;

– une réduction des tensions et de l'insécurité chez les enfants[7].

Il ne faudrait pas oublier toutes les considérations socio-économiques reliées au désengorgement des palais de justice, à la diminution des pertes d'heures de productivité chez chacun, dues au temps requis par les procédures judiciaires, audition au tribunal et rencontres préparatoires à l'audition.

DIFFÉRENCES ET SIMILARITÉS ENTRE CES DEUX APPROCHES

L'expertise et la médiation sont des processus qui viennent confirmer le caractère extrajudiciaire des procédures en divorce ou en séparation.

Tout comme la médiation, l'expertise psychosociale n'est pas de la thérapie; cependant, tous reconnaissent qu'elle peut avoir un effet thérapeutique sur la famille en situation de divorce et de séparation.

Bien que l'expertise psychosociale, tout comme la médiation, nécessite un engagement volontaire des clients, en médiation ils seront souvent plus coopératifs, moins conflictuels et moins perturbés qu'à l'expertise psychosociale. Au terme de l'intervention de l'expert lors de l'évaluation psychosociale, advenant une entente entre les parties, cela ne donne pas à l'expert un rôle de médiateur, puisque initialement ce n'est pas le mandat reçu. L'utilisation de techniques de médiation dans la résolution des conflits n'en fait pas un médiateur comme tel. À l'expertise psychosociale, l'expert doit déposer un rapport d'évaluation objectif et complet au Tribunal, il peut être appelé à témoigner en tant que témoin expert, à la demande des avocats au dossier ou du juge. «Cependant, le témoin expert peut refuser de répondre aux questions qui lui sont posées, dans les cas où il trahirait le secret professionnel»[8].

En médiation, le processus est fermé; le médiateur n'a pas pour attribution de témoigner pour l'une ou l'autre des parties. Il n'a pas à produire de rapport à la cour et le contenu de son dossier et des

---

7. Médiation professionnelle du Québec Inc., *Médiation familiale*, dépliant 1991.
8. H. KÉLADA, *op. cit.*, note 3, p. 276.

documents ayant servi à préparer l'entente ne peut être déposé à la cour.

Tant en médiation qu'en expertise psychosociale, l'intervenant s'engage à veiller prioritairement à l'intérêt de l'enfant, dans toutes les discussions le concernant, de près ou de loin. Il est tenu de demeurer neutre et impartial au dossier. Il doit favoriser la communication, aider les gens à négocier entre eux de nouveaux rapports, tenant compte des liens de coparentalité.

La médiation ne pourrait être recommandée dans des situations où l'habileté à négocier entre les parties ne serait pas présente, où des problèmes de santé mentale empêcheraient la personne d'être consciente de l'importance des décisions à prendre, ou tout simplement inapte à gérer ses propres biens ou sa propre destinée.

Dans un tel cas, le recours à l'évaluation psychosociale constitue une ressource précieuse, afin de s'assurer que les orientations prises soient respectueuses de l'intérêt de l'enfant. À ce chapitre, nous croyons à propos de souligner que tant en médiation qu'au niveau d'une évaluation psychosociale, un professionnel qui constate que la sécurité et le développement du ou des enfants peut être compromis, au sens de l'article 38 de la *Loi sur la protection de la jeunesse*, particulièrement en ce qui a trait à l'abus sexuel, est tenu de signaler la situation à la Direction de la protection de la jeunesse, et cela, même s'il est lié par le secret professionnel. Dans le cas où le tribunal de la jeunesse aurait à intervenir:

> [...] le tribunal se doit d'agir avec une extrême prudence pour ne pas se substituer à une décision de la Cour supérieure. Le tribunal ne doit s'appuyer que sur des données objectives qui concernent l'intérêt des enfants (situation prévue à l'article 38) et de partager les problèmes reliés aux enfants et les problèmes conjugaux.[9]

CONCLUSION

Nous avons démontré les similarités et les différences du processus de la médiation, par rapport au processus d'expertise psychosociale. Bien que souvent, au terme de l'expertise psychosociale, il y ait entente entre les parties concernant les points en litige, on ne pourrait pas confondre ces deux approches. En cas d'ordonnance, le

---

9. Comité de la protection de la jeunesse, *Loi annotée sur la protection de la jeunesse*, Montréal, Société québécoise d'information juridique, 1986, p. 79, art. 39.

mandat de l'expert est déterminé par le juge, et lorsque l'évaluation psychosociale est effectuée à la demande d'une des parties, elle est tributaire de la décision du tribunal, quant à sa valeur et à son acceptation.

On comprendra donc que le choix de l'expert est très important; aucun règlement ne vient encadrer la pratique de l'expertise, des conditions minimales sont exigées par le Tribunal pour évaluer un expert, il doit faire état de ses compétences, de sa formation professionnelle pertinente à la situation et de son expertise à la demande du juge; souvent à ce stade, il est trop tard pour corriger la situation.

Le 10 mars 1993, le gouvernement du Québec a sanctionné la *Loi modifiant le Code de procédure civile concernant la médiation familiale* (Projet de Loi 14) pour favoriser le recours à la médiation pour régler les conséquences du divorce. Il a procédé à l'adoption de ces règlements en décembre 1993.

Par cette Loi, les ordres professionnels se sont vu accorder le mandat d'accréditer leurs membres au titre de médiateurs familiaux selon les exigences prévues dans la Loi.

Il serait nécessaire, pour les utilisateurs du service de médiation familiale, de vérifier auprès des corporations professionnelles, notamment, le Barreau du Québec, l'Ordre professionnel des travailleurs sociaux du Québec, l'Ordre professionnel des psychologues du Québec, la Chambre des notaires et l'Ordre professionnel des conseillers et conseillères en orientation, si le médiateur choisi en est membre, afin de s'assurer de ses aptitudes avant de lui confier un mandat. Le mandat de médiateur est défini par les clients eux-mêmes, d'où l'importance d'évaluer avec soin le choix de l'intervenant en médiation.

D'un point de vue prospectif, il y aurait lieu d'envisager une ressource intermédiaire entre l'expertise et la médiation, qui aurait l'avantage d'élargir le mandat de l'expert ou du médiateur, au niveau de l'intervention auprès des familles en difficultés, lors de la restructuration de la vie familiale suite à une rupture.

L'expert au dossier pourrait avoir le mandat d'évaluer la capacité des couples d'entreprendre une médiation; s'il y avait incapacité, il y aurait pré-médiation afin d'outiller les gens pour négocier eux-mêmes leurs ententes. En cas de réussite de la pré-médiation, il y aurait référence à un médiateur. Devant le succès de la médiation, l'entente serait déposée au Tribunal pour obtenir un jugement, avec la possibilité d'un suivi post-jugement transitoire pour faciliter la réorganisation de la famille. L'insuccès de la pré-médiation nécessiterait une référence à une ressource d'aide adéquate afin que les droits et obligations des parties en cause soient bien représentés au Tribunal et qu'un soutien soit apporté à la famille en crise.

Cette alternative nous permettrait de rejoindre les couples engagés dans un système d'adversité; elle contribuerait à réduire les effets destructeurs des conflits sur la famille. Il est évident que, plus tôt l'aide professionnelle intervient en situation de conflits, moins les conséquences en sont grandes.

Nous avons abordé, dans ce chapitre, l'expertise et la médiation, en rapport avec la garde des enfants. Il ne faut pas oublier leur utilité au niveau du partage des biens lors de la rupture. L'établissement de la pension alimentaire en médiation donne des résultats tout aussi prometteurs, tant à son respect qu'à son acceptation. Nous n'en sommes pas encore à la médiation obligatoire, mais l'introduction d'une séance d'information obligatoire pour les parents qui ne s'entendent pas sur un ou plusieurs points, avant que leur cause soit entendue par un tribunal, fera peut-être en sorte de responsabiliser davantage les parents dans le règlement des conséquences de leur rupture. La mise en application de cette obligation est trop récente pour nous permettre de tirer des conclusions sur le sujet.

Aussi, la création d'un Tribunal de la famille pourrait certainement contribuer à traiter les conséquences du divorce et de la séparation de façon globale, complète et plus humaine, surtout en ce qui concerne la protection du droit des enfants au sein d'une famille éclatée.

Les impasses en médiation: comment les régler avant qu'elles ne deviennent impossibles à surmonter

Françoise Lafortune[*]

Que faire d'un conjoint qui refuse de partager son fonds de pension?

Que faire d'un client qui se choque à maintes reprises bien qu'on s'efforce de lui faire entendre raison?

Que faire d'un parent qui, après avoir consenti à une demande de l'autre parent, n'agit pas en conséquence?

Que faire lorsqu'on a l'impression qu'en abordant un point sensible on suscitera un conflit?

Que faire lorsqu'on pressent qu'une des parties peut être lésée à long terme?

Cette médiation est-elle possible? Ai-je tout tenté? Devrais-je mettre un terme à la négociation?

Ces questions ne sont qu'un échantillonnage des interrogations qui traversent l'esprit d'un médiateur qui intervient en matière matrimoniale dans des dossiers plus ou moins complexes. Il lui arrive alors de se remettre en question, de douter de lui-même, de sa capacité à intervenir dans tel ou tel dossier et de douter de la capacité des parties à négocier de bonne foi une entente juste et raisonnable.

---

[*] Travailleuse sociale.

49

Avec l'expérience, la nature du questionnement change mais jamais le médiateur n'est à l'abri des impasses. Parfois et même souvent dans certains dossiers, le médiateur se demande: «que pourrais-je bien faire avec ces clients pour débloquer la négociation sur tel ou tel point ou même sur l'ensemble des décisions à prendre?».

Les situations qui ont nécessité une demande de médiation ou encore les attitudes des parties qui sont perçues par le médiateur comme des impasses varient avec l'expérience. Ce qui semblait au départ une situation sans solution apparaîtra par la suite comme un obstacle à surmonter, une difficulté à contourner, un conflit à résoudre.

Néanmoins, il restera toujours certains dossiers qui aboutiront à l'impasse, c'est-à-dire à l'échec de la négociation. Ces clients devront recourir au tribunal pour trouver un règlement au conflit. La médiation ne peut pas et ne doit pas être considérée comme la panacée de la résolution de tous les conflits. Toutefois, certaines situations vécues par le médiateur comme des impasses peuvent être réglées. Ce sont des difficultés qui sont attribuables à un manque d'expérience, à un manque d'habiletés, ou encore, à une absence de créativité. Les difficultés rencontrées ne sont pas des impasses en tant que telles mais plutôt des obstacles à surmonter.

Nous examinerons quelques obstacles qui peuvent survenir dans le but de mieux les comprendre et conséquemment, dans certains cas, d'éviter l'impasse. Dans un premier temps, nous allons nous demander comment le médiateur s'y prend pour aider les parties à solutionner les questions en litige. En fait, comment les aide-t-il à négocier? Nous devrons donc définir la négociation et le modèle de négociation utilisé en médiation, à savoir la négociation sur intérêt. Nous définirons ce modèle en le comparant à un autre modèle, celui de la négociation sur position. Dans un deuxième temps, nous nous demanderons quelles sont les difficultés ou les obstacles liés au processus de négociation sur intérêt et nous examinerons deux sources importantes: les obstacles liés au processus et les obstacles liés aux clients. Cette analyse nous conduira à présenter certaines techniques préventives.

I. NATURE DU PROCESSUS UTILISÉ EN MÉDIATION

La médiation se définit comme un processus d'aide accordée à des parties qui ont des intérêts différents, pour qu'elles arrivent à négocier, de façon volontaire, un règlement acceptable pour chacune d'elles. Le médiateur est un intervenant impartial qui se situe à égale distance des négociateurs, c'est-à-dire qu'il ne prend pas parti dans les décisions à prendre. Il ne privilégie aucune des parties ni aucune décision. Il travaille plutôt à ce que les décisions prises rencontrent les intérêts essentiels des parties impliquées. C'est le chef d'orchestre des négociations sans pour autant assumer la responsabilité des décisions auxquelles les parties parviendront. Dans les dossiers matrimoniaux, nous aurons une exception à ce principe puisque le médiateur veille à ce que l'intérêt des enfants soit également respecté. Comme ils n'ont souvent pas droit au chapitre durant les séances de médiation, le médiateur jugera si les discussions et les décisions prises par les parents respectent l'intérêt de leurs enfants. On peut dire ici que le médiateur sortira de sa neutralité s'il croit qu'un ou les deux parents se préoccupent plus de ses ou leurs besoins au détriment des intérêts premiers des enfants.

Nous ne nous attarderons pas ici à développer quelles sont les applications pratiques de cette partialité ni quelles sont les connaissances nécessaires auxquelles on doit se référer avant de poser un jugement. Mentionnons seulement qu'il est important de faire la différence entre des jugements de valeur et des jugements basés sur des connaissances psychosociales. Dans tous les cas, c'est le médiateur qui anime les discussions et qui guide le processus des négociations. Il est de sa responsabilité de faire en sorte que les négociations se fassent en tenant compte des besoins essentiels des parties prenantes, notamment ceux des enfants. On peut donc dire que la médiation est une forme de négociation assistée.

Qu'entend-on ici par négociation? Polapchuk et Carlson définissent cette notion comme «un échange bilatéral à travers lequel les parties troqueront des déclarations et des informations en vue de résoudre des intérêts opposés»[1]. C'est ce qui se passe, par exemple, entre un vendeur qui veut vendre sa marchandise au plus haut prix possible et un acheteur qui veut se la procurer au plus bas prix possible. Dans une négociation lors de l'achat d'une automobile, le vendeur demande un prix en le justifiant par un équipement exceptionnel ou encore par la fiabilité de la conduite ou la qualité du moteur ou de l'habitacle, etc. De son côté, l'acheteur tentera de faire baisser le prix soit en faisant une offre, soit en trouvant des motifs pour justifier que le vendeur baisse son prix. Il pourrait par exemple invoquer la concurrence, les défauts de la voiture, sa capacité de

---

1. William POLAPCHUK et Chris CARLSON, «Using Conflict Analysis to Determine Intervention Techniques», *Mediation Quarterly*, n° 16, été 1987, p. 21.

payer, etc. Les deux négociateurs tenteront ainsi d'arriver à un prix acceptable. Voilà un exemple de négociation. Il faut cependant mentionner qu'il existe plusieurs façons de négocier. Notre exemple pourrait s'inscrire sous le modèle de la négociation sur position. Or en médiation, on utilise surtout le modèle de négociation sur intérêt. Avant d'aller plus loin, voyons la différence entre ces deux types de négociation.

Négociation sur position et négociation sur intérêt

Dans le contexte de la négociation sur position, nous avons constaté, dans l'exemple de la vente d'automobile, que chaque partie présente les solutions ou les positions susceptibles de régler le différend, après avoir apporté une explication plus ou moins brève. Pour qu'une entente se conclut, on ira parfois d'offres à contre-offres multiples mais parfois une seule contre-offre suffira à rapprocher suffisamment les parties pour qu'elles arrivent à un règlement ou à un compromis qui les satisfasse. Ce type de négociation s'utilise souvent selon Christopher W. Moore[2]:

- lorsque les chances de gagner sont élevées;

- lorsque les ressources à la disposition des négociateurs sont limitées soit en termes d'argent, de temps ou de bénéfices psychologiques;

- lorsque les intérêts des parties sont en contradiction ou en opposition totale;

- lorsque le maintien de la qualité des relations futures importe moins qu'un gain à court terme;

- lorsque les parties ont le pouvoir de faire mal à l'autre si une impasse survenait au cours des négociations.

La négociation sur intérêt procède autrement. Alors que le négociateur sur position présente d'abord sa ou ses solutions, le négociateur sur intérêt parvient à une solution à la fin du cheminement. Dans ce dernier modèle de négociation, les parties tentent de concilier leurs différends en examinant d'abord leurs intérêts ou leurs besoins communs et respectifs et, dans un deuxième temps, les différentes options susceptibles de répondre aux exigences ou aux besoins des négociateurs. Ayant d'abord défini leurs besoins com-

---

2. Christopher W. MOORE, *The Mediation Process, Practical Strategies for Resolving Conflict*, San Francisco, Jossey-Bass Publisher, 1986, p. 36.

muns et respectifs, les parties peuvent donc élaborer les différentes options en rapport avec ces intérêts, les étudier pour savoir si elles rencontrent leurs intérêts et dans un dernier temps choisir celles qui leur conviennent.

Le modèle de la négociation sur intérêt s'utilise principalement lorsque certains intérêts des parties convergent et lorsque les relations futures ont une certaine importance. C'est le cas, par exemple, de parents qui veulent éviter que le règlement du divorce ne nuise au développement de leurs enfants ou à l'établissement de leurs relations parentales futures. Afin que ce modèle soit efficace, on doit pouvoir retrouver un minimum de collaboration entre les parties de même qu'un minimum de connaissances quant au déroulement de cette négociation. C'est le rôle du médiateur de susciter les attitudes de coopération nécessaires à ce cheminement, d'autant plus qu'en matière matrimoniale les adultes qui vivent une rupture éprouvent habituellement des émotions intenses de colère ou de tristesse. Le médiateur leur permettra de négocier avec moins de heurts et moins de ratés inutiles et douloureux. La présence du médiateur permet également de suppléer au manque de connaissances des parties puisqu'il guide le processus de négociation et qu'il apporte à l'occasion des options à des fins de discussion.

Le médiateur a avantage à privilégier la discussion à partir des concepts de la négociation sur intérêt puisque ce processus permet d'analyser les résultats ou la valeur des décisions auxquelles les parties sont parvenues. Il arrive fréquemment que des clients, ayant vu leurs avocats négocier sur position, n'aient aucun critère d'évaluation du jugement rendu par le tribunal ou du compromis auquel les avocats sont arrivés. Ils peuvent alors se demander si le jugement qu'ils ont obtenu constitue la meilleure solution dans leur cas, puisqu'en utilisant la négociation sur position, on discute davantage des solutions possibles que des besoins ou des intérêts sous-jacents des clients et, qu'on ne possède pas de véritables critères pour juger du niveau de satisfaction de ces derniers. Il est assez rare que des clients aient la connaissance de la jurisprudence et du fonctionnement du tribunal nécessaire à l'évaluation de la solution résultant du processus judiciaire. La négociation sur intérêt se prête mieux à la résolution des conflits en matière familiale puisque cette démarche permet une discussion ouverte des besoins d'ordre physique, matériel et psychologique et une prise de décision plus éclairée suite à une meilleure évaluation des options. Cette approche n'est cependant pas à l'abri de pièges pouvant entraîner de sérieuses difficultés, voire même des impasses.

II. OBSTACLES AU NIVEAU DU PROCESSUS

Intérêt et position: deux notions à distinguer pour éviter l'impasse

Il est difficile de saisir dans la pratique la différence entre intérêt et position: Si un parent s'exprime ainsi: «Je veux la garde d'Olivier parce que c'est moi qui m'en suis toujours occupée depuis sa naissance», et l'autre parent dit «Moi, je tiens absolument à la garde partagée. Mes amis qui sont séparés ont opté pour ce type de garde et ils me disent que ça convient parfaitement aux enfants. Après tout, moi aussi je me suis occupé d'Olivier.» Ces deux négociateurs ont-ils exprimé des besoins ou des positions? On peut penser qu'ils expriment leurs besoins ou leurs intérêts mais, de quels besoins s'agit-il au juste? Dès qu'on se demande si la garde partagée est le seul moyen qui répond à l'information exprimée et que la réponse s'avère non, on peut penser que le négociateur exprime une position ou un moyen de répondre à un besoin essentiel, et non pas le besoin lui-même. Dans cet exemple, les négociateurs ont apporté deux positions qu'ils croient susceptibles de répondre à leurs besoins respectifs. Si nous travaillons uniquement à partir des deux solutions apportées, nous risquons d'arriver vite à l'impasse. Par contre, si nous étudions les motifs sous-jacents des parties, plusieurs autres options de règlement deviendront disponibles. Pour cette raison, Fisher et Ury[3] proposent comme règle générale de se concentrer sur les intérêts plutôt que sur les positions. Il serait utopique de penser que l'être humain connaît et exprime correctement tous ses besoins. Ceux-ci sont toutefois souvent exprimés au-delà des mots, c'est-à-dire que nous pouvons les comprendre à travers les mots, les gestes, les émotions exprimées verbalement et non verbalement. Lorsqu'on parle d'intérêts, on veut dire besoins, motifs sous-jacents. Plus les besoins ou les intérêts seront clairement identifiés, plus il sera facile de savoir si les moyens choisis ou pensés y répondent. Savoir ce qu'on veut permet la créativité quant aux moyens à prendre pour assurer un minimum de satisfaction. Le médiateur cherche donc à mettre en lumière les véritables enjeux et ainsi faisant, il encourage la créativité quant à l'élaboration des options, ce qui brise les impasses.

Au point de départ, dans les dossiers où il y a danger d'impasse, les parties ont tendance à présenter leur position respective et le travail du médiateur consiste à les aider à définir tout ce qui sous-tend leur position. Pour ce faire, il doit comprendre le processus interne des individus qu'il a devant lui. Ils ont pensé à ces solutions à partir

---

3. FISHER et URY, *Comment réussir une négociation*, Paris, Seuil, 1981.

de leur réalité intérieure et à partir de leur perception de la réalité extérieure. Chacun a sa vision de la relation, chacun interprète le comportement de l'autre et en anticipe les réactions selon sa propre expérience et sa réalité psychique. En plus, chacun veut défendre ses propres besoins. C'est particulièrement vrai en médiation familiale parce que la rupture est une expérience pénible où chaque individu, à certains moments, se sent menacé de tout perdre et de ne jamais pouvoir récupérer. Par exemple, on peut penser que notre premier négociateur craint le contrôle de son conjoint. Comme cette possibilité l'inquiète, il demande la garde étant désireux de poursuivre la relation avec son fils et ainsi de satisfaire un besoin fondamental d'amour. Il protège ce besoin en prenant cette position. De son côté, la prise de position du deuxième négociateur peut être motivée par la crainte de ne pouvoir obtenir facilement une garde unique devant le tribunal ou encore par la peur de ne pas obtenir des droits d'accès flexibles lui permettant une relation significative avec son fils.

Il n'est pas toujours facile de connaître et d'évaluer la nature exacte de ces besoins. Cependant pour Yves St-Arnaud, «les besoins fondamentaux sont innés à l'intérieur de chaque personne et universels: c'est un des aspects où «tous les hommes sont semblables». Dans la recherche quotidienne d'une satisfaction de ses besoins fondamentaux, chaque personne se différencie des autres»[4]. On distingue les besoins physiques (manger, dormir, etc.) des besoins psychologiques (aimer, comprendre, produire, etc.). Nous utiliserons les termes besoin, désir, motif et intérêt comme synonymes.

Les besoins psychologiques sont moins évidents mais n'en constituent pas moins des enjeux importants dans toute négociation. Selon David A. Lax et James K. Sebenius[5], les intérêts d'une personne vont souvent au-delà de l'explicite et de l'apparent. Par exemple, au moment d'une discussion sur l'argent, le désir d'être reconnu, ou d'être traité avec respect peut dominer la discussion tout en restant implicite. D'autres besoins fondamentaux comme le besoin d'être compris, de comprendre, le besoin de sécurité, le besoin d'amour et d'estime de soi peuvent être des motivations premières et sous-jacentes à plusieurs comportements et à de nombreuses demandes. Par exemple, une option où une partie aura l'impression de perdre la face sera refusée non pas à cause de la valeur objective de l'option mais à cause de l'impact négatif sur son besoin d'estime de soi. De plus, il est

---

4. Yves ST-ARNAUD, *La personne humaine,* Montréal, Éd. de l'homme, 1974, p. 51.
5. David LAX et James K. SEBENIUS, «The Measure of Negotiation», *Negotiation Journal,* vol. 2, n° 1, janvier 1986, p. 74.

important de reconnaître d'autres manifestations plus subtiles encore, comme celle d'un désir de réparation des blessures occasionnées par la frustration des besoins dans la vie conjugale. Par exemple, un mari qui a souffert de ne pas se sentir valorisé par sa femme pourra tenter, au moment des discussions sur le budget, d'être enfin reconnu en s'arrangeant pour prouver que ses solutions sont meilleures que celles du conjoint et en ne démordant pas de ses positions.

C'est donc à travers l'expression particulière de chaque individu qu'un médiateur peut lire et décoder les besoins sous-jacents. En effet, chaque individu a une façon différente d'exprimer ses besoins. Certains le feront en attaquant: «tu veux toujours tout contrôler», au lieu de dire: «j'aimerais avoir un mot à dire». Plusieurs l'exprimeront en se servant des enfants: «c'est pour le bien des enfants que je veux la maison». D'autres s'exprimeront sans ambages alors que quelques-uns ne sauront pas comment exprimer ce qu'ils désirent, ne sachant pas clairement ce qu'ils veulent et quels sont leurs besoins. Dans ce dernier cas, plusieurs médiateurs emploient la formule connue aux États-Unis sous le nom BATNA (*the best alternative to a negotiated agreement*): la meilleure alternative à un règlement négocié et ce, pour chacune des parties. En demandant à chaque partie de spécifier quelle serait la pire décision qui pourrait découler de la négociation et quelle serait la meilleure décision qui pourrait être prise, les négociateurs dévoilent souvent leurs besoins fondamentaux. Il incombe au médiateur de décoder l'expression particulière des besoins de chacun, celle-ci étant nécessaire à l'obtention d'un degré de satisfaction minimal chez les clients.

Structuration déficiente des étapes du processus

L'exploration des besoins, tant au niveau psychologique qu'au niveau des enjeux financiers et parentaux, constitue la première étape de la négociation sur intérêt. Seuls les besoins positifs constitueront matière à négociation. Il serait évidemment contraire à l'objectif du processus de médiation que de tenter d'y combler un besoin de vengeance. La vitesse à laquelle se déroule cette première étape peut créer des problèmes. Si le médiateur procède trop lentement à l'étude des besoins, il suscitera la frustration et l'impression de tourner en rond chez les négociateurs; par contre s'il agit trop vite, en passant à l'étude des options avant d'avoir complété l'étude des besoins, le médiateur risque de positionner davantage les négociateurs et par là, de diminuer le nombre d'options susceptibles de répondre à leurs besoins puisque ceux-ci n'auront pas été clairement exposés. Quand on n'entend pas correctement ce que les clients tentent de nous exprimer, on risque de procéder trop lentement. C'est en somme ne pas écouter au-delà des mots le message qui nous est transmis. Se ruer sur les solutions, c'est laisser paraître son impatience à trouver des réponses avant d'avoir complètement clarifié le problème. Le temps bien géré à ce stade est un bon investissement.

Jugements hâtifs: obstacles à l'écoute active

Pour mener à bien la première étape de la négociation sur intérêt, à savoir l'exploration des besoins, l'écoute active constitue la conduite de base des médiateurs. Bien maîtrisée, cette technique est une des clefs du succès puisqu'elle permet de reformuler, de recadrer et d'orienter les débats.

Cependant, si cette écoute s'accompagne ou se transforme en jugement interne statique du genre: «ce client est un entêté, il ne veut rien comprendre», le médiateur se prive de l'information nécessaire à la recherche d'options satisfaisantes pour les deux parties.

Les jugements hâtifs du médiateur nuisent à ce dernier surtout s'il se laisse emprisonner par ceux-ci, car il risque ainsi de devenir partial et de contribuer à une impasse. Le médiateur doit donc se demander pourquoi un client sent le besoin d'utiliser telle attitude, telle menace ou telle demande afin de savoir ce qui provoque l'attitude défensive ou le comportement irrationnel. Après avoir formulé une hypothèse, il pourra la tester auprès des parties. S'il a bien perçu la signification de l'attitude, la communication sera rétablie. Si l'hypothèse formulée est mal reçue, il pourra, soit demander aux négociateurs de la rectifier, soit de le faire lui-même. C'est ainsi que le médiateur travaille à rétablir une communication efficace et débloquer la négociation.

Les médiateurs débutants désirent parfois faire entendre raison plutôt que d'essayer de comprendre le point de vue de chaque partie et les motifs sous-jacents à leurs comportements. Ils privilégient alors leur besoin d'être compris en mettant de côté celui de leur client, ce qui est souvent perçu par le client comme un manque d'impartialité.

Élaboration des options: danger de courts-circuits

Différencier position et intérêt et éviter les jugements hâtifs permettent au médiateur d'établir le climat de confiance nécessaire à la poursuite de la négociation et à la discussion des options susceptibles de répondre aux intérêts des clients. Cette deuxième étape comporte un nouveau risque. Ainsi, si on négocie chaque option plutôt que d'attendre que toutes les options soient sur la table, on risque de s'attirer des ennuis. On peut avoir tendance à se concentrer sur l'arbre et perdre de vue la forêt. Par exemple, si au moment du partage des biens on négocie à la pièce, c'est-à-dire à qui va la maison, à qui vont les meubles, etc., on oublie que la part de la maison peut être échangée pour une valeur équivalente. Il est donc préférable de faire le portrait global avant de procéder aux options du partage. Une évaluation de la situation dans son ensemble permettra aux deux parties de constater qu'il est peut-être intéressant de troquer différents biens. La négociation à la pièce de chaque poste budgétaire peut facilement mener à l'impasse si on n'a pas d'abord le tableau général des coûts déjà acceptés et des coûts litigieux. Il ne sert à rien de s'obstiner sur chaque item alors que l'expérience démontre que les points d'accrochage sont habituellement limités une fois que les parties ont devant les yeux le tableau global. De plus, il ne sert à rien de discuter de l'opportunité de dépenser pour tel ou tel item lorsque le portrait global établit clairement un déficit et la nécessité de couper dans la plupart des postes budgétaires ou presque. Par exemple, au moment de la lecture du budget des enfants établi par Madame, Monsieur dit: «Ah non!, je ne payerai pas tous ces vêtements-là. Moi je pense que je mettrais tant par mois», et le médiateur de dire à Madame: «Seriez-vous d'accord avec Monsieur de réduire de trente dollars?» Soit que Madame accepte en se sentant pressée par le médiateur et par Monsieur, soit qu'elle s'objecte et un conflit inutile éclate. Par ailleurs si elle accepte, il n'est pas dit qu'elle le fasse dans son meilleur intérêt. Le médiateur, à ce moment-ci, n'a qu'à noter la dissidence de Monsieur à l'item vêtement et à permettre la discussion seulement lorsque tous les besoins financiers des enfants auront été exposés par chacun des parents. Tenter un règlement à cette étape du processus comporte trop de risques tant pour l'obtention d'une entente satisfaisante que pour la poursuite des discussions. Il en serait de même pour les négociations sur le partage des biens. Commencer à négocier la maison avant d'avoir le portrait global des biens et du passif risque de diminuer les options disponibles en vue d'arriver à un règlement satisfaisant. Savoir qu'on peut garder un REER en échange d'une valeur équivalente permet plus facilement d'accepter que le REER soit partageable.

Habiletés du médiateur

Ce sont là quelques-unes des difficultés qu'un médiateur rencontre lorsqu'il assiste les clients dans la négociation de leur entente. Respecter le processus de la négociation sur intérêt et respecter les clients comme des individus qui ont des besoins devant être satisfaits résument bien les attitudes fondamentales qu'un médiateur se doit d'adopter.

Dans un article où Brad Honoroff et autres[6] font état d'une démarche d'évaluation de candidat pour des postes de médiateur au service de médiation de l'État du Massachusetts, ils identifient les qualités désirables pour un médiateur. Pour sélectionner les candidats, ils ont retenu cinq critères d'évaluation du jeu de rôle des candidats:

1. L'habileté à aller chercher les informations pertinentes et les données de base du conflit et l'habileté à découvrir les intérêts sous-jacents et les possibilités de règlement.

2 et 3. La créativité, c'est-à-dire l'habileté du médiateur à apporter des idées, à proposer des options et la persuasion ou l'habileté à stimuler une discussion productive.

4. L'empathie ou l'habileté à comprendre chacun des clients, leurs prises de positions, leurs problèmes, leurs intérêts et la capacité de transmettre à ces derniers l'impression d'être compris.

5. L'habileté à gérer l'interaction entre les deux parties et la capacité de faire face à des émotions intenses, à des attaques personnelles et à des stratégies de manipulation.

Les quatre premiers critères peuvent se résumer par l'habileté d'un candidat médiateur à respecter les clients et à contrôler le processus. Quant au cinquième point, l'habileté du médiateur sera mise à l'épreuve par les difficultés inhérentes à la dynamique du couple présent. Même si le médiateur écoute bien, reformule les enjeux correctement, même s'il sait bien diriger le processus, il arrive en pratique qu'il se bute à des réactions émotives difficiles à contrôler. La dynamique de la relation des clients entre eux, la colère de l'un ou de l'autre, la méfiance de l'un envers l'autre, une communication déficiente et l'inégalité du pouvoir sont autant d'éléments qui peuvent entraver le déroulement de la médiation.

III. OBSTACLES AU NIVEAU DES CLIENTS

Difficulté à se séparer et résistance à régler

Lorsqu'un couple décide de se séparer, la relation conjugale arrive à sa fin. Le divorce légal est une des façons de mettre fin à la

---

6. Brad HONOROFF, David MATZ et David O'CONNOR, «Putting Mediation Skills to the Test», *Negotiation Journal*, vol. 6, n° 1, janvier 1990, p. 37-47.

relation conjugale. Cependant, la rupture psychologique et émotive est une étape encore plus ardue à franchir que le processus légal. Certains couples n'arrivent jamais à compléter cette phase de la séparation. C'est ce qui explique les nombreux retours de certains devant le tribunal. Les médiateurs décrivent ces couples comme étant enchevêtrés. Ce sont deux individus qui tentent de séparer leur territoire mais dont les racines sont encore entremêlées, à la façon de deux arbres qui auraient chacun leur tronc mais dont les racines seraient plus ou moins confondues.

La séparation doit entraîner la différenciation des racines afin de permettre à chacun d'adopter des comportements différents et d'occuper un territoire propre. Toutes les questions de droits d'accès, de garde, de contribution financière et de division des biens impliquent une réorganisation de la structure des relations et de celle de la dynamique conjugale et parentale.

Le médiateur rencontre des couples dont la différenciation n'est pas terminée. Pour Wallerstein et Kelly[7] et Weiss[8], il faut compter de trois à cinq ans pour compléter cette transformation du nous en je. L'impression de ne pas pouvoir survivre si on se désengage et si on laisse aller l'autre empêche souvent la rupture psychologique de se compléter et explique la difficulté à choisir des comportements différents ou un mode de relation différent. Il faut faire le deuil de la relation conjugale et s'en tenir à une relation uniquement parentale. La façon dont le couple communique est à l'image des tensions qui relient les deux individus. La plus grande source de difficultés provient des expressions d'hostilité, de rage ou de colère.

La colère

Plusieurs auteurs tels Saposnek[9], Johnston et Campbell[10], Somary et Emery[11], Jackson[12], croient que la médiation diffuse la colère,

---

7. Judith WALLERSTEIN et Joan KELLY, *Surviving the Breakup,* New York, Basic Books, 1980.
8. Robert S. WEISS, *La séparation du couple,* Montréal, Éd. de l'homme, 1977.
9. D. SAPOSNEK, *Mediating Child Custody Disputes,* San Francisco, Jossey-Bass, 1983.
10. J. JOHNSTON et L. CAMPBELL, *Impasses of Divorce,* New York, Free Press, 1988.
11. Karen SOMARY et Robert E. EMERY, «Emotional Anger and Grief in Divorce Mediation», *Mediation Quarterly,* vol. 8, n° 3, printemps 1991, p. 185-199.
12. R.E. EMERY et J.A. JACKSON, «The Charlottesville Mediation Project: Mediated and Litigated Child Custody Disputes», dans J.B. KELLY (éd.),

ce qui accélère l'adaptation post-divorce. Cependant, la frontière est ténue entre la colère rationnelle et la colère émotive. La colère rationnelle apparaît suite à une menace circonstancielle, par exemple suite à une situation due au divorce comme la baisse du niveau de vie. D'autre part, la colère émotive ou irrationnelle fait suite à la frustration des besoins fondamentaux. La colère émotive est imprévisible et n'a rien à voir avec le contenu même de la discussion. Toutefois, cette colère peut nuire grandement à la négociation. Elle peut servir à fuir la dépression due à la perte de la relation et au sentiment d'échec. Il est donc important de distinguer la colère émotive de la colère rationnelle car on ne devrait pas l'aborder de la même façon. Karen Somary et Robert Emery identifient trois sources potentielles de colère émotive. La première, étudiée par plusieurs auteurs, dont Kübler-Ross[13], se définit comme étant la réaction devant les rêves brisés, devant la désillusion et comme le refus de s'en voir responsable. Le rêve du futur, le rêve d'avoir une sécurité, le rêve d'une famille unie s'écroulent. L'anxiété qui en découle explique souvent l'émergence de la colère et du blâme. On peut tenter de rendre l'autre responsable de ses rêves brisés et ainsi de se sentir moins coupable de l'échec. Cette colère permet de se distancer du partenaire. Cependant, elle devient improductive si, à long terme, elle empêche une saine évaluation de soi. En guise de stratégie, les auteurs conseillent au médiateur de légitimer la colère mais ensuite de favoriser la reprise de la discussion sans s'y attarder.

La colère peut aussi être une réaction hostile face à une attaque. Lorsqu'un partenaire se sent blessé, il peut vouloir blesser l'autre et si ce dernier répond en contre-attaquant, un cycle sans fin de blessures et de destruction s'établit. Il est important de contrôler et d'arrêter l'expression de cette colère puisqu'elle est destructrice et par là inutile.

Une troisième source de colère provient du désir de maintenir un lien avec le partenaire. Lorsque ce désir est imprécis et réciproque, les partenaires peuvent utiliser le conflit comme moyen de rester en contact. Cela crée des situations pénibles tant pour les clients que pour le médiateur. Ce dernier peut cependant aider les individus à clarifier et à définir les limites de leurs relations. S'ils désirent se sortir du conflit, ces clients doivent affronter leur peine due à la perte de la relation. Ce sont souvent des clients à qui on pourrait suggérer

---

«Empirical Research in Divorce and Family Mediation», *Mediation Quarterly*, n° 24, 1989.

13.   Elizabeth KÜBLER-ROSS, *On Death and Dying*, New York, Macmillan, 1969.

une psychothérapie s'ils reconnaissent leurs difficultés à se séparer et leur réticence à faire le deuil.

La communication défensive

Le médiateur souhaite que ses clients arrivent à se distancer affectivement suffisamment pour pouvoir parvenir à des décisions rationnelles concernant l'avenir de leur relation parentale. Plusieurs pourraient croire que cette mission relève plus de la thérapie que de la médiation. Peter Maida[14] croit cependant qu'il est possible de créer des conditions favorables à la distanciation nécessaire à la prise de décision. Parmi celles-ci, la communication efficace occupe une place importante puisque c'est le véhicule des échanges verbaux et non verbaux, ce qui constitue la base de la négociation. Pour les professionnels des sciences humaines qui ont étudié le fonctionnement de la communication, il semble acquis que les conflits interpersonnels s'aggravent lorsque la communication des parties se détériore. Cette détérioration peut s'effectuer de deux façons: le nombre d'échanges directs et clairs diminue et les messages qu'on s'envoie deviennent distordus, ignorés, non entendus ou mal compris.

Les barrières de communication s'installent automatiquement lorsqu'une partie entend ou voit l'autre la blâmer ou la blesser ou encore lorsqu'elle a l'impression d'être blâmée ou blessée. En conséquence, les parties évitent ou distordent leurs échanges de sorte que le conflit persiste ou, pire encore, s'intensifie. La communication entre les conjoints se complique au moment de la rupture des liens conjugaux parce que cette rupture s'accompagne toujours, à des degrés divers, d'une impression d'avoir été trompé, blessé et même parfois détruit.

On risque donc de rencontrer plusieurs difficultés au niveau de la communication lorsqu'on travaille en médiation familiale. Le médiateur doit mettre en place une structure de communication susceptible d'empêcher l'aggravation des conflits et de susciter des échanges efficaces. Il s'agit d'abord d'observer le type de communication et la nature des messages transmis verbalement et non verbalement avant d'élaborer une stratégie de structuration de la communication. Morna Barsky[15] identifie certains indices pouvant être

---

14. Peter MAIDA, «Components of Bowen's Family Theory and Divorce Mediation», *Mediation Quarterly*, n° 12, juin 1986, p. 61.
15. Morna BARSKY, «Emotional Needs and Dysfunctional Communication as Blocks to Mediation», *Mediation Quarterly*, vol. 6, décembre 1983, p. 63.

utiles. Les comportements suivants nuisent à la communication et reflètent des attitudes négatives:

- éviter le contact visuel; le client parle plus souvent au médiateur qu'à son conjoint;

- décrire les inhabiletés de l'autre de manière condescendante; qualifier l'autre de mauvais pourvoyeur, de mauvaise mère;

- menacer l'autre avec des arrangements financiers désavantageux, décider pour l'autre, imposer ses propres idées quant à «ce qui est juste»;

- interrompre pour préciser des faits, corriger en lançant ses propres données;

- ne pas écouter, rester silencieux, changer de sujet prématurément;

- conseiller, décider pour l'autre quant à l'organisation de la famille;

- analyser de façon psychologique le comportement de l'autre, lui expliquer pourquoi il agit de cette manière, ex.: «c'est à cause de ta mère»;

- se refermer sur soi-même, refuser de répondre, devenir silencieux;

- ne pas saisir les soucis financiers de l'autre, ne pas comprendre le besoin de l'autre de mettre de l'ordre dans leurs finances, utiliser des arguments logiques pour interrompre.

Ce sont autant de comportements qui nuisent à une communication fonctionnelle. Être capable de les reconnaître et d'interpréter leur effet cumulatif négatif de façon acceptable est un des moyens pouvant restaurer un mode d'échange efficace. Les propres habiletés du médiateur serviront de modèle, à savoir: prêter attention non seulement au contenu du message mais aussi aux sentiments sous-jacents, au ton sur lequel le message est émis et aux indices non verbaux.

Plus la blessure des individus est grande, plus la communication risque d'être distordue et plus le besoin de structure augmente. Dans tous les cas, on encouragera, sous mode de règles plus ou moins strictes, un mode positif de communication.

On encouragera, entre autres, la divulgation des informations, que ce soit au niveau de la discussion des besoins des enfants ou au niveau des besoins financiers et du partage des biens. Par exemple, la nécessité de divulguer les informations diminue la méfiance et permet de créer le minimum de confiance nécessaire à la discussion des aspects financiers pour en arriver à décider du montant des contributions financières. En exigeant cette divulgation, le médiateur diminue ainsi la méfiance de l'un envers l'autre, ce qui provoque une ouverture puisque les individus sentent moins le besoin de se protéger. Cette ouverture qui augmente au fur et à mesure des échanges positifs permettra à chacun de prendre plus de risques au niveau de la communication, toujours à la condition que l'estime de soi de chacun ne soit pas à nouveau menacée par les échanges verbaux et non verbaux en cours. Cette expérience favorisera une certaine confiance en soi et par conséquent, la croyance en la possibilité de survivre en dehors de la relation conjugale. Si le moi des individus est très vulnérable, cette confiance sera évidemment plus difficile à construire et le besoin de protection des individus sera très grand.

Le médiateur peut assigner aux parties la tâche de chercher l'information elles-mêmes ou les aider à cueillir les données nécessaires. Le recours à des critères objectifs[16] dans la cueillette de l'information aidera à diminuer la méfiance des conjoints. Dans tous les cas, le médiateur doit être un agent de la réalité.

La reformulation et le recadrage, deux techniques fort utilisées en psychothérapie, sont deux outils fort utiles pour structurer la communication. Donohue et autres[17] ont étudié comment les médiateurs dirigent efficacement la communication lors des négociations en comparant dix médiations réussies à dix médiations qui ont échoué. Ils concluent que les médiateurs qui ont réussi diffèrent de ceux qui ont échoué, par leur habileté à utiliser le recadrage pour structurer la communication. De plus, les médiateurs qui ont réussi sont ceux qui détectent plus facilement les attaques, ceux qui interrompent plus vite la communication improductive en renforçant l'interaction positive, ceux qui recentrent sur la tâche ou mettent un terme à la discussion. Ces médiateurs interviennent promptement en

---

16. FISHER et URY, *op. cit.*, note 3.
17. W.A. DONOHUE, Michael ALLEN et Nancy BURREL, «Communication Strategies in Mediation», *Mediation Quarterly*, nº 10, décembre 1985, p. 75-91.

proposant des options alternatives et en identifiant l'impact négatif de la contribution d'une partie ou en reformulant le négatif en une proposition positive.

Lorsque ces interventions ne permettent pas au médiateur de contrôler la communication et d'en changer le fonctionnement déficient, il doit comprendre que la clarification d'un besoin est nécessaire. Bien souvent le désir de réparation de la frustration d'un besoin fondamental provoque une attitude défensive et improductive. La satisfaction de ce besoin peut être réaliste, comme la nécessité de comprendre, ou impossible à combler, comme le besoin d'être aimé ou même compris par l'autre. Que la satisfaction de ces besoins soit possible ou pas, les reconnaître et les nommer contribuent souvent à la reprise des discussions. Il est cependant important de ne pas verser dans la thérapie. D'ailleurs, Susan J. Rogers et Claire Francy[18] rapportent que l'étude qu'elles ont faite sur la communication en médiation prouve que le temps passé à l'expression des sentiments n'a pas d'impact sur l'issue positive de la médiation. Au contraire, il se pourrait que, dans certains cas, ce soit l'équivalent de jeter de l'huile sur le feu. Il s'agit d'ouvrir la communication sur les besoins qui ont été frustrés durant la vie commune juste assez pour reprendre le travail de négociation et ainsi encourager l'individualisation des clients toujours dans le respect de ceux-ci.

Pouvoir inégal des parties

Avant de terminer l'étude des obstacles qui émanent du couple-client, il nous faut parler de l'égalité du pouvoir entre les négociateurs. Le concept de l'équilibre du pouvoir en médiation familiale fait l'objet de beaucoup de controverses surtout à cause des rapports de force que le couple a établis. Le pouvoir inégal inquiète beaucoup les procureurs parce qu'ils ont l'impression que le pouvoir économique de l'époux est trop grand par rapport à celui de l'épouse. Ces procureurs croient la femme incapable de négocier une entente qui serait comparable à celle qu'elle pourrait obtenir par l'intermédiaire de son avocat. Des regroupements féministes abondent dans le même sens en disant que seul le pouvoir légal peut contrebalancer le déséquilibre qui existe entre l'homme et la femme.

Les différences de pouvoir existent en médiation comme elles existent dans la société, que ce soit au point de vue économique, au

---

18.   Susan J. ROGERS et Claire FRANCY, «Communication in Mediation: Is More Necessarily Better?», *Mediation Quarterly*, n° 22, hiver 1988, p. 39-51.

point de vue émotif ou encore au point de vue intellectuel. La médiation réduit l'écart qui existe entre les parties de par les valeurs et par les règles de fonctionnement qui y sont employées. Il faut toutefois être conscient que dans certains cas, l'écart restera tel qu'il nous faudra arrêter la médiation, comme par exemple lorsqu'il y a violence, ou encore lorsque l'information financière n'est pas accessible à l'autre conjoint.

On entend par pouvoir la capacité d'un individu à influencer l'atteinte des buts de l'autre. Le pouvoir est toujours relatif au degré de dépendance d'une personne envers l'autre. Par exemple, une épouse peut avoir un pouvoir émotif sur son conjoint si ce dernier s'attend à recevoir de son épouse des signes manifestes qu'il est important pour elle. Un mari peut avoir un pouvoir économique sur sa femme si elle dépend financièrement de lui. Tout le monde possède un pouvoir, si petit soit-il. Cependant, on peut décider de ne pas l'utiliser. Un homme qui est très fort physiquement peut décider de ne jamais utiliser sa force physique dans un conflit. On peut également décider de mettre fin à la dépendance envers l'autre et ainsi enlever à l'autre le pouvoir sur soi. Par exemple, si le mari ne dépend plus de sa femme émotivement, elle perd ce pouvoir sur lui. Donc tous les individus ont du pouvoir. Ils peuvent l'exercer de façon constructive ou négative. Ils peuvent décider de ne pas l'exercer ou encore de le partager.

Il est donc important de diagnostiquer où se situent les zones de déséquilibre. Au niveau économique, le fait de demander aux parties de partager leurs informations vise à diminuer l'écart entre les parties sans bien sûr le rééquilibrer totalement. C'est également vrai en ce qui a trait au partage d'informations sur les intérêts ou sur les besoins des enfants. Cela permet au moins de prendre des décisions éclairées.

Lorsque le pouvoir inégal se situe au niveau des habiletés des parties à négocier, le médiateur doit aider la personne moins habile à identifier ses besoins sans prendre partie et sans négocier à sa place mais en s'assurant que les besoins ont été assez explorés pour permettre l'étude des options. Au moment de l'étude des options, le médiateur en proposera pour éviter que la partie la plus forte soit la seule à en proposer.

Si le pouvoir s'exprime négativement par des menaces, par du blâme, par de l'humour noir à répétition, par des jugements négatifs ou par des compliments démesurés, le médiateur interviendra assez rapidement puisque ces comportements défensifs mènent inévitablement à l'impasse, comme nous l'avons vu plus haut.

C'est donc en reconnaissant les différentes manifestations de pouvoir que le médiateur va choisir la stratégie à employer. L'exercice négatif du pouvoir psychologique demande une intervention différente de l'exercice du pouvoir économique par exemple.

Ingérence des tiers

Jusqu'ici, nous nous sommes concentrés sur les obstacles qui originent du médiateur ou des clients. L'importance de l'influence des tiers sur le déroulement de la médiation n'est pourtant pas négligeable.

En effet, l'entourage ou le système social des conjoints se divise en deux au moment de la rupture de la relation conjugale. Les parents, les amis choisissent pour lequel des conjoints ils vont prendre parti, lequel ils vont soutenir et aider. Chaque conjoint raconte sa version des faits afin de recevoir du support ou de l'appui moral. Les faits sont souvent biaisés, ce qui donne deux versions différentes de la même histoire, ou encore deux clans. À ceux-ci viendront s'ajouter les avocats et parfois d'autres professionnels comme les experts et les thérapeutes. Dans certains cas, un nouveau conjoint se mettra également de la partie. Ce réseau social peut être positif. Il permet à l'individu de restaurer son image et de recevoir chaleur et appui. Ce réseau peut en être un d'entraide si on offre de garder les enfants, d'abriter temporairement une des parties ou encore de l'aider financièrement. Dans la plupart des cas, les conjoints sont capables de se distancer suffisamment de ceux qui alimentent indûment leur colère. Certains individus en sont toutefois incapables. L'influence des tiers peut alors être très grande et parfois susceptible de mener à l'impasse.

On constate que plus les conjoints sont incapables de solutionner leurs conflits, plus l'influence des tiers se fait sentir et plus ceux-ci risquent d'intervenir. Les tiers sont entraînés dans le conflit du couple. Ils s'identifient aux opposants et augmentent l'ampleur du désaccord. Dans certains dossiers contestés, les deux avocats, en plus de veiller à l'intérêt de leurs clients, s'identifient à ceux-ci et chaque avocat éprouve alors envers le confrère des sentiments similaires à ceux vécus entre les parties. Si des experts sont invités à se joindre au dossier, ils augmentent souvent le nombre des opposants et entravent eux aussi la résolution des problèmes. Pour éviter l'impasse causée par une trop grande implication des tiers, laquelle est suscitée par l'incapacité des parties à se distancer, le médiateur doit démontrer aux parties l'interférence des tiers et l'impact négatif de celle-ci sur la négociation. Ainsi les parties pourront être en mesure de décider si elles veulent se distancer de l'influence des tiers et prendre la responsabilité de discuter à partir de ce qu'elles veulent et non pas à partir de ce qu'on leur dit qu'elles devraient vouloir.

Si cela s'avérait impossible, le médiateur pourrait, avec la permission des conjoints, s'adresser directement à ces agents extérieurs. Cette démarche apporte généralement des changements positifs. D'autre part, certains tiers peuvent être invités à se joindre aux rencontres de médiation, comme par exemple les nouveaux conjoints, ce qui favorise souvent des canaux de communication différents et productifs. Les nouveaux conjoints n'étant pas en antagonisme, ils aident parfois à trouver des options satisfaisantes pour débloquer une impasse.

Il est bon que le médiateur tienne compte de l'influence des nouveaux conjoints et des tiers significatifs dans tous les dossiers. Il est sage de suggérer la consultation de ces tiers avant la prise de décision finale.

Le caucus: une option intéressante

Si les tentatives de promouvoir une communication non défensive échouent, si les tiers deviennent trop influents, le médiateur, en dernier ressort, peut proposer le caucus, c'est-à-dire des entrevues individuelles du médiateur avec chaque conjoint, afin d'essayer de comprendre ce qui se passe, afin de confronter les individus avec les conséquences de leurs attitudes et afin de tenter d'obtenir leur collaboration pour la poursuite des discussions. Il arrive que la peur de la violence d'un ou des conjoints s'exprime au moment de ces caucus permettant ainsi la clarification des peurs et la mise en place de la protection nécessaire à la poursuite des négociations. Quelquefois il faudra terminer les entrevues de médiation lorsque la violence verbale ou physique ne pourra être contrôlée suffisamment pour équilibrer le pouvoir, ne permettant pas ainsi une prise de décision satisfaisante pour toutes les parties en cause.

Plus le client apparaît résistant et le médiateur limité dans ses interventions, plus le caucus s'avère une technique productive pour surmonter les obstacles ou débloquer les impasses. Plusieurs médiateurs y voient un danger de perdre leur neutralité. Charles A. Bethel[19] offre quelques conseils qui peuvent aider à maintenir la neutralité nécessaire au travail du médiateur. Il suggère de parler dès le début de la médiation de la possibilité de sessions individuelles comme faisant partie du processus. Bethel suggère de toujours avoir en tête cette règle d'or: ne jamais dire à un client quelque chose qui mettrait le médiateur dans l'embarras si l'autre client l'entendait. Enfin, il recommande de ne pas utiliser le caucus pour éviter un conflit. Selon lui, l'utilisation du caucus doit être judicieuse. Demander le caucus à la première injure lancée, à la première menace proférée, serait inapproprié. En fait, le caucus sert à dénouer les impasses et non à se sauver lorsqu'un conflit s'amorce.

On peut encore utiliser le caucus pour permettre la ventilation des émotions qui ne se contrôleraient pas autrement, pour suggérer des modifications dans les stratégies de négociation des clients lorsqu'elles sont improductives et comme dernière alternative au moment d'une impasse, pour vérifier si l'échec peut être évité.

CONCLUSION

Penser en termes d'obstacles à l'entente entre les parties, c'est réfléchir à l'essentiel de notre pratique comme médiateur. C'est notre propre fonctionnement en tant que médiateur qui est en cause. Une fois les bonnes questions posées et répondues, plusieurs obstacles peuvent tomber et les impasses sont évitées. D'autres ne seront contournés qu'après avoir compris la dynamique des négociateurs en présence. La médiation est un art de tous les instants. Non seulement faut-il connaître le contenu des discussions mais il est également indispensable de tenir compte de la psychologie des discuteurs. La médiation est l'art de l'avenir. Comme cette méthode de procéder est nouvelle dans notre monde occidental, il devient important de se poser des questions quant aux conditions de succès ou d'échec. Il serait très facile de juger la médiation impossible ou futile lorsqu'elle est difficile. Pour ne pas donner raison aux sceptiques, le professionnel qui veut pratiquer cette méthode alternative de résolution de conflit se doit de faire une saine évaluation de son rôle et de ses attitudes. Le tout doit se dérouler dans le respect des droits des individus et dans le respect de leurs besoins.

---

19. Charles A. BETHEL, «The Use of Separate Sessions in Family Mediation», *Negotiation Journal*, juillet 1986, p. 257-273.

La médiation est un art mais ce n'est pas parce que c'est un art qu'il n'y a pas de techniques à contrôler, de connaissances à acquérir, de retours sur sa pratique et sur soi nécessaires à faire. La médiation: c'est un art qui se pratique, un art qui s'apprend et se perfectionne. On ne peut pas en faire un livre de recettes parce qu'on y travaille avec des êtres humains en conflit entre eux et parfois en conflit avec eux-mêmes.

Stratégies et techniques en médiation familiale

Daniel Camozzi*

Il est difficile de parler de stratégie en médiation familiale sans avoir une compréhension théorique de la famille.

L'approche systémique a été utilisée depuis plus de vingt ans comme schème de référence pour mieux comprendre et analyser les interactions des familles. Plusieurs auteurs tels que Haynes, Saposnek et Irving ont noté l'importance de l'approche systémique dans le contexte de la médiation familiale.

Dans ce chapitre, nous utiliserons une perspective systémique parce qu'elle fait partie de notre formation théorique et pratique et que cette dimension nous a beaucoup aidé à faire la transition entre une approche individuelle et une vision plus complexe que représente l'unité familiale.

Souvent les conflits après un divorce perdurent à cause des liens émotifs non réglés entre les conjoints. Carl Whittaker, un des pionniers de la thérapie familiale, a déclaré que le divorce n'existait pas. Ce qu'il nommait d'une façon paradoxale c'est que, pour les relations conjugales de longue date, il existe certains liens inconscients qui maintiennent le «mariage» pour la vie.

Nous parlerons tout d'abord des stratégies utilisées par les conjoints. Nous définissons une stratégie de la façon suivante: les intentions souvent inconscientes présentées par les clients en médiation.

---

* Travailleur social. L'auteur n'a pas révisé son texte.

71

Les enfants aussi, selon Saposnek (1983), sont pris dans ce système familial en transition et leur façon de survivre peut être interprétée faussement par leurs parents quand ils sont en guerre.

Tenant compte de ces deux dimensions, le médiateur élabore des interventions appropriées pour effectuer le changement nécessaire. Nous décrirons certaines techniques souvent utiles dans le contexte de la médiation familiale en les illustrant par des exemples concrets.

Finalement, nous parlerons des stratégies et techniques que l'on peut utiliser dans les cas les plus difficiles, c'est-à-dire les cas où les conjoints viennent nous consulter après un jugement de la cour.

LA FAMILLE PERÇUE COMME UN SYSTÈME

Un grand nombre de professionnels des sciences humaines qui interviennent auprès des familles connaissent l'approche systémique. Pour les collègues de formation juridique, l'approche systémique est à découvrir. Nous allons examiner cette approche car elle a eu une forte influence sur la façon de percevoir la famille.

L'approche systémique décrit la famille comme un organisme vivant qui a son historique, ses règles qui la gouvernent, et des façons de communiquer à travers les interactions de ses membres. Une famille ou un groupe est plus que la somme de ses parties. Dans ce sens, une approche purement individuelle devient très limitée dans la compréhension de ce qui se passe dans un contexte familial. Tout système est aussi régi par le mécanisme de l'homéostasie. Ce principe universel est la tendance de tout organisme à chercher son équilibre. Une famille dans laquelle la colère n'est pas tolérée va établir des règles pour la bannir. Une forte expression de colère à ce moment serait perçue comme très menaçante par la famille et beaucoup d'énergie serait utilisée pour faire diminuer cette intrusion.

Une famille où les parents se séparent peut représenter un déséquilibre systémique qu'on appelle la crise. Il s'agit de cette période de temps où la confusion règne et où la famille est en désarroi. Les familles de couples divorcés qui se chicanent perpétuellement utilisent les procédures judiciaires pour créer une nouvelle relation stable mais dysfonctionnelle (Saposnek 1983).

La médiation familiale se propose comme une forme d'intervention pouvant aider ces familles à s'ajuster à un nouvel équilibre et à une restructuration, que ce soit la famille bi-nucléaire ou la famille recomposée.

La théorie des systèmes nous aide à mieux comprendre la complexité d'une famille. Les règles familiales régissent les interactions. Celles-ci deviennent observables à travers la communication verbale ou non verbale.

La communication est une notion qui amène beaucoup de complexité car elle veut tout dire et rien dire. Combien de couples nous parlent du fait qu'ils ont un problème de communication et que ceci est un des facteurs qui les a amenés à se séparer.

Le défi pour le médiateur est d'aller au-delà des étiquettes pour aller décoder les vrais messages qui sont exprimés de part et d'autre. La dimension de la communication continue à être essentielle car les conjoints ont besoin de se laisser, ont besoin de se dire au revoir, ont besoin de s'engueuler, et aussi espérons-le, de négocier des ententes.

Pourquoi mentionner la théorie des systèmes dans un livre traitant de la médiation familiale? Saposnek (1983) mentionne que bien que la structure et les objectifs de la médiation soit différents de la thérapie, les concepts de la thérapie familiale (incluant la théorie des systèmes) et individuelle, et les techniques pour faciliter le changement et retrouver un nouvel équilibre émotif dans la vie des clients, sont semblables dans les deux disciplines. Cette affirmation se retrouve dans la revue *Mediation Quarterly* de 1986 où deux numéros sont consacrés à faire les liens entre la thérapie familiale et la médiation.

La dimension systémique donne au médiateur un schème plus vaste qu'une approche individuelle pour mieux comprendre les familles en instance de séparation. Une meilleure compréhension du système familial le rend plus apte à intervenir pour effectuer un véritable changement.

LES STRATÉGIES DES PARENTS ET DES CONJOINTS

Kenneth Kressel et ses collègues ont développé une typologie de couples qu'ils ont observés dans le cadre d'une recherche réalisée en 1980 avec des couples en instance de séparation. Le but de cette typologie est évidemment de nous donner des outils de description qui seront utiles dans la compréhension des couples et ensuite à la création de stratégies d'intervention les plus appropriées. Il s'agit de couples «enchevêtrés» (*enmeshed*), de couples «autistiques», de ceux qui expriment leurs conflits directement, et de ceux qui sont «désengagés».

– Les couples enchevêtrés sont du type où l'on retrouve beaucoup d'ambivalence au sein du couple. Cela va se continuer au moment de la séparation par une situation qui n'est pas claire. On s'aime et on se hait. Les frontières psychologiques des conjoints sont amorphes et ils se marchent sur les pieds. Durant l'entrevue de médiation, un des conjoint commence une phrase et l'autre la termine car il sait ce que l'autre pense. Malheureusement, parfois, ce n'est pas exact.

Le vrai problème avec ce type de couple est que la différence est mal tolérée et cela amène des conflits interminables. Les couples enchevêtrés et les couples autistiques représentent le plus gros défi pour le médiateur. Ce sont eux qui nous amènent nos cheveux blancs et qui minent notre énergie. Cependant, il est possible, avec eux, de développer des stratégies et des façons de gérer leurs conflits afin de les diriger dans la bonne direction.

– Les couples autistiques se caractérisent par une pauvreté d'interaction et de communication verbale. C'est le type de situation où, lorsque le médiateur questionne un conjoint sur une série très complexe de propositions, il répond par la négative. Alors, il faut essayer de jouer avec la réponse. Est-ce que vous dites non à la première partie, à la deuxième ou à la sixième partie? Il faut tenter de tirer les mots de la bouche du client et un peu d'humour ne fait pas de mal.

Durant le mariage, les conjoints se parlaient peu et la séparation devient une porte de sortie. Mais parce que ces couples n'ont jamais pu développer de moyens efficaces de se parler, la séparation devient une étape qui est lourde et difficile à assumer. Comme avec les couples enchevêtrés, ils ont besoin d'aide pour prendre du temps et mettre des mots sur un vécu difficile. Le médiateur devient une personne ressource qui facilite des interactions fonctionnelles pour aider les conjoints à se détacher et à planifier le futur pour eux et leurs enfants.

Ces deux types de couple semblent avoir le plus de difficulté à s'ajuster au divorce. L'ambivalence du désir de vouloir la séparation, avec tous les conflits internes qui en découlent, ainsi que les façons inadéquates de communiquer ce qu'ils ressentent indiquent que la transition peut être lente et pénible. Les couples enchevêtrés sont parmi les couples qui se bataillent le plus fréquemment en justice. Ils ont beaucoup de difficulté à rompre définitivement.

– Les couples qui expriment leurs conflits directement sont capables de se parler et de «communiquer». On ne retient pas la colère, les craintes et les déceptions. Le problème pour le médiateur est davantage de voir clair dans tout ce débat et de s'assurer que le couple ne tombe pas dans des conflits à n'en plus finir.

À cause de leur capacité de communiquer, ils se parlent franchement de leurs sentiments, de leur ambivalence et de la décision de se séparer. Ceci est un des facteurs qui font que leur adaptation au divorce se fait bien et prend un temps relativement court.

– Finalement, les couples «désengagés» sont ceux qui ont dépassé la crise de la séparation. La plupart d'entre eux sont déjà séparés depuis une ou deux années. Souvent ils sont impliqués dans d'autres relations et même vivent avec un nouveau conjoint. Ils ont terminé leur mariage. Il y a peu d'ambivalence par rapport à la séparation et ils sont prêts à en finir avec les modalités reliées au divorce. Ces couples-là viennent souvent pour faire confirmer leurs ententes en recevant l'approbation du médiateur. Parfois ils sont un problème pour le médiateur, car ils désirent terminer rapidement avant même d'avoir commencé les premières étapes de la médiation. Même pour ces couples, les règles de base de la médiation, qui incluent la divulgation des états financiers, doivent être discutées en profondeur.

Il est assez évident que les couples désengagés sont les «beaux cas» de la médiation. Néanmoins, il faut s'assurer que leurs ententes ont des chances de survivre avec le temps, que ce soit concernant le partage des biens, l'établissement d'une pension alimentaire, la résidence principale des enfants et l'accès pour l'autre parent.

Le défi pour le médiateur avec des couples désengagés est de ne pas se faire prendre pour leur secrétaire qui va rédiger un projet d'entente. Le médiateur, appuyé par le code de déontologie, clarifie ses attentes afin que toutes les étapes soit bien accomplies.

Saposnek décrit les diverses stratégies que les couples peuvent utiliser quand ils vivent de fortes émotions reliées à la séparation.

Ces stratégies personnelles sont des façons de survivre à un vécu qui est plein de souffrances. On a observé à quelques reprises des parents qui étaient prêts à contester une garde d'enfant alors que leurs chances de l'obtenir étaient presque nulles. Saposnek appelle ceci «*pushing to lose*», ce qui se traduit par «vouloir perdre à tout prix». Le parent, en effet, cherche à protéger son estime de soi et, même en s'embarquant dans une bataille inutile, il peut dire à son entourage: «même si je perds, j'ai fait mon possible pour sauver mes enfants de la mauvaise influence de l'autre». Quand on parle de stratégies à ce niveau, on parle de stratégies qui ne sont pas complètement conscientes et dans ce sens, elles peuvent être très destructrices. Paradoxalement, le fait que ces stratégies ne soient pas bien intégrées nous laisse une ouverture pour pouvoir intervenir auprès du parent ou du conjoint.

Une autre stratégie est de mettre de la distance pour se protéger durant les négociations. Un conjoint qui a beaucoup compté sur l'autre durant le mariage pourra avoir tendance à reporter sur les enfants et à développer une attitude rigide durant la médiation: «Tu verras les enfants une fin de semaine sur deux et puis c'est tout».

Saposnek nous décrit dans son livre toute une série de stratégies possibles que des parents utilisent en médiation. On verra plus tard comment intervenir avec ces couples de façon appropriée afin de pouvoir les aider.

En plus, il y a l'aspect complémentaire des stratégies que le couple utilise. Le cas classique est le mari qui désire se réconcilier avec l'épouse qui se protège en créant une distance. Ce couple s'installe dans une homéostasie stable et conflictuelle, qui peut tourner en rond pendant longtemps en attendant l'intervention du thérapeute ou du médiateur.

Parfois le but principal d'une bataille est d'exercer son pouvoir sur l'autre. Ainsi un conjoint est motivé par le le besoin de gagner et, en ce sens, va recourir à un avocat agressif pour gagner sa cause. Le but est de gagner et les conséquences sont moins importantes.

Évidemment, avec l'arrivée de nouveaux conjoints, une nouvelle dimension va s'introduire. Un père peut essayer de plaire à sa nouvelle épouse en demandant la garde de ses enfants. Selon lui, s'il en avait la garde, la nouvelle épouse entendrait moins parler de la première. Cette stratégie a pour but d'apaiser un nouveau conjoint et de s'éloigner des anciens conflits.

Parfois en médiation, pour une révision de pension alimentaire, le budget peut inclure les revenus ainsi que la participation budgétaire du nouveau conjoint. À ce moment, le médiateur doit faire face à cette réalité et parfois impliquer les nouveaux conjoints durant le déroulement de la médiation.

LES STRATÉGIES DES ENFANTS

Les enfants, bien sûr, sont très affectés par le divorce et selon la vision systémique, ils sont parfois des acteurs malgré eux dans l'escalade des conflits familiaux.

L'enfant qui, au moment de la séparation, présente des problèmes scolaires ou de dépression amenant les parents à faire une démarche auprès de l'école ou de l'hôpital, peut démontrer une intention de vouloir réconcilier ses parents.

D'où l'importance pour les parents d'être clairs face à la rupture de leur mariage et à leurs espoirs ou non de reconciliation. Heureusement en médiation, on voit de nombreux parents qui ont la maturité et les ressources nécessaires pour affronter la fin de la vie conjugale sans mêler leurs enfants à leur conflit.

Cependant, la vision d'un parent peut être facilement limitée par sa souffrance du fait d'être laissé par l'autre. La colère et la revanche deviennent des armes pour se défendre et attaquer. Les enfants deviennent des armes pour atteindre l'autre dans sa plus grande vulnérabilité.

Les enfants, dans un tel climat de méfiance et d'hostilité, sont pris dans de graves dilemmes. Comment peuvent-ils aimer leurs deux parents sans tomber dans des conflits de loyauté à n'en plus finir? Comme le décrit Saposnek, le fait que les enfants utilisent des stratégies n'est pas blâmable, mais met plutôt en évidence que dans un système familial tous les membres contribuent au processus interactionnel.

Dans d'autres situations, un enfant peut devenir un bouc émissaire pour apaiser la tension qui existe entre ses parents. L'enfant irritable qui provoque la colère de ses parents agit comme une soupape pour soulager le conflit marital. C'est comme si l'enfant se disait à lui-même «si je deviens assez tannant et que je fais assez de bruit, papa et maman vont arrêter de se disputer et peut-être ils vont rester ou revenir ensemble».

Un enfant peut aussi entrer en coalition avec un parent afin de le soutenir. Plutôt que de prendre le risque de perdre ses deux parents en étant également loyal envers eux, il est au moins sûr d'une protection avec l'un de ses parents. On peut facilement imaginer les conséquences négatives pour un enfant qui fait un tel choix. Bien sûr, cette stratégie peut amener l'autre parent à penser que son «ex» a voulu empoisonner l'esprit de l'enfant, ce qui l'incitera à demander la garde ou une augmentation du droit d'accès.

Parfois, un enfant va se sacrifier pour s'assurer d'une entente équitable entre ses parents. L'enfant peut craindre la confrontation entre ses parents et, à ce moment, il met ses besoins de coté pour leur faire plaisir, parfois même à son détriment.

En médiation, il est très important d'aider les parents à être conscients des conséquences de leurs conflits sur leurs enfants. Le médiateur doit prendre le temps de faire l'historique de la séparation et d'évaluer comment les enfants se situent dans ce contexte. Lorsqu'on constate que les enfants sont pris dans le conflit, il faut alors en premier lieu conscientiser les parents. Si on peut les amener à voir comment leurs conflits effraient les enfants et risquent d'amener des entraves sérieuses à leur développement, alors ils commencent à s'ouvrir à de nouveaux choix plus constructifs.

Parfois, on peut structurer plusieurs entrevues traitant des rôles parentaux pour aider les parents à voir plus clair dans leur relation. La colère qui sera exprimée et les attentes qui seront clarifiées peuvent aider à désamorcer le conflit du couple. Si on peut les aider à avoir une relation parentale plus fonctionnelle et moins «blâmante», cela apportera des bénéfices à leurs enfants.

Cette approche devra évidemment dépendre des habiletés et de la formation de base du médiateur. Il est important de connaître ses limites à ce sujet. La co-médiation peut être une option intéressante pour équilibrer les expertises requises. Une autre option serait de référer le couple temporairement à un thérapeute afin de régler les problèmes émotifs.

Notre hypothèse de base est que, puisque les séparations sont initiées par les adultes, c'est à eux de prendre la plus grande partie de responsabilité pour rétablir la stabilité de leurs enfants.

Cependant, le médiateur a besoin d'avoir une vision systémique même si les enfants ne sont pas en entrevue. Le choix de les impliquer devrait se faire dans une perspective précise et dans un temps précis de la médiation. Les buts qui nous amèneraient à les rencontrer seraient:

- de les aider à mieux comprendre la séparation;

- de les consulter au sujet de la garde ou de l'accès au parent qui n'a pas la garde;

- de les consulter sur d'autres sujets qui préoccupent leurs parents et eux-mêmes.

Une perspective familiale nous aide à comprendre comment le conflit des parents influence les enfants et quelles sont les stratégies réciproques utilisées.

L'idée de référer un enfant en thérapie peut être très utile. Cependant, comme le souligne Saposnek, dans des conflits sérieux, il est important que le thérapeute ait aussi une perspective systémique pour voir clair dans la famille. Dans une garde contestée, le parent qui a la garde et qui amène l'enfant a probablement une perspective biaisée à la fois du problème de l'enfant et de l'implication de l'autre parent.

STRATÉGIES ET TECHNIQUES DU MÉDIATEUR

La première tâche à accomplir pour le médiateur est donc de faire une bonne lecture systémique du couple qui vient chercher de l'aide. Parfois et selon les besoins du cas en question, un génogramme familial est nécessaire pour comprendre non seulement le passé mais la situation nouvelle de la famille recomposée. Il est important d'avoir un aperçu de tous les acteurs ainsi qu'une description de la qualité de leur relation. (Le génogramme familial est une construction visuelle de l'histoire d'une famille sur trois générations).

La typologie de Kressel nous aide à classifier les divers couples quant à leur ambivalence face à la séparation, le type d'interaction qu'ils ont ensemble et leur façon de communiquer.

Avec les couples «enchevêtrés» où le degré d'ambivalence est élevé, il est important de prendre le temps de vérifier comment ils se sont quittés. Parce qu'ils ont des interactions chaotiques, il est essentiel que le médiateur maintienne le contrôle durant les entrevues et durant tout le déroulement de la médiation. C'est par ce contrôle et seulement par ce moyen qu'il pourra influencer des changements au niveau du couple en lui montrant d'autres façons de faire et de se comprendre.

En contrepartie, les clients apportent le contenu et prennent toutes les décisions essentielles dans leur situation. Le médiateur travaille au niveau du processus, c'est-à-dire au niveau de la communication, des règles du couple ainsi que des étapes de la médiation comme telles.

Le médiateur pose des questions à chaque conjoint et s'attend à obtenir une réponse de cette personne. De cette façon, il n'est pas nécessaire de tolérer les interruptions que l'on observe avec les couples enchevêtrés. C'est un peu comme si le médiateur faisait une entrevue individuelle en présence de l'autre conjoint. L'avantage de cette méthode est de pouvoir comprendre quelque chose et aussi de faire en sorte que le conjoint soit forcé d'écouter l'autre, ce qui peut être une expérience nouvelle et enrichissante. Il est évident que si le médiateur questionne un conjoint, il devra le faire également avec l'autre de façon à faire ressortir les différentes perceptions.

De cette façon, le médiateur travaille au niveau d'un changement des règles du système. Si la règle est celle du chaos, faisant en sorte que chacun parle en même temps sans écouter l'autre, le médiateur peut intervenir en leur disant qu'il ne tolère pas d'interruption et que par conséquent chacun aura son tour. Si cela ne marche pas, le médiateur peut terminer l'entrevue conjointe et voir les conjoints séparément. C'est une façon efficace d'interrompre les interactions conflictuelles.

Avec ces couples enchevêtrés, le médiateur tente de créer un contexte permettant des interactions productives. Il met l'accent sur le positif et il travaille alors graduellement vers une entente.

Les couples «autistiques» ont beaucoup de difficulté à s'exprimer, ce qui fait des communications lentes et pénibles. Le médiateur a besoin de les aider en les rejoignant au niveau de leur vécu. Il faut parfois inventer des mots pour eux, afin qu'ils nous disent si ceci ou cela reflète leur vécu. Avec ces couples, le médiateur a l'impression de travailler fort. Dans les faits, il travaille fort. Le médiateur crée un niveau de communication qui est nouveau et qui va au moins durer durant le temps de la médiation et, espérons-le, plus tard.

Ces conjoints peuvent avoir besoin d'aide personnelle pour voir plus clair dans leur cheminement et il est important que le médiateur soit sensible à cette possibilité et en parle à ses clients.

Les couples en «conflit direct» sont à l'opposé du type précédent. Le médiateur aide à clarifier les émotions et met des limites à des discussions stériles. Il faut que le médiateur soit apte à faire face à des conflits ouverts et à un contenu très émotif. De plus, il doit être conscient de la façon dont tout cela peut le rejoindre personnellement. C'est une des raisons pour lesquelles la supervision ou la consultation avec un médiateur expérimenté est essentielle au début de l'apprentissage du rôle de médiateur.

Avec ces couples, le médiateur propose une structure et une méthode de résolution de conflit. Une fois que le cadre est établi, ce sont eux qui font le travail. Il est moins nécessaire d'intervenir comme tel à cause de la communication fonctionnelle de ces couples.

Les couples désengagés ont déjà passé l'étape de la crise du divorce. Souvent, ils vivent séparément depuis quelques années et cohabitent parfois avec de nouveaux conjoints. Il s'agit d'un travail de révision. Toutefois, il est possible que certaines ententes doivent être modifiées. Depuis l'entrée en vigueur de la Loi 146 sur le patrimoine familial, les conjoints ont besoin d'être informés des implications de cette nouvelle loi et des options possibles concernant le partage de leurs biens.

La première stratégie d'un médiateur est de développer une relation de confiance avec le couple et de l'assurer de sa neutralité. Jim Melamed (1989) est un médiateur avocat qui a réussi à intégrer les notions de base de la programmation neuro-linguistique. Dans cette approche, une variété de techniques sont utilisées pour entrer dans le monde des clients. Il utilise le même type de langage que celui du client et peut refléter ses dimensions non verbales pour faciliter un bon rapport avec lui.

Une fois ceci fait, sauf pour les couples qui vivent séparément depuis longtemps, il a besoin de vérifier comment la décision a été prise et comment les deux vivent cette expérience. Entrer dans ce contenu émotif d'une façon claire et respectueuse, en nommant des sujets innommables, donne un levier d'une force considérable. De façon paradoxale, plus le médiateur évite les sujets tabous, plus il perd son emprise sur le processus du couple. Le médiateur donne un message explicite au couple qu'ici on peut parler à la fois d'émotions et d'argent. Cette stratégie nous permet aussi de dépister des couples qui ne sont pas prêts pour la médiation et qui bénéficieraient d'une thérapie conjugale.

On peut aussi clarifier les attentes réciproques et de chacun et aider le conjoint qui tient encore au mariage. On peut permettre l'expression de la colère pour désamorcer les émotions qui peuvent nuire à la négociation. La théorie nous dit que si on peut harmoniser les émotions, la négociation se fera plus facilement.

Évidemment il y a toujours des différences entre la théorie et la pratique. Il y a aussi des conjoints qui ont besoin de leur colère comme méthode de survie. À ce moment, il faut composer avec ces situations en acceptant le client comme il est.

Saposnek utilise souvent des monologues pour décrire et «normaliser» les émotions et les intentions des conjoints. C'est une façon de prévenir les conflits avant qu'ils arrivent et, dans ce sens, de désamorcer les accrochages.

Il s'agit d'une stratégie de *preempting* où le médiateur, après avoir fait une lecture des intentions des conjoints, va contourner leur bataille en proposant un autre ordre du jour. Par exemple, lorsqu'un conjoint veut se distancer et que l'autre veut se reconcilier, le médiateur pourrait dire:

«Vous savez, cela est typique quand les gens se séparent, qu'ils ne soient pas rendus au même point dans leur cheminement. Cette différence peut aussi créer des tiraillements personnels et en ce sens c'est parfaitement normal car c'est très rare de voir deux conjoints qui décident d'une séparation au même moment. Nous avons déjà exploré la possibilité d'une réconciliation et ce n'était pas possible. Alors puisque votre séparation semble inévitable, est-ce que vous voulez vous battre en cour au sujet des enfants et à propos de chaque vêtement, ou est-ce que vous voulez tranquillement voir les solutions possibles en médiation? De toute façon, toutes les recherches démontrent que les enfants de familles séparées ont besoin d'avoir une bonne relation avec chaque parent.»

Le monologue fait ressortir l'impasse du couple en la nommant. Le médiateur normalise les émotions et contourne l'impasse en montrant une porte de sortie.

En donnant de l'information et en proposant une structure de discussion, le médiateur rassure les gens. Souvent quand les gens viennent en médiation, ils ont peur l'un de l'autre et craignent les conséquences de toutes les décisions qu'ils doivent prendre.

En leur disant que ce qu'ils ressentent est parfaitement normal et que leur conflit au sujet des enfants va être discuté de façon respectueuse avec l'aide d'une tierce personne impartiale, on peut alors soulager et normaliser la souffrance de ces personnes.

Le recadrage est une façon de replacer un conflit en changeant son contexte. Donc on peut modifier le langage du client pour atténuer ses affirmations. Un couple qui se bat pour la garde des enfants pourrait être amené à un certain niveau: leur bataille démontre l'amour qu'ils ont pour leurs enfants. Le recadrage peut être une stratégie très puissante quand il est bien utilisé.

Le recadrage peut être appliqué au niveau du langage. En changeant certaines phrases et en mettant l'emphase sur les intentions positives de la personne, on recadre le message qui est transmis. Éventuellement, les clients apprennent ce jeu et commencent à comprendre que les mots utilisés peuvent créer telle ou telle interaction.

Cette modification de comportement au niveau de la communication, quand elle est bien comprise, peut amener des changements radicaux. Parfois on le constate d'une entrevue à l'autre. Cela va aussi redonner du pouvoir aux conjoints, c'est-à-dire le pouvoir d'assumer ensemble la co-parentalité.

On peut aussi utiliser des métaphores pour rejoindre inconsciemment ce que les clients ne sont pas capables d'entendre. Quand un client nous pose une question piégée, on peut répondre «je dois être prudent dans ma réponse comme un renard qui marche sur une rivière glacée». Le sourire du client nous dit qu'il a compris la réponse et l'humour a fait son travail.

Une autre métaphore classique est de comparer le rythme des gens à ceux du lièvre et de la tortue. «J'ai l'impression qu'ici il y a deux vitesses, celle du lièvre et celle de la tortue; si on veut réconcilier vos différences, il faudra que l'un aille moins vite et l'autre augmente le pas et parfois ce sera le contraire». C'est au médiateur d'être créatif et de trouver les métaphores appropriées pour un certain couple. L'avantage de l'utilisation de métaphores est qu'on intervient au niveau du processus et non sur le contenu de ce qui se déroule, et c'est là que le véritable changement se fait.

Est-ce qu'il y a de la place pour l'humour en médiation? La réponse est clairement oui. Pour nous, l'humour est un art qui a beaucoup de formes et il s'apprend, comme toute chose. Le pouvoir d'amener des conjoints qui sont pleins d'hostilité à rire un peu ensemble peut aider à transformer leur situation.

Le médiateur peut servir de modèle de communication. Il aide à transmettre des messages quand ces messages sont ambigus et indirects. Il va vérifier comment ils sont reçus. Dans cette communication, l'humour peut être utilisé pour dédramatiser un contexte qui, en soi, a toujours une dimension tragique. Quand quelque chose est moins dramatique, cela veut dire que la perspective de la personne change. Elle est moins prise dans le conflit même et elle peut commencer à être plus objective face à sa situation.

L'idée du «médiateur-bouffon» dans ce contexte est une idée qui n'est pas si folle que ça. Il est certain que, pour nous, plus nous pouvons rire avec nos clients, mieux la médiation se déroule et nos clients en ressentent les bénéfices. Dans l'autre sens, rien n'est plus dur à faire quand tout est pris au sérieux.

Dans les cas litigieux de post-divorce, une approche qui semble intéressante est d'utiliser des rencontes individuelles dans le contexte de la médiation. Dans un excellent article, Jacob décrit son modèle d'intervention. Elle commence avec une entrevue conjointe et ensuite fait plusieurs entrevues individuelles pour voir comment le couple parental est encore lié ensemble de façon dysfonctionnelle. L'aspect intéressant de ce modèle est de nous signaler qu'il n'y a pas qu'une façon de procéder. Plus un médiateur possède d'outils, plus il aura de flexibilité.

Jacob (1990) mentionne aussi que l'impasse peut se situer à trois niveaux: externe, interactionnel et intrapsychique. Durant les premières entrevues, il faut que le médiateur soit attentif aux facteurs externes tels que la parenté qui provoque des conflits, ou un avocat qui ne comprend pas les objectifs de la médiation et qui continue d'initier des procédures durant le temps de la médiation.

Dans notre pratique, nous faisons une utilisation plus restrictive des entrevues individuelles, mais généralement lorsque nous les utilisons, elles sont aidantes. Par exemple, lorsque le couple est tellement en colère que les conjoints sont prêts à éclater et à sortir toutes sortes de bêtises de leur sac, nous pouvons terminer l'entrevue conjointe tranquillement et continuer de les voir séparément. Nous concluons par une mini-synthèse. L'avantage d'une telle technique en entrevue conjointe est d'écouter les gens et les aider à clarifier leur vécu plutôt que de retomber dans des engueulades humiliantes.

Haynes nous suggère d'être conscient des questions qu'on pose à nos clients. Au début de la médiation, on pose des questions générales, par exemple: quelles sont vos attentes face à la médiation? On pose des questions pour avoir de l'information. On peut poser des questions pour faire développer d'autres idées ou pour faire réfléchir les clients. Par exemple, si les enfants ont deux résidences, comment les jours de garde sont-ils organisés?

Le genre de questions utilisées dépend de nos intentions. Haynes a identifié au moins douze catégories de questions qu'un médiateur peut utiliser selon les besoins de l'entrevue et l'étape de la médiation.

CONCLUSION

Dans cet article, notre intention était de souligner le fait qu'un divorce est beaucoup plus qu'un acte légal. Les dimensions émotive et sociale du divorce sont celles qui prennent le plus de temps à guérir et qui devraient être mises en évidence.

La théorie des systèmes aide le médiateur à mettre les clients qu'il reçoit dans une perspective interactionnelle. C'est à partir des interactions qu'il observe que le médiateur est en mesure de développer des hypothèses pour ensuite avoir des stratégies d'intervention qui seront les plus efficaces.

La liste des stratégies et les techniques utilisées pour atteindre les buts cités ici n'est évidemment pas exhaustive. Ce sont des méthodes que nous considérons parmi les plus efficaces. Il y en a sans doute d'autres à découvrir pour mieux aider les couples qui sont en transition et qui ont besoin de points d'appui dans le cheminement difficile que représente leur adaptation au divorce.

BIBLIOGRAPHIE

AMUNDSON, J. et L. FONG, «Systemic/Strategic Aspects and Potentials in the Haynes Model of Divorce Mediation», dans la revue *Mediation Quarterly*, n⁰ 12, San Francisco, Jossey-Bass, juin 1986.

HAYNES, J. et G., *Mediating Divorce*, San Francisco, Jossey-Bass, 1989.

HOLT, R. et D. STEINGARD, «The Merely Known Mediator: Taoism and the Metaphoric Analysis of Mediator Behavior in Divorce and Custody Mediation», dans *Mediation Quarterly*, vol. 7, n⁰ 3, San Francisco, Jossey-Bass, printemps 1990.

IRVING, H. et M. BENJAMIN, *Family Mediation, Theory and Practice of Dispute Resolution*, Carswell, Toronto, 1987.

JACOB, L.C., «Mediating Postdecree Disputes», dans la revue *Mediation Quarterly*, vol. 8, n⁰ 3, San Francisco, Jossey-Bass, printemps 1991.

KRESSEL, K. et autres, «A Typology of Divorcing Couples: Implications for Mediation and the Divorce Process», dans la revue *Family Process*, vol. 19, n⁰ 2, juin 1980.

MELAMUD, J., «Resourceful Mediation», The Center for Resourceful Mediation, texte non publié.

SAPOSNEK, Donald T., *Mediating Child Custody Disputes, A Systematic Guide for Family Therapists, Court Counselors, Attorney and Judges*, San Francisco, Jossey-Bass, 1983.

WILDAU, S., «Transitions: Moving Parties Between Stages», dans la revue *Mediation Quarterly*, n⁰ 16, San Francisco, Jossey-Bass, été 1987.

La médiation familiale au Québec de 1970 à nos jours

Lucile Laverdure*

---

* Travailleuse sociale.

87

1. TRAVAUX PRÉLIMINAIRES JUDICIAIRE ET SOCIAL DES ANNÉES 70

Durant les années 70, le Québec parlait de se doter de tribunaux de la famille et de services auxiliaires à la cour ayant une juridiction intégrale en droit familial. La médiation familiale devait faire partie intégrante de ces services complémentaires. L'implantation de services de médiation familiale auprès des Cours supérieures – qui sont les cours de divorce au Québec en l'absence de tribunaux de la famille – et la mise sur pied de programmes de médiation dans les agences conjugale et familiale spécialisées dans les problèmes de la vie du couple, étaient à l'état de document de travail dans le premier cas et de projet d'avenir plus ou moins éloigné dans le second cas.

Dans un document de travail publié en 1975[1], l'Office de révision du Code civil proposait l'organisation de tribunaux unifiés de la famille, posant ainsi le premier jalon de solution aux problèmes engendrés par les philosophies et procédures contradictoires existantes pour résoudre les litiges familiaux.

Un premier type de service complémentaire spécialisé auprès d'une Cour supérieure au Québec était inauguré à Montréal en 1975, soit les services d'expertise psychosociale dans le cas de garde d'enfants. Initiés d'abord par le Centre de services sociaux du Montréal métropolitain (CSSMM), les services d'expertise ont été implantés dans toutes les régions du Québec, via les quatorze Centres de services sociaux, desservant ainsi tous les districts judiciaires de la Cour supérieure[2].

Par ailleurs, un comité de travail spécial, regroupant au Québec des personnes du ministère de la Justice et du ministère des Affaires sociales, préparait, en septembre 1978, un projet de médiation familiale constituant une deuxième étape dans le processus d'implantation de services sociaux auprès des Cours supérieures du Québec.

---

1. Office de révision du Code civil, *Rapport sur le Tribunal de la famille*, Montréal, 1975.
2. Yvan RICHARD et Lise SAMSON, *Les services de conciliation auprès de la Cour supérieure du Québec,* Québec, 1978.

Parallèlement, des organismes tels le Conseil du statut de la femme[3], la Fédération des unions de familles et le Conseil des affaires sociales se préoccupaient de l'éclatement du mariage et de ses conséquences souvent néfastes pour la famille. Selon ces organismes, le processus adversaire en situation de séparation ou de divorce rendait plus difficiles encore les conséquences de la rupture du mariage.

À la fin des années 70, nous avons préparé une étude descriptive sur la médiation familiale intitulée *La conciliation dans le domaine des litiges conjugaux et familiaux*[4], répondant ainsi aux exigences de l'École de service social de l'Université McGill, dans le but de l'obtention d'une maîtrise. Un sondage d'opinions avait alors été effectué auprès d'informateurs clés tant dans les domaines judiciaire que social afin de découvrir, à travers ceux-ci, ce qui effectivement se faisait au Québec. Parmi ces informateurs, qui croyaient en la médiation familiale comme moyen privilégié de résolution de conflits, mentionnons:

- Me Marion Thibault, directrice du Bureau d'aide juridique (BAJ) Villeray-St-Michel et initiatrice du Comité d'étude sur le droit de la famille de la Corporation régionale d'aide juridique de Montréal;

- Madame Françoise Lafortune, travailleuse sociale, également membre de ce comité d'étude. Elle était alors la seule travailleuse sociale à l'emploi de la Corporation régionale d'aide juridique de Montréal, et travaillait à titre de superviseure de stage au service social du BAJ Villeray-St-Michel et de médiatrice dans certains dossiers post jugement de ce bureau;

- L'honorable Claire L'Heureux-Dubé, alors juge de la Cour d'appel du Québec et membre du Comité du Tribunal de la famille créé par l'Office de révision du Code civil. Elle en était présidente lors de la présentation du rapport sur le Tribunal de la famille en 1975.

C'est grâce aux efforts liés de toutes ces personnes, comités et organismes, ainsi que du Dr Myer Katz, directeur de l'École de service social de l'Université McGill, de M. Ulysse Desrosiers, directeur du

---

3. Conseil du statut de la femme, *Pour les Québécoises, égalité ou indépendance?*, Bibliothèque nationale du Québec, 1978.
4. Lucile LAVERDURE, *La conciliation dans le domaine des litiges conjugaux et familiaux*, Montréal, Université McGill, 1981.

Service d'expertise psychosociale (SEPS) auprès de la Cour supérieure à Montréal, et de l'honorable Jules Deschênes, juge en chef de la Cour supérieure du Québec durant les années 70, que le Québec a favorisé l'implantation de la médiation familiale qui allait se faire dans les années 80.

2. RÉALISATIONS DES ANNÉES 80

2.1 L'implantation de la médiation familiale

Le Québec voyait naître à Montréal, en février 1981, un projet pilote en médiation familiale suite au protocole d'entente entre la Magistrature, le ministère de la Justice, le ministère des Affaires sociales, le Barreau de Montréal, le sous-comité de la pratique du droit familial du Barreau de Montréal, la Commission des services juridiques de Montréal et le Centre de services sociaux du Montréal métropolitain (CSSMM). Le mandat était donné au CSSMM d'implanter le projet pilote pour desservir la population du district judiciaire de Montréal. Ce service public gratuit, appelé le Service de conciliation à la famille (SCF), offrait la médiation globale à tout couple en voie de séparation ou de divorce qui voulait et pouvait négocier une entente tant sur les questions touchant les enfants que sur les questions financières. Le personnel du SCF, logé au nouveau Palais de justice, était composé de quatre médiateurs et d'une avocate-conseil à temps partiel. La travailleuse sociale à l'accueil ainsi que le directeur, M. Ulysse Desrosiers, chapeautaient les deux services sociaux auprès de la Cour supérieure, soit le Service de conciliation à la famille et le Service d'expertise psychosociale (SEPS).

De projet pilote, le SCF deviendra un programme permanent le 1er avril 1984. Son nom changera pour devenir le Service de médiation à la famille (SMF) et le nombre de ses médiateurs passera de quatre à sept. Madame Lorraine Filion était devenue entre-temps la coordonnatrice du SMF et du SEPS; et Me André Murray, l'avocat-conseil, mandaté par le bâtonnier du Barreau de Montréal et par la Commission d'aide juridique, travaillait pour sa part à temps plein au SMF.

En novembre 1984, un deuxième service permanent de médiation familiale ouvrait ses portes dans la ville de Québec. Deux médiateurs travaillaient à temps partiel, partageant leur travail entre l'expertise psychosociale et la médiation; ils pratiquaient la médiation partielle, c'est-à-dire relative aux questions conflictuelles concernant les enfants. Madame Pierrette Brisson-Amyot, travailleuse sociale, présidait à l'implantation et à la coordination de ce nouveau service auprès de la Cour supérieure à Québec.

Dès 1983, apparaissaient à Montréal et ses environs quelques médiateurs en pratique privée. Au cours des années qui suivirent, le même phénomène se manifesta à Québec,Trois-Rivières, Sherbrooke, Hull, Rimouski et Chicoutimi.

En 1988, le Montreal Catholic Community Inc. assumait le patronage du Montreal Counselling and Mediation Center, dont la direction était assurée par Mme Maureen Cooney, consultante matrimoniale. La médiation familiale y est encore offerte aujourd'hui à prix modique selon la capacité de payer des clients.

En janvier 1988, le Comité d'action famille de Sherbrooke, organisme sans but lucratif, mettait sur pied «des services de médiation familiale couvrant: la garde des enfants, les droits de visites et de sorties, la pension alimentaire et la liquidation des biens. Jusqu'à dernièrement, les services étaient gratuits. Une légère contribution variant de 5$ à 30$ par rencontre et en proportion des revenus des clients est maintenant demandée»[5].

Toujours en 1988, le Centre local de services communautaires (CLSC) de Châteauguay mettait sur pied un programme d'aide aux couples en difficulté, comprenant la médiation partielle dans l'éventualité d'une rupture du couple. L'implantation de ce programme était confiée à Mme Francine Guilbault, travailleuse sociale.

2.2 L'Association de médiation familiale du Québec

À l'automne 1985, l'Association de médiation familiale du Québec (AMFQ), réunissant les professionnels intéressés à la médiation familiale, était formée avec comme objectif de «promouvoir la médiation familiale dans la résolution des litiges familiaux»[6]. La première présidente de l'exécutif, madame Linda Bérubé, travailleuse sociale, était alors médiatrice au Service de médiation familiale de Québec. Les premiers comités de travail mis sur pied furent le Comité sur les règles de pratique et le Comité de promotion et de recrutement. En 1986, le Comité de formation et le Comité de la publicité et du bulletin d'information s'ajoutèrent au nombre.

---

5. Claudette GUILMAINE, «Des nouvelles de l'Estrie», dans *Accalmie, Bulletin d'information de l'AMFQ*, vol. 1, n° 1, juin 1991.
6. Procès-verbal de la rencontre du 15 mars 1985, de la future association provinciale de médiateurs, Montréal.

Le Comité de déontologie, réuni en 1987, déposa, après plusieurs mois de travail, un code d'éthique qui fut adopté à l'unanimité par l'assemblée générale de l'AMFQ. Ce code définissait la médiation familiale comme «une méthode de résolution de conflits basée sur la coopération, et par laquelle un tiers impartial et qualifié aide les membres de la famille à élaborer eux-mêmes une entente viable et satisfaisante pour chacun»[7].

L'AMFQ, ouverte aux professionnels de diverses disciplines, se voulait «une ouverture à une approche multidisciplinaire des conflits familiaux»[8]. Myer Elkin, directeur du Conciliation Courts Review, décrivait en ces termes l'esprit qui animait les professionnels oeuvrant au sein des comités de l'AMFQ:

> When professional differences are combined, they often create a new force which is synergistic and more effective than each of the components which have been combined. Together, through interprofessional cooperation, they create a new kind of helping service which is unique in the history of mankind.[9]

Au 30 septembre 1989, l'AMFQ comptait environ 200 membres, dont 157 membres en règle. Parmi ceux-ci, 84 travailleurs sociaux ou psychologues, 71 avocats ou notaires et 2 étudiants. Suite à la formation d'un comité d'admission en 1988, on procéda à l'évaluation des dossiers d'une centaine de membres qui avaient demandé d'être classifiés. En 1989, l'AMFQ émit des certificats à 56 médiateurs accrédités et à 25 médiateurs associés. Le médiateur accrédité possède la formation théorique, pratique et/ou l'expérience reconnue par l'AMFQ, alors que le médiateur associé possède la formation théorique et est en voie de compléter la formation pratique reconnue par l'AMFQ.

2.3 La formation des médiateurs

La formation des premiers médiateurs du Québec remonte au commencement des années 80. La médiation globale ou partielle telle que pratiquée au Québec à ses débuts s'inspirait des théories mises

---

7. Association de médiation familiale du Québec, *Code de déontologie,* 4ᵉ révision, le 10 août 1988.
8. L. LAVERDURE, *Type de collaboration possible entre les différents intervenants sociaux et légaux en matière de conflits familiaux,* texte présenté le 5 juin 1986 à Ste-Foy, lors d'un colloque provincial des services sociaux à la Cour supérieure.
9. Meyer ELKIN, «Interprofessional Cooperation Between the Law and the Behavioral Sciences: A Priority Need», dans *Conciliation Courts Review,* vol. 17, nᵒ 2, sept. 1979.

de l'avant par des médiateurs américains, tels O.J. Coogler, avocat et psychologue, John M. Haynes, travailleur social, Ann Milne, travailleuse sociale, ainsi que Roger Fisher et William Ury du Harvard Negotiation Project de Boston.

Dès 1980, donc l'année précédant l'implantation du Service de conciliation à la famille de Montréal, Ulysse Desrosiers et Françoise Lafortune avaient suivi une formation de base aux États-Unis avec Coogler, père de la «*structured mediation*». Au printemps 1982, Haynes venait à Montréal offrir un premier cours en médiation familiale. Il reviendra à maintes reprises enseigner à des professionnels tant légaux que sociaux et échanger avec des médiateurs de la pratique publique et privée. D'autres médiateurs américains viendront par la suite à Montréal, à la demande du SMF, offrir des journées d'études, dont Donald T. Saposnek, auteur de *Strategies in Child Custody Mediation: A Family Systems Approach,* ainsi que Joan Kelly, sociologue, auteure de recherches publiées sur les enfants du divorce en collaboration avec Judith Wallerstein.

À compter de 1983, l'École de service social de l'Université McGill offrit des cours de base en médiation familiale donnés par Françoise Lafortune, assistée de Me André Murray, avocat-conseil au SMF. L'École de service social de l'Université de Montréal suivit quelques années plus tard, ainsi que l'École de service social de l'Université Laval.

En 1986, l'Institut de médiation de Montréal, fondé par Justin Lévesque, professeur agrégé à l'École de service social de l'Université de Montréal et Aldo Morrone, médiateur au SMF, dispensait des cours en médiation familiale, d'abord au Québec et ensuite en France à compter de 1988.

À compter de 1986, la Chambre des notaires offrait à Montréal des cours de base en médiation familiale, donnés par Françoise Lafortune et Pierrette Brisson-Amyot.

En mars 1987, le Barreau du Québec à Montréal a lancé son propre service de formation en médiation familiale, les cours étant dispensés tant par des avocats que des travailleurs sociaux.

Au printemps 1988, à la demande du Montreal Counselling and Mediation Centre, Daniel Camozzi, travailleur social, Me André Murray et Lucile Laverdure, travailleuse sociale, donnaient deux fins de semaine de formation de base en médiation familiale.

Les services de médiation auprès de la Cour supérieure, à Montréal et à Québec, ont toujours été de véritables lieux de formation continue pour leurs propres médiateurs.

Dans le secteur privé, depuis le milieu des années 80, des médiateurs accrédités de l'AMFQ offrent aussi des formations à divers niveaux dans différentes villes du Québec.

À quelques reprises lors de ses assemblées annuelles, l'AMFQ organisait des journées d'étude données par des professionnels de différentes disciplines soit fiscalistes, avocats, notaires, psychologues ou travailleurs sociaux.

Le SMF à Montréal, devenu programme permanent en 1984, devint alors un lieu de stage pour des étudiants universitaires en sciences humaines au niveau de la maîtrise. De plus, à maintes reprises depuis 1987, des stages ont été offerts à des professionnels avocats, notaires, psychologues, travailleurs sociaux, désireux de parfaire leur formation en médiation familiale. Le SMF à Québec a aussi offert des stages à quelques professionnels à la fin des années 80.

2.4   La législation

Les couples négocient des ententes en médiation familiale à l'ombre des lois; d'où l'importance des lois et règlements en vigueur dans un pays donné. En ce qui concerne le Québec, durant les années 80, plus précisément en 1985, la nouvelle Loi fédérale sur le divorce, entrée en vigueur le 1er juin 1986[10], faisait référence pour la première fois à la médiation au paragraphe 9(2), qui se lit comme suit:

> Il incombe également à l'avocat de discuter avec son client de l'opportunité de négocier les points qui peuvent faire l'objet d'une ordonnance alimentaire ou d'une ordonnance de garde et de le renseigner sur les services de médiation qu'il connaît et qui sont susceptibles d'aider les époux dans cette négociation.

Aussi en 1986, suite à la modification des *Règles de pratique de la Cour supérieure du Québec en matière familiale*[11], la règle 22.4 (maintenant la règle 22.5) prévoit:

---

10.   S.C. 1986, c. 4, entrée en vigueur le 1er juin 1986.
11.   Modifications aux *Règles de pratique de la Cour supérieure du Québec en matière familiale*, (1986) 118 *G.O.* II, 822.

Le Tribunal peut, s'il est d'avis que le litige est susceptible d'un règlement, ajourner la cause et, si les parties y consentent, les référer au Service de médiation pour une période déterminée.

Le principe de la médiation familiale étant reconnu par les législateurs tant fédéraux que provinciaux, les clients qui négocient des ententes, ainsi que les médiateurs qui pratiquent ce mode de résolution de conflits, y trouvaient un appui.

2.5 Autres réalisations

La participation active des médiateurs du Québec, tant aux conférences de l'Association and Conciliation Courts, et de Médiation familiale Canada, à travers le Canada, a permis de faire connaître les réalisations du Québec en matière de médiation familiale.

À l'automne 1988, notamment, avait lieu à Québec la troisième Conférence annuelle de Médiation familiale Canada, tenue conjointement avec l'Association de médiation familiale du Québec. Deux-cent-vingt personnes provenant des États-Unis, de France, de Suisse, de Belgique et d'Australie ont participé à cette conférence dont le thème était «Médiation sans frontière».

Les réalisations du Québec dans le domaine de la médiation familiale se sont propagées en Europe grâce aux médiateurs québécois qui sont allés donner des formations et des conférences sur ce continent. «Le Québec devient donc [...] un trait d'union français qui permet d'échanger Europe-Amérique en matière de médiation familiale», écrivait Linda Bérubé dans un article paru dans le *Bulletin d'information de l'AMFQ*[12].

Beaucoup d'énergie a été dépensée par un nombre incalculable de personnes pour implanter solidement la médiation familiale au Québec. Les réalisations mentionnées dans ce chapitre ne sont certes pas exhaustives puisqu'il est difficile de connaître, sans une recherche approfondie, ce qui s'est fait au Québec, dans le secteur privé, en matière de médiation familiale depuis le début des années 80.

Bien qu'ayant quitté le marché du travail à la fin des années 80, nous nous intéressons toujours à l'évolution de la médiation familiale et nous espérons, avec ceux et celles qui voient la médiation comme

---

12. Linda BÉRUBÉ, «Médiation sans frontière: Mission accomplie», dans *Bulletin d'information de l'AMFQ*, vol. III, n⁰ 1, décembre 1988.

étant une méthode privilégiée de résolution de conflits, que les développements attendus deviendront réalité durant la prochaine décennie.

3. LA MÉDIATION FAMILIALE AU QUÉBEC DE 1990 À 1997*

Si les années 80 ont marqué la première étape de l'implantation de la médiation familiale au Québec, l'intégration de la médiation familiale s'est réalisée au cours des années 90.

Depuis 1985, l'Association de médiation familiale du Québec (A.M.F.Q.) a préconisé que la médiation familiale soit globale, accessible et multidisciplinaire. Malgré les demandes répétées des médiateurs familiaux pour que les couples à faibles revenus puissent avoir accès à des services gratuits de médiation, seules quatre régions administratives du Québec continuaient d'offrir ces services. Avant la restructuration des services de santé et des services sociaux de 1994, seules les régions administratives de Montréal et de Québec bénéficiaient de services publics de médiation familiale. Après la réforme, les services se sont ajoutés dans les régions administratives de Laval et de Chaudières Appalaches, ces services ayant été transférés des services précédents.

L'Association québécoise s'est affiliée à l'Association canadienne, Médiation Familiale Canada (MFC), au début des années 90. En 1994, le 8e congrès annuel de MFC s'est tenu à Montréal avec plus de 400 participants venant de dix pays. Les divers ateliers ont permis aux médiateurs de faire de nouveaux apprentissages et de parfaire leur formation complémentaire en vue de leur accréditation. Grâce aux subventions des gouvernements provincial et fédéral pour la traduction simultanée, les médiateurs québécois ont pu animer ou participer à des ateliers en français et profiter de l'enseignement de médiateurs américains réputés.

Grâce à une subvention reçue du ministère de la Justice du Québec, il y a eu structuration des services de secrétariat de l'Association. Les services de la secrétaire administrative, madame Kathleen C. Young, sont de plus en plus requis du public pour de l'information sur la médiation ou pour des références à des médiateurs et par nos membres pour des demandes d'information sur les

---

* Cette section a été rédigée par Mme Lisette L. Boyer, travailleuse sociale et médiatrice accréditée et par Me Suzanne Clairmont avocate et médiateur accrédité.

formations de base, complémentaires et supervision. L'A.M.F.Q. aura certainement besoin d'autre soutien financier dans l'avenir pour poursuivre son action de développement de la médiation familiale au Québec.

L'Assemblée nationale a adopté le 9 mars 1993 la *Loi* (Projet de loi 14) *modifiant le Code de procédure civile concernant la médiation familiale* (L.Q. 1993, c. 1), laquelle prévoyait que le tribunal pouvait, à tout moment de l'instruction d'une demande contestée, prononcer des ordonnances pour ajourner l'instruction et référer les parties au Service de médiation ou à un médiateur de leur choix.

Cette loi n'entrera jamais en vigueur comme telle, à l'exception des dispositions de l'article 4, lesquelles prévoyaient que le gouvernement pouvait, par règlement, désigner les personnes, organismes ou associations pouvant accréditer un médiateur, établir les conditions que doit satisfaire un médiateur pour être accrédité et enfin, déterminer les règles et obligations.

Selon les dispositions du *Code de procédure civile*, le *Règlement sur la médiation familiale* a été adopté le 1er décembre 1993 et est entré en vigueur le 30 décembre 1993.

À la suite de l'adoption du règlement sur la médiation familiale, le comité interprofessionnel, qui au début réunissait les représentants du Barreau, de l'Ordre des psychologues et des travailleurs sociaux, auxquels se sont joints par la suite les notaires, les conseillers et conseillères d'orientation et les centres de protection enfant jeunesse, est devenu le COAMeF (Comité des organismes accréditeurs en médiation familiale). Compte tenu de son expertise et de son rôle historique, l'A.M.F.Q. fait partie de ce comité et a signé le protocole d'entente en mars 1994.

À l'occasion des débats publics et à la Commission parlementaire sur les barèmes de fixation des pensions alimentaires pour enfants, la médiation a plusieurs fois été soulevée comme une alternative valable et aidante pour les familles.

En août 1996, l'Association de médiation familiale dans son mémoire, en Commission parlementaire, sur la fixation des pensions alimentaires pour enfants, a fait valoir l'effet positif de la médiation pour le partage des responsabilités parentales et financières envers les enfants. Dans sa présentation à l'ouverture de la Commission parlementaire, madame la ministre Louise Harel a fait état des intentions du gouvernement de rendre la médiation obligatoire dans tous les dossiers impliquant les enfants, pour le 1er mai suivant, en même temps que la défiscalisation prévue pour les pensions alimentaires.

Déjà en 1992, dans la préface de la 1re édition du livre sur la médiation familiale, le juge Deschênes pose la question: «Dans le cas de recours aux tribunaux, faut-il rendre obligatoire une médiation préliminaire?». Plusieurs professionnels oeuvrant auprès des familles vivant des ruptures se sont également posé la question devant le constat des difficultés que pouvaient vivre les membres de la famille suite à une séparation.

Cette question prit encore plus d'actualité lorsque l'honorable Paul Bégin, alors ministre de la Justice du Québec, a déposé, le 14 novembre 1996 le projet de loi 65, la *Loi instituant la médiation préalable en matière familiale et modifiant d'autres dispositions du Code de procédure civile*. Ce projet de loi visait à rendre obligatoire la médiation préalable à l'audition dans le cas de demandes contestées quant à la garde des enfants, aux aliments, au patrimoine familial et aux autres droits patrimoniaux. L'objectif du gouvernement était d'harmoniser pour le 1er mai l'entrée en vigueur du projet de loi sur la médiation préalable obligatoire avec l'entrée en vigueur prévue pour la fixation des pensions alimentaires (projet de loi 68) pour enfants et la défiscalisation des pensions alimentaires pour enfants.

L'Association de médiation familiale a également présenté un mémoire à la Commission parlementaire, en février 1997, sur la médiation préalable en matière familiale et a encore une fois fait valoir les bienfaits de la médiation comme une des solutions de rechange au règlement des conflits et la nécessité de prévoir des mécanismes pour s'assurer que les couples qui se séparent puissent réellement avoir accès à cette option.

Le projet de loi a soulevé plusieurs réactions et commentaires. S'il y a eu, en général, un consensus quant aux bienfaits de la médiation, plusieurs s'élevaient contre le fait qu'on voulait rendre obligatoire la médiation, ce qui pour eux semblait aller à l'encontre même de la médiation. Il est important de rappeler que la médiation est une étape volontaire pour permettre aux conjoints qui se séparent d'établir entre eux les meilleures ententes possible dans la réorganisation de leur famille. D'autre part, il a également été soulevé qu'il fallait toujours être très vigilant afin que la médiation soit pratiquée par des médiateurs compétents et de manière à assurer aux personnes impliquées dans le processus la protection de leurs droits.

L'Assemblée nationale a finalement adopté, le 13 juin 1997, le projet de loi 65 *Loi instituant la médiation préalable en matière familiale et modifiant d'autres dispositions du Code de procédure civile* (L.Q. 1997, c. 42), pour sa mise en vigueur le 1er septembre. Si le projet de loi initial prévoyait la mise en place de la médiation obligatoire préalable, de nombreuses modifications ont été apportées au projet et la modification la plus importante est le remplacement de l'obligation de la médiation préalable par l'obligation pour les parties de participer à une session d'information sur la médiation avant de pouvoir être entendues par le Tribunal. Cette session d'information est gratuite et, si le couple décide de poursuivre la médiation, il a accès à cinq autres sessions de médiation gratuites ou deux sessions dans le cas d'une demande de révision des mesures accessoires.

Ont également été mises en vigueur par cette loi, les dispositions déjà prévues dans la *Loi modifiant le Code de procédure civile concernant la médiation familiale* (L.Q. 1993, c. 1), prévoyant la possibilité pour le tribunal d'ordonner la médiation à tout moment, lors de l'audition d'une cause contestée impliquant des enfants. Le principe de la gratuité s'applique également lorsque la médiation est ordonnée par le tribunal quand le litige met en jeu l'intérêt des parties et de leurs enfants.

L'A.M.F.Q. a participé activement, comme membre du COAMeF, à la préparation et à l'implantation du projet de loi en vigueur depuis le 1er septembre dernier. Le maintien de la multidisciplinarité est souhaitable pour profiter des habiletés des professionnels tant des sciences humaines que juridiques.

À l'aube de l'an 2000, la province de Québec est la première province canadienne à adopter une loi introduisant au Code de procédure des dispositions visant à favoriser la médiation en matière familiale. La médiation est certainement un des processus de résolution des conflits de l'avenir et s'inscrit dans un courant mondial de recherche de solutions plus participatives et plus efficaces.

II

UNE APPROCHE
MULTIDISCIPLINAIRE

Déjudiciariser le conflit familial

Robert Lesage*

INTRODUCTION

Dans le bouillonnement des réactions que suscite la médiation en matière familiale, le rôle des tribunaux est remis en question. Certains concluent *a priori* que le processus contradictoire suivi par les cours de justice est inadéquat et qu'une formule alternative de règlement des conflits familiaux s'impose. Notre collaboration au présent ouvrage ne vise pas à faire l'apologie du système judiciaire, mais à définir l'interface entre le contentieux et le non-contentieux. Le lecteur comprendra que nous n'exprimons ici que nos vues personnelles, même si nous les croyons partagées par nombre de nos collègues de la Cour supérieure.

L'intervention des tribunaux est, par définition, contraignante. D'autre part, il est de l'essence de la médiation que les parties elles-mêmes en arrivent à s'entendre, en tirant profit de l'intervention d'un tiers. Ces deux formules de règlement des conflits paraissent incompatibles.

On s'entend que la médiation familiale est celle qui porte sur les questions *accessoires* à la rupture de la famille et, par extension, du lien matrimonial. La médiation familiale n'a pas pour objet la réconciliation des parties, même si tel peut être le dénouement heureux du conflit entre les parties. Ainsi, tous les aspects fautifs de la relation sont-ils écartés de la médiation, car ils n'ont aucune incidence sur les mesures accessoires à la séparation ou au divorce. Déjà, on peut percevoir que si les mesures accessoires sont dissociées de la question de la rupture de la famille, leur traitement peut être différent de celui de la rupture elle-même.

---

* Juge à la Cour supérieure du Québec.

À notre avis, la médiation en matière familiale n'est pas née de l'insatisfaction des justiciables à l'endroit du processus contradictoire propre au système judiciaire, mais d'une évolution sociale qui porte le conflit familial au-delà du champ patrimonial et du statut de la personne. De plus, notre société moins paternaliste et moins moraliste invite les citoyens à discuter les services qu'on leur offre, qu'ils soient juridiques ou non juridiques, et à prendre eux-mêmes les décisions qui les concernent.

La Cour supérieure du Québec a compétence, comme on le sait, pour entendre en première instance les litiges d'ordre familial, à l'exclusion des affaires de protection de la jeunesse et de délinquance juvénile. Le divorce, la séparation de corps, la garde d'enfant et les recours alimentaires sont du ressort de la Cour supérieure. Ces affaires occupent un temps considérable de la Cour. Or, environ 90% des causes familiales sont finalement décidées selon une convention totale ou partielle entre les intéressés. Il y a de quoi s'interroger sur le rôle du tribunal.

LE CONTENTIEUX IMPOSÉ

La finalité du processus judiciaire, en matière familiale, est double, savoir:

1. Déterminer et officialiser le statut matrimonial des parties;

2. Forcer les parties à respecter leurs obligations l'une envers l'autre ou entre parents et enfants, qu'il s'agisse de garde, d'accès, de pension alimentaire ou de partage des biens; c'est ce que l'on considère généralement comme les mesures accessoires, même si le partage du patrimoine n'est pas, techniquement parlant, une mesure accessoire.

Ceux qui n'ont pas intérêt à faire statuer sur leur statut matrimonial ou à obtenir une ordonnance exécutoire ne sont pas tenus de faire appel aux tribunaux et peuvent régler eux-mêmes leurs difficultés, avec ou sans l'intermédiaire d'un médiateur. On peut penser aux parents non mariés qui cessent de cohabiter. Contrairement à l'opinion répandue, particulièrement chez ceux qui bénéficient des allocations de sécurité du revenu et ceux qui les avisent, les parents ne sont pas tenus de s'adresser à la Cour pour se déléguer en exclusivité la garde de leurs enfants (art. 601 C.c.Q.). Il ne faut pas oublier que toute ordonnance de garde exclusive limite l'autorité parentale du parent non gardien, ce qui ne s'impose pas, dans l'intérêt de l'enfant, dans tous les cas de séparation des parents.

En matière de divorce, l'échec du mariage est établi par une séparation d'un an avant le prononcé du jugement de divorce. L'échec du mariage peut aussi être établi par la preuve de l'adultère ou de la cruauté physique ou mentale. Dans la grande majorité des cas, les parties peuvent laisser écouler le délai d'un an sans intenter de procédures, même si la pratique, jusqu'ici, suggère l'institution immédiate de procédures. Il n'apparaît surtout pas recommandable d'instituer des procédures de divorce ou de séparation de corps, alors que les parties vivent encore ensemble. Par contre, les services d'un médiateur peuvent s'avérer très utiles avant l'institution des procédures et même, la séparation des parties.

La *Loi sur le divorce* (art. 2 et 4) permet aux époux qui ne désirent qu'officialiser leur divorce de l'obtenir sans faire statuer sur les conséquences accessoires de ce divorce. Le recours en mesures accessoires demeure ouvert, par action ultérieure, sans même qu'il ne soit réservé par le jugement de divorce. Cette façon de procéder est peu usitée au Québec. Pourtant, et ceci dit avec respect pour les opinions judiciaires au contraire, les faits relatifs à la question de fond, soit la rupture du lien matrimonial, requièrent une preuve fort limitée en regard de celle qu'un débat concernant la pension alimentaire ou la garde des enfants peut exiger.

On aurait souvent intérêt à traiter séparément les questions accessoires. En effet, les questions alimentaires et de garde des enfants, avec le partage des biens, contiennent généralement les seuls éléments contentieux. C'est sur ces éléments que la négociation doit porter, quitte à déboucher, à défaut d'entente, sur un procès contradictoire.

La pratique québécoise de soumettre globalement aux tribunaux tous les aspects de la séparation n'est pas seulement sociologique. Elle est suggérée par le Code civil du Québec, qui régit, entre autres, la séparation de corps et les conséquences financières de la rupture du régime matrimonial.

En mariage, les époux sont tenus de faire vie commune (art. 392 C.c.Q.). Ils doivent, techniquement, prendre des procédures pour se libérer de cette obligation impérative (art. 499 C.c.Q.). Des procédures en divorce ou en séparation de corps sont aussi requises pour mettre fin au mandat présumé entre époux pour les besoins courants de la famille (art. 397 C.c.Q.), à moins que l'époux qui serait obligé contre son gré n'en avise d'avance le créancier.

Ces procédures sont assujetties à des conditions quant à la preuve de l'échec du mariage ou de la volonté de ne plus faire vie commune. Sauf pour obtenir des mesures provisoires en cas de mésentente, les gens mariés ne sont pas tenus de prendre des procédures dès qu'une séparation de fait se produit, les gens non mariés encore moins. Les parties peuvent s'entendre hors cour et faire appel, au besoin, à un médiateur.

Cependant, la judiciarisation des conséquences d'une rupture est presque inévitable pour les gens mariés, parce que la législation québécoise ne permet pas de rompre le lien matrimonial sans disposer en justice des droits patrimoniaux qui s'ouvrent.

Ainsi, l'article 427 C.c.Q. autorise le tribunal à ordonner le paiement d'une prestation en compensation de l'apport d'un conjoint en biens ou en services «au moment où il prononce la séparation de corps, le divorce ou la nullité du mariage». La Cour d'appel a déjà décidé que ce recours ne pouvait être reporté (*Droit de la famille – 443*, [1988] R.J.Q. 323).

De plus, le législateur a amendé l'article 817 C.p.c. (L.Q. 1990, c. 18, art. 7), qui se lit maintenant comme suit:

> **817.** Au moment où le tribunal prononce la séparation de corps, la nullité du mariage ou le divorce, il statue sur les demandes accessoires, notamment celles qui concernent la garde, l'entretien et l'éducation des enfants ainsi que les aliments dus au conjoint ou aux enfants; il statue, au même moment *ou ultérieurement, si les circonstances le justifient*, sur les questions relatives au patrimoine familial et aux autres droits patrimoniaux résultant du mariage. (nos italiques)

Cette disposition paraît également couvrir la prestation compensatoire, qui est d'ordre patrimonial, ce qui tend à mitiger la portée de l'arrêt précité de la Cour d'appel. L'article 817 C.p.c. établit, en principe, que les demandes concernant aussi bien les mesures accessoires que le partage du patrimoine doivent être formulées dans la demande de séparation de corps ou de divorce, sauf la possibilité d'obtenir que ces recours soient réservés.

À cet égard, l'article 423 C.c.Q., au chapitre du partage du patrimoine familial, prévoit que les ex-époux, après divorce ou séparation, peuvent renoncer, par acte notarié, à leurs droits dans le patrimoine familial. Ceci suppose que le jugement de divorce ou de séparation de corps ne liquide pas nécessairement les droits dans le partage du patrimoine familial et que la négociation sur ce point peut se poursuivre après jugement. Cependant, l'époux prudent aura déjà saisi le tribunal de la question.

Somme toute, la procédure contentieuse sera mise en branle, au Québec, dans la plupart des cas de rupture de la famille, tout autant pour faire officialiser une situation légale que pour faire reconnaître des droits qui autrement seraient perdus et cela, même en l'absence de conflit réel entre les parties. À l'heure où l'on se penche sur la rationalisation des ressources judiciaires, est-il vraiment requis de forcer le recours aux tribunaux avant même que les parties n'aient eu l'occasion de rechercher un arrangement? Nous laissons à d'autres le soin de répondre à cette question, tout en notant que le rôle primaire des tribunaux est de trancher des litiges.

LA FAVEUR DE LA MÉDIATION

Le mouvement vers la médiation s'est manifesté au Canada après l'ajout, dans la nouvelle *Loi sur le divorce* (1985), d'une disposition obligeant l'avocat d'un client, qu'il soit demandeur ou défendeur dans une action en divorce, de renseigner ce dernier sur les services de médiation qu'il connaît et qui sont susceptibles d'aider les époux dans la négociation des points qui peuvent faire l'objet d'une ordonnance alimentaire ou de garde. En même temps, le gouvernement fédéral a favorisé la formation d'associations de médiateurs. Depuis, les gouvernements, tant fédéral que provinciaux, continuent d'étudier le phénomène et témoignent d'un intérêt officiel envers les méthodes de médiation.

Sauf au Manitoba, les services de médiation ne sont cependant pas généralisés. Par ailleurs, à Montréal, il existe un service de médiation structuré et unique au Canada, en ce qu'il offre la médiation globale, portant à la fois sur la garde, la pension alimentaire et le partage des biens.

Le législateur provincial a modifié le Code de procédure civile (L.Q. 1993, c. 1, a. 2) pour reconnaître au tribunal le droit de suspendre une «demande contestée» et ordonner aux parties de recourir à la médiation sous certaines conditions mais ces dispositions, dont l'effet limité restera à évaluer, n'ont pas encore été mises en vigueur. Déjà, en 1986, les juges de la Cour supérieure du Québec, en assemblée, avaient adopté une résolution unanime priant «le gouvernement provincial d'établir des services de médiation rattachés à la Cour supérieure, dans tous les districts judiciaires de la province».

Une règle de procédure (règle 22.5 en matière familiale), adoptée par la Cour, autorise le tribunal à ajourner la cause et à référer les parties qui y consentent au Service de médiation pour une période déterminée. L'article 815.2 C.p.c. autorise une suspension de 30 jours, sauf prolongation du consentement des parties.

À chaque fois que les juges de la Cour supérieure ont été consultés collectivement sur l'opportunité de la médiation extrajudiciaire en matière familiale, ils s'y sont déclarés favorables. La conviction des juges dans l'utilité de la médiation est forte de leur expérience dans la solution des conflits familiaux.

Depuis plus de 13 ans, par le biais de protocoles d'entente avec les centres de services sociaux, les districts judiciaires de Québec et de Montréal ont bénéficié d'un service d'expertise rattaché au tribunal. Avec le temps, ces services se sont généralisés dans la province. L'intervention des experts du comportement est de plus en plus perçue par les juges comme une nécessité pour la solution des conflits parents-enfant. L'expérience a fait prendre conscience des limites de l'intervention judiciaire, en même temps que des limites de l'expertise, tout en développant un processus de collaboration et de respect entre experts et juristes.

Dès que l'on sort du domaine financier et patrimonial, le juge – il y a des exceptions à toute règle – n'exerce pas l'autorité de sa formation, ceci dit sans faire de reproche au bon et sage juge d'antan. Le lien matrimonial n'est plus la question primordiale. La société évolue et les juges aussi. Le bon père de famille est au musée du sexisme.

De nouveaux problèmes de relations interpersonnelles appellent des solutions spécifiques autrefois inconnues, notamment pour disposer des modalités de la garde et de ses incidents. La nature du problème exige souvent une solution non juridique. Est-ce au juge de décider que l'enfant fera sa valise à chaque fois que l'hébergement alterne? Le point est peut-être crucial dans un cas donné. Et comment aborder, sans analyse psychologique, les conflits d'éducation religieuse?

Les services de médiation sont encore très peu utilisés par rapport au nombre de causes. La disponibilité des services gratuits est trop limitée. Quant aux services privés rémunérés, ils ne sont pas accessibles à tous.

Présentement, le recours à l'expertise psychosociale apporte au juge l'éclairage dont il a besoin lorsqu'il doit prendre une décision dans un conflit parents-enfant. Cependant, combien de fois pouvons-nous constater que les parties ont davantage besoin de conseils que d'une solution imposée pour en arriver à régler leurs problèmes elles-mêmes.

La magistrature n'est pas indifférente à un processus qui tend à diminuer le stress psychologique de l'intervention judiciaire, facteur très important dans les conflits familiaux. La confidentialité de la médiation, même à l'égard du juge, apporte un élément de première valeur dans la solution respectueuse d'un problème personnel. Le huis clos en matière de divorce ne paraît pas assuré par le Code de procédure civile, car il enfreint la règle que la justice doit être rendue en public.

L'expertise, pas plus que la meilleure décision, ne peut assurer une solution complète et définitive. Les relations doivent se poursuivre entre parents et enfants. Les parents doivent apprendre à résoudre leurs problèmes en étrangers, sans recourir constamment aux tribunaux.

LES SERVICES DE MÉDIATION

La Cour supérieure n'est pas une cour familiale. Les dossiers sont ouverts lorsque des procédures sont intentées et sont fermés lorsque le jugement au fond est prononcé. Il n'y a pas de prise en charge de la clientèle, comme devant la Chambre de la jeunesse de la Cour du Québec.

Actuellement, des services publics de médiation sont dispensés à Montréal et à Québec par les experts rattachés au Service d'expertise psychosociale de la Cour supérieure. La médiation et l'expertise sont deux services distincts, car la confidentialité des dossiers de médiation doit être préservée. Une généralisation des services de médiation à l'échelle du Québec pourrait permettre à la Cour d'intégrer la médiation dans le cheminement normal d'un dossier. La chose se pratique au Manitoba, où les parties sont référées en médiation avant toute décision sur la garde ou l'accès.

Bien sûr, on ne peut forcer personne à négocier contre son gré. Cependant, il y a lieu de croire que l'obligation de rencontrer un médiateur peut désamorcer les appréhensions de beaucoup de conjoints et leur faire réaliser leur intérêt à régler leurs conflits dans le respect de chacun et du «faisable».

Pour des raisons constitutionnelles, l'on sait qu'il est difficile, sans la collaboration des deux niveaux de gouvernement, d'établir une cour proprement familiale. Une telle cour devrait normalement être dotée d'un service de médiation ouvert au public. Il ne nous appartient pas de suggérer un modèle de service public de médiation. Des médiateurs peuvent être accrédités en dehors des services rattachés au tribunal.

Le phénomène constaté autant à Montréal qu'à Québec est qu'une partie de la clientèle s'adresse au Service en quête d'informations, sans référence. Dès qu'une nouvelle est diffusée dans un média ou par un magazine, de nombreuses demandes d'information sont logées dans les services de médiation. Il est inévitable qu'un tel service soit appelé à donner de l'information avant même que des procédures ne soient intentées. La chose est socialement souhaitable; plusieurs personnes recherchent le moyen de légaliser elles-mêmes leur séparation ou leur divorce.

LA QUALITÉ DES MÉDIATEURS

Les opposants à la médiation s'en prennent inévitablement à la qualité et à la compétence des médiateurs. La médiation n'est pas une profession. Elle appelle un résultat. Dans plusieurs juridictions étrangères, les médiateurs agissent à temps partiel. Une formation spécifique est nécessaire.

Mais il n'y a pas que la formation. On imagine mal que des époux ayant vécu une union prolongée et étant en pleine possession de leurs moyens soient référés à un jeune médiateur sans expérience. L'autorité morale du médiateur a autant de valeur que sa propre formation.

On doit aussi se méfier de la fonctionnarisation de la tâche, dans un système où le médiateur pourrait perdre intérêt. Ce n'est pas l'expérience vécue au Québec ni, de façon générale, ailleurs. En réalité, ce danger guette autant les juges que les médiateurs. Pour l'éviter, il est suggéré de favoriser la polyvalence des intervenants et de ne pas les exposer trop longtemps à la pression que leur tâche comporte.

L'objet de la médiation est en lui-même tout un débat. La *Loi sur le divorce* ne mentionne que la médiation concernant la garde et l'accès. Pourtant, le litige n'arrivera à terme que si une solution est apportée sur tous les points. La médiation globale suppose des connaissances autant légales qu'en sciences humaines. La disponibilité de médiateurs possédant ces connaissances est souhaitable, car ce type de médiation affiche un taux de succès plus élevé et le besoin existe.

Les tribunaux ne sont pas dépourvus de moyens lorsqu'il s'agit de trancher les questions financières et patrimoniales. Néanmoins, une forme d'arbitrage, sinon de médiation, devrait être dispensée par des officiers de la Cour sur ces questions, afin de permettre aux parties de colliger les éléments pertinents, de prendre conscience des projections financières et d'élaborer un scénario équitable.

LA JONCTION DU CONTENTIEUX ET DU NON-CONTENTIEUX

La médiation ne peut résoudre tous les litiges, ni éliminer le rôle que doit jouer la Cour dans l'officialisation du statut matrimonial ou parental. La médiation ne convient qu'aux parties qui ont une maturité suffisante pour faire face à leurs difficultés et tenter elles-mêmes de les résoudre. De plus, il est reconnu qu'il faut éviter de mettre en marche une médiation lorsque l'une des parties exerce une domination sur l'autre. C'est particulièrement le cas des couples où il y a eu agression physique.

Il faut aussi reconnaître que la médiation ne débouche pas toujours sur un résultat positif. D'après les études déjà faites, et notamment le rapport Richardson (*La médiation des divorces rattachée aux tribunaux dans quatre villes canadiennes: un aperçu des résultats de recherche*, ministère des Approvisionnements et Services Canada, 1988, p. 27), dans environ 2/3 des cas, les parties en arrivent à un règlement total ou partiel. Si on en juge par l'expérience australienne, la médiation peut augmenter d'environ 5% le pourcentage des dossiers qui se ferment selon une convention. Son principal intérêt n'est pas statistique. Il réside surtout dans la satisfaction des intéressés et dans une meilleure stabilité de la solution convenue.

La médiation ne dispense pas des avis juridiques. Au contraire, les parties devraient soumettre à leur conseiller juridique toute entente élaborée à l'aide d'un médiateur. Suivant l'expérience des juridictions étrangères, le Barreau s'est montré favorable à la médiation, sous réserve de laisser ouvert le recours aux tribunaux. Les avocats, comme les juges, sont conscients que les problèmes soulevés dans les relations parents-enfant ne trouvent pas de solution exclusivement juridique ni aucune solution vraiment exécutoire sous la contrainte judiciaire.

La médiation sera une étape éventuelle dans les procès en matière familiale. En cas d'échec ou de règlement partiel, le juge devra encore intervenir. On se demande actuellement si le juge doit lui-même agir comme médiateur. Dans certaines juridictions canadiennes, ce rôle est joué par le juge à l'occasion d'une conférence préparatoire, ce qui est peu fréquent au Québec. Ici, il arrive plutôt que l'audience soit suspendue et que le juge invite les avocats à considérer certains aspects et à en faire part à leur client respectif.

Dans ces autres juridictions, particulièrement au Manitoba, la conférence préparatoire est une étape obligatoire. Le juge qui préside la conférence préparatoire ne sera pas le juge du procès. Il cherchera à obtenir un accord des parties. Cette approche peut apporter des résultats valables, comme dans tout autre procès. Cependant, il ne nous paraît pas que cette formule puisse être généralisée dans le contexte d'une cour qui n'est pas une cour familiale.

Le juge peut difficilement être un super-médiateur, quand, pour l'être, il doit sortir de son rôle d'arbitre. La médiation non seulement requiert du médiateur des aptitudes et une formation particulières, mais oblige à adopter un rythme personnel aux parties et des attitudes qui conviennent mal à l'exécution de la fonction judiciaire. À la différence des autres types de litiges habituellement soumis aux tribunaux, les affaires familiales doivent tenir compte de données subjectives qui ne répondent pas au jugement cartésien.

Toutes les conventions sur lesquelles les conflits familiaux se terminent ne sont pas le résultat d'une médiation. Les statistiques le prouvent. Ce n'est pas parce qu'un avocat convainc son client de signer une convention qu'on peut parler de médiation. L'intervention du juge, dans le même sens, ne peut être davantage qualifiée de médiation. La démarche est assortie d'une contrainte qui emporte la raison. Il ne faut pas confondre le résultat avec le processus.

Une véritable médiation permet un tamisage des affaires contentieuses et cherche à éviter la confrontation. Advenant un échec, le processus contradictoire assorti d'une expertise psychosociale paraît encore celui qui donnera le plus de satisfaction.

La collaboration interdisciplinaire: une clé essentielle pour le développement de la médiation familiale

Linda Bérubé[*]

La médiation familiale appartient à ce grand courant de mutations que nous connaissons en cette fin de millénaire et qui commande des façon différentes de faire: apprendre à vivre le changement permanent, à traiter le déluge d'information qui nous envahit, à vivre dans un contexte de décroissance économique, à ne plus se fier sur l'État-providence, à prendre nos responsabilités comme personnes, à faire plus avec moins, à adopter une vision globale des phénomènes, à collaborer plutôt que s'affronter, à travailler en équipe pour faire face aux problèmes complexes, etc.

I. LA MÉDIATION FAMILIALE, UN COURANT PORTEUR DANS LE CONTEXTE SOCIAL ACTUEL

Plusieurs éléments qui ont façonné le contexte social québécois des dernières années ont favorisé le développement de la médiation en matière familiale, comme complément au système judiciaire.

- *La transformation des familles et l'évolution des politiques sociales*

Au cours des trente dernières années, la structure familiale a connu, dans nos sociétés occidentales, des transformations profondes qui ont amené des besoins nouveaux:

---

[*] Travailleuse sociale et médiatrice familiale accréditée.

Les unions à long terme sont en voie d'extinction. Les relations amoureuses ne sont pas systématiquement liées au mariage. Le nombre accru de femmes qui travaillent à l'extérieur du foyer a modifié les bases économiques et sociales traditionnelles de la famille.[1]

Les politiques sociales se sont développées en conséquence. Le Conseil de la famille du Québec énonce les principes suivants comme devant s'appliquer à toute intervention touchant le vécu familial:

– Encourager et renforcer la stabilité des familles.

– Soutenir les familles dans leurs responsabilités.

– Reconnaître la force et la continuité des liens familiaux.

– Considérer la famille comme partenaire compétent.

– Accorder la priorité aux familles vulnérables.[2]

Soulignons enfin les propos d'Irène Théry dans la préface d'un ouvrage qui vient de paraître en France: *Médiation familiale: regards croisés et perspectives*. Madame Théry parle d'un renversement des attitudes collectives en matière familiale: «Ce renversement, c'est l'apparition d'un nouvel idéal de coparentalité après la séparation». Nous sommes donc, en tant que société, entrain de redéfinir notre conception de la famille et assez paradoxalement, ce sont les familles qui vivent des ruptures qui permettent d'inventer un nouveau modèle où la relation conjugale se distingue de la relation parentale, obligeant les conjoints à plus d'autonomie l'un par rapport à l'autre d'une part et à plus d'investissement des deux dans les rôles parentaux d'autre part.

• *L'évolution des modes de résolution de conflits*

Les changements sociaux ont, par ailleurs, nécessité la création de solutions de rechange aux modes traditionnels de règlement des conflits. Dans les domaines des affaires, des relations de travail, de l'environnement, des questions autochtones, on reconnaît une tendance à rechercher, par le biais de la médiation, des ententes plutôt que de recourir au verdict d'un tribunal.

---

1. Barreau canadien, *Solutions de rechange au règlement des conflits: une perspective canadienne*, 1989, p. 24-25.
2. Conseil de la famille, Québec, *Avis sur les services de médiation familiale*, mars 1989.

- *L'évolution de la législation en matière familiale*

La *Loi sur le divorce* oblige les avocats à informer leurs clients de l'existence de la médiation. Elle donne ainsi une sanction sociale à la médiation, la rendant crédible comme manière de résoudre les litiges dans notre société.

Les dispositions d'égalité des sexes dans la Charte des droits et libertés, les réformes en profondeur du droit de la famille et une imposante littérature féministe sur les relations au sein de la famille ont modifié les responsabilités des membres de la famille ainsi que leurs perspectives sur les droits de la famille[3].

Les modifications de la législation canadienne en matière de droit familial, en donnant des droits égaux aux conjoints, ont créé un contexte tel qu'il devenait impératif de développer des approches permettant de résoudre les litiges susceptibles de survenir entre les conjoints.

Le Québec a introduit au cours des dernières années plusieurs mesures législatives relatives à la séparation et au divorce: la perception automatique des pensions alimentaires, la défiscalisation et les barèmes de fixation des pensions alimentaires pour enfants et enfin la loi 65 instituant la médiation préalable en matière familiale. Cette dernière loi prévoit 6 séances de médiation gratuites, ce qui constitue un incitatif non négligeable à la collaboration entre les parents.

Ces mesures témoignent de la volonté du législateur québécois de faciliter aux familles en situation de rupture conjugale, la résolution des conséquences de la séparation et incitent à la collaboration interdisciplinaire en reconnaissant autant les professionnels de la relation d'aide que ceux du droit commun comme médiateurs familiaux.

- *Les limites des tribunaux dans la résolution des conflits familiaux*

Les juges qui interviennent dans le domaine familial s'accordent à reconnaître les limites du tribunal en matière de problèmes familiaux: «L'ordonnance du tribunal n'a pas de vertu particulière dans ces problèmes humains, pour canaliser les émotions, l'agressivité et la frustration. Ce sont les parents en conflit qui, finalement, doivent assumer leurs difficultés. Le juge ne peut faire qu'un bout du chemin en restreignant les choix»[4].

---

3. Barreau canadien, *op. cit.*, note 4, p. 24-25.
4. Robert LESAGE, «L'enfant dans les instances mues en Cour supérieure», dans Andrée Ruffo et autres, *Les enfants devant la justice*, Cowansville, Éd. Yvon Blais, 1990.

• *La situation socio-économique.*

Les conditions économiques difficiles auxquelles notre société fait face s'ajoutent aux transformations des systèmes sociaux et juridiques pour motiver une recherche d'alternatives au mode traditionnel de résolution de conflit. La plupart des conjoints, déjà grandement affectés par la baisse du niveau de vie qu'ils doivent subir suite à leur séparation, ne sont plus intéressés à consacrer des sommes importantes dans un système qui risque de les entraîner dans un affrontement qu'ils ne souhaitent pas.

II. LA MÉDIATION FAMILIALE: UNE PRATIQUE NOUVELLE À L'INTERSECTION DE LA RELATION D'AIDE ET DU DROIT

La médiation familiale est donc née d'un besoin nouveau des conjoints qui cherchent des solutions aux problèmes engendrés par leur rupture, en établissant entre eux de nouvelles règles de fonctionnement, et qui sont conscients de la nécessité de conserver une relation entre eux à titre de parents. Elle s'insère comme un chaînon manquant entre la thérapie qui accompagne les personnes dans la recherche de solutions à leurs problèmes personnels ou interpersonnels et le droit qui donne, par la loi, la jurisprudence et le Tribunal, un cadre objectif de règlement et qui offre un moyen de trancher entre des points de vue divergents.

La médiation familiale a pour but de permettre aux conjoints en situation de divorce, de parvenir à un accord mutuellement satisfaisant, concernant les questions de partage des responsabilités parentales (garde des enfants), de partage des biens et de partage des contributions financières (pension alimentaire), tout en maintenant entre eux une relation fonctionnelle; elle se déroule sous les auspices d'un médiateur accrédité, tiers impartial qui appartient à l'un des ordres professionnels reconnus au Québec, pour exercer la pratique de la médiation.

Le développement de la pratique de la médiation familiale est influencé par cinq grands paramètres que nous examinerons maintenant plus en détail:

– les exigences du processus de médiation;

– les besoins des conjoints en situation de divorce;

– les enjeux de la médiation;

– les qualifications du médiateur et le lieu où il pratique;

– le contexte socio-économique (voir tableau I).

Tableau I

LE PROCESSUS DE MÉDIATION ET LES PARAMÈTRES QUI INFLUENCENT LES PRATIQUES SPÉCIFIQUES DE MÉDIATION

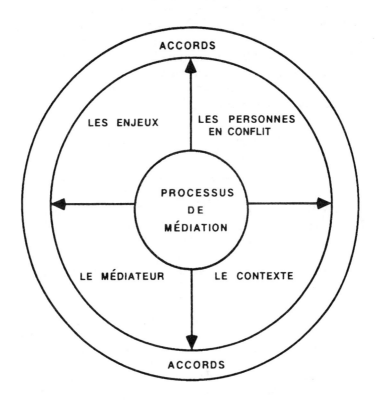

NATURE GÉNÉRALE DE TOUTE PRATIQUE DE MÉDIATION:

Le processus de médiation vise à parvenir à des accords

LES PARAMÈTRES QUI DONNENT À UNE PRATIQUE DE MÉDIATION UN CARACTÈRE SPÉCIFIQUE:

La personne du médiateur

Les personnes ayant des intérêts divergents

Les questions traitées

Le contexte social et organisationnel dans lequel se déroule la médiation

• *Les exigences du processus de médiation*

La médiation est considérée, par la plupart des médiateurs, comme une pratique distincte de leur pratique régulière avec ses objectifs particuliers et ses méthodes d'intervention propres. Sans être une profession, la médiation n'est pas une nouvelle façon de faire de la thérapie ou du droit, mais bien une nouvelle pratique qui répond à des règles précises et qui, bien que faisant appel aux connaissances et expériences des professionnels qui l'exercent, modifie de façon substantielle la manière de mettre à profit ces compétences et exige le développement de compétences complémentaires à la pratique habituelle des professionnels.

Le tableau II permet de distinguer les pratiques de la médiation familiale de celles du droit et de la relation d'aide.

Tableau II
LA MÉDIATION FAMILIALE, UNE NOUVELLE PRATIQUE À L'INTERSECTION DE LA RELATION D'AIDE ET DU DROIT

	Relation d'aide	Médiation	Droit
But visé	• Changement • Amélioration de la relation • Gestion des émotions • Croissance personnelle ou de couple	• Accord mutuellement satisfaisant sur des enjeux précis; maintien d'une relation fonctionnelle	• Obtention du meilleur règlement possible pour une personne
Cadre de référence	• Théories particulières: – humaniste, – systémique, – psychanalytique • Processus de résolution de problème	• Modèle de médiation particulier: – juridique – relation travail – thérapeutique – communication – écosystémique • Processus de négociation raisonnée	• La loi, la doctrine et la jurisprudence • Expérience du tribunal

Stratégies	Écouter, intervenir sur dynamiques interactionnelles, travailler avec les émotions, accompagner les personnes dans la recherche de solutions	Diriger processus, favoriser communication, gérer conflit, identifier les intérêts communs, identifier des options de règlement, fermer les accords	Informer, faire des recherches, conseiller, négocier, rédiger des requêtes et des conventions, plaider
Objet de l'intervention	Le symptôme, la relation dysfonctionnelle, les émotions intenses.	Questions soumises à la médiation, la relation interpersonnelle	Questions litigieuses, les faits, les procédures juridiques
Critères d'évaluation	Disparition du symptôme, opinion subjective des clients	Ententes verbales ou écrites, totales ou partielles, maintien d'une relation	Convention négociée ou décision du tribunal

• *Les besoins des conjoints en situation de divorce*

Une étude réalisée à l'Université de Lyon, en France, note deux types d'attentes envers les avocats chez les personnes qui divorcent d'un commun accord:

– Les attentes d'un rôle juridique: informer sur le droit, conduire la procédure, rédiger les textes, représenter, défendre les intérêts et les points de vue des sujets ou des couples.

– Les attentes d'un rôle humain et pédagogique: être attentif, compréhensif, écoutant, soutenant, prévenir sur l'avenir, ne pas envenimer les choses[5].

Les personnes qui recourent à la médiation ont les mêmes besoins. Elles recherchent un lieu de parole où élaborer leur nouvelle réalité et trouver des solutions qui leur permettront de résoudre les

---

5. M. COLIN, A. DONVAL et H. LASSERRE, *Les divorçants, leur crise et le droit*, Institut des sciences de la famille, Université de Lyon, 1991, p. 104.

problèmes auxquels elles sont confrontées et une information juridique leur permettant d'évaluer les accords auxquels elles sont parvenues.

Compte tenu de la complexité et de la diversité des besoins et des attentes des personnes en situation de divorce, l'approche interdisciplinaire s'avère une réponse efficace.

• *Les qualifications des médiateurs et leur lieu de pratique.*

Actuellement, au Québec, la médiation en matière de divorce et de séparation est surtout pratiquée par les travailleurs sociaux, les avocats, les psychologues, les notaires et les conseillers d'orientation, donc par des professionnels du droit et de la relation d'aide. Peu d'entre eux font une pratique exclusive de la médiation, la conciliant avec leur pratique d'avocat, de notaire ou encore de thérapeute ou de consultant.

Selon qu'ils sont issus de la pratique du droit ou de la relation d'aide, les médiateurs auront une vision du divorce en fonction de leur expérience. Les compétences professionnelles propres à chaque discipline seront mises en valeur et donneront à la démarche de médiation une coloration bien spécifique. Ces différences, loin d'être nuisibles, constituent des atouts et permettent à chaque médiateur de bâtir à partir de ses acquis pour développer une pratique de médiation qui lui corresponde:

> There is no one right way to mediate. What is important is to be guided, not controlled, by definition and technique. The practitioner must give him or herself permission to develop a model and style that fits his or her particular strengths and values and abilities to evolve and change.[6]

La médiation familiale a importé des connaissances et des habiletés des professions du droit et de la relation d'aide. Le tableau qui suit illustre les contributions que les juristes et les thérapeutes ont introduites dans la pratique de la médiation (voir tableau III).

---

6. Lois GOLD, «Reflections on the Transition from Therapist to Mediator», *Mediation Quarterly*, n° 9, 1985, p. 18.

	Tableau III — LES CONTRIBUTIONS DES DISCIPLINES À LA MÉDIATION FAMILIALE	
	Juristes	**Thérapeutes**
Savoir	• Connaissance de la loi • Connaissance de la jurisprudence • Connaissance des options de règlement	• Connaissance des réactions psychologiques des enfants et des adultes, des dynamiques interpersonnelles
Savoir être	• Capacité d'être méthodique et efficace • Capacité d'inspirer confiance, de sécuriser	• Capacité d'écoute • Croyance en la capacité d'autodétermination des personnes
Savoir faire	• Informer et conseiller sur les aspects juridiques • Analyser des situations et imaginer des options • Comparer les options avec la jurisprudence • Rédiger des conventions	• Faire ressortir les besoins • Travailler sur les émotions, la communication, les dynamiques conflictuelles • Approche de résolution de problème • Intervention auprès des couples et des enfants

Le lieu de pratique exerce également une influence sur la médiation. Selon qu'il pratique en solo ou en comédiation, selon qu'il fait partie d'un bureau d'avocat, d'une étude de notaire, d'un centre de thérapie ou d'un centre de médiation, le médiateur sera perçu de façon différente par le client.

Une personne qui consulte un médiateur avocat pour ses connaissances en matière juridique aura peut-être des attentes différentes de celle qui consulte un notaire parce qu'elle le perçoit plutôt comme un professionnel qui fait du droit non litigieux ou d'un travailleur social qui aborde le divorce sous l'angle des besoins de la famille en voie de réorganisation.

Cela explique que plusieurs médiateurs ont cherché à se regrouper entre professionnels de différentes disciplines, pour offrir un service susceptible de répondre aux besoins variés et complexes des conjoints en situation de divorce.

• *Le divorce: perspective juridique ou perspective familiale?*

La médiation se pratiquera de façon différente, selon que l'on considère les questions à régler lors d'un divorce comme des enjeux juridiques ou des enjeux familiaux.

Le cadre de référence à partir duquel le médiateur conçoit le divorce et la séparation déterminera largement les objectifs poursuivis et la manière dont la médiation sera menée.

Traditionnellement, la rupture du couple a surtout été traitée comme un événement juridique obéissant aux postulats suivants:

– Le divorce, comme le mariage, est un événement juridique.

– Les droits et devoirs respectifs des parties découlant du mariage, c'est la loi qui les définit.

– Les parties ont des intérêts contraires et conflictuels.

– Les intérêts de chacune des parties doivent être protégés et il appartient à la loi de le faire[7].

Un auteur américain, L. Marlow, a proposé une autre vision du divorce comme événement personnel, définissant de nouveaux postulats plus proches de la perspective clinique de la relation d'aide:

– Le divorce est d'abord et avant tout un événement personnel important dans la vie d'un couple et de sa famille, et ensuite seulement un événement juridique.

– Le couple en train de divorcer, ainsi que les membres de sa famille immédiate sont en état de crise. La structure même de leur existence est menacée.

– Il n'y a pas de réponses juridiques aux questions personnelles; les couples en train de se séparer ou de divorcer ne devraient pas être encouragés à croire qu'il y en a ou qu'il pourrait y en avoir.

– La définition de ce qui est bon ou non pour la vie des parties en présence doit en dernier ressort leur appartenir.

---

7. L.D. MARLOW, *La médiation dans le divorce: les thérapeutes y sont sur leur terrain. Dialogue, recherches cliniques et sociologiques sur le couple et la famille,* AFCCC, 1989, p. 62.

– Le plus souvent, le couple, surtout lorsqu'il a des enfants, continuera d'avoir des relations après son divorce.

– Les couples en train de se séparer ont autant d'intérêts communs que d'intérêts contraires.

– Le divorce n'est pas l'occasion de redresser les torts, réels ou imaginaires, subis par les parties durant le mariage[8].

La plus-value que la collaboration interdisciplinaire ajoute à la médiation est de donner la possibilité d'humaniser l'approche de négociation, en considérant la rupture conjugale en tant qu'événement personnel qui comporte des dimensions conjugales, parentales, sociales, matérielles et financières, sans oublier le cadre juridique du divorce qui, en plus d'offrir une référence objective, vient sanctionner publiquement le nouveau statut des ex-conjoints.

III. Les pièges qui guettent les professionnels dans leur pratique de la médiation

Les professionnels qui s'engagent dans la pratique de la médiation doivent effectuer un changement paradigmique dans leur façon de travailler. Leur expérience constitue certainement un atout, mais peut aussi constituer un biais qui risque de faire obstacle à une bonne pratique de la médiation.

Les thérapeutes sont habitués à intervenir à partir des besoins exprimés par leurs clients et leur pratique habituelle est de les aider à changer des comportements, des attitudes, des perceptions, dans une recherche de mieux-être. Ils peuvent, selon leur approche particulière, intervenir au niveau intrapsychique ou au niveau des interactions, mais d'une façon ou d'une autre, ils vont partir des besoins des clients. Par ailleurs, la relation thérapeutique étant confidentielle, elle ne nécessite pas de référence à des règles externes et ne se préoccupe généralement pas des décisions concrètes que les personnes vont prendre dans leur vie.

En médiation, les thérapeutes doivent tenir compte des dynamiques et des émotions sans s'y arrêter, mais uniquement dans le but de les empêcher d'interférer dans la tâche de la négociation.

---

8. L.D. MARLOW, *op. cit.*, note 7, p. 63.

Les thérapeutes doivent apprendre à tenir compte du cadre juridique ainsi qu'à travailler au niveau des décisions concrètes des clients, que ce soit au niveau financier ou autre. À défaut de travailler ces aspects, le médiateur issu de la thérapie pratiquera une médiation qui ne peut répondre à sa raison d'être, c'est-à-dire aider des parties à parvenir à des accords sur des questions précises en toute connaissance de cause.

De leur côté, les juristes sont habitués à conseiller leurs clients et à recueillir des informations dans le but de préparer «leur cause». Ils négocient habituellement «sur position» avec pour cadre de référence principal l'éventuelle décision que pourrait rendre le tribunal dans une situation donnée:

> Being a mediator is very different from being a more traditional advocate. As legal advocates, we are trained to give advice and to make our best judgments as to what is right and wrong, truth and justice. In mediation, there are few things that will get the mediator into trouble quicker than giving advice or judgment. The mediative role must be understood as facilitative, with no decision-making role.[9]

Bien que le contenu discuté soit le même que dans leur pratique traditionnelle, les juristes doivent aussi modifier substantiellement leur position face aux clients lorsqu'ils agissent comme médiateur. S'ils n'effectuent pas ce changement majeur de position, leur pratique de la médiation risque d'être teintée de leur façon habituelle de faire et, au lieu d'aider les parties à trouver leurs propres solutions, ils risquent de «jouer au juge» et de les diriger vers une entente qui correspondrait aux critères d'une décision du tribunal.

Non seulement tous les professionnels qui veulent pratiquer la médiation doivent-ils compléter leurs savoirs, mais en raison de la nature intrinsèque de la médiation, ces mêmes professionnels doivent faire une utilisation différente de leurs propres connaissances et habiletés.

> Both lawyers and mental health professionals need to address the issues of integration of their past training with mediation, although the specifics may differ.[10]

---

9.   J. STEINGBERG, «Through an Interdisciplinary Mirror: Attorney-Therapist Similarities», *Journal of Divorce*, 1985, vol. 8, p. 9.

10.   Lois GOLD, «Reflections on the Transition from Therapist to Mediator», *Mediation Quarterly*, n° 9, 1985, p. 18.

IV. La collaboration interdisciplinaire pour développer ensemble la médiation familiale

Les conjoints en situation de divorce doivent résoudre des questions humaines, financières et juridiques importantes. Le médiateur qui néglige l'un ou l'autre aspect le fait au risque de rendre un mauvais service à son client. La meilleure solution juridique sera sabotée si les aspects émotifs ou relationnels sont ignorés; de la même façon, les meilleures interventions psycho-sociales n'auront pas d'effet si les aspects juridiques ne sont pas l'objet d'une intervention compétente:

> The best mediator, of course, is neither lawyer nor therapist, but a blending of both. The most potent practitioners present a happy mixture of the best of each of the great professions [...] It is because those complementary skills can be developed by committed individual practitioners, or teams of cooperating professionals, that there are high hopes for a future humanization of the divorce process.[11]

Concrètement, la collaboration interdisciplinaire a pris plusieurs visages depuis l'introduction de la médiation au Québec:

– Le premier service public de médiation, à Montréal, avait cru bon s'adjoindre, en 1982, les services d'un avocat conseil pour son équipe constituée de médiateurs qui étaient majoritairement et originairement des travailleurs sociaux.

– L'Association de médiation familiale, à partir de 1985, a contribué à réunir les médiateurs de diverses provenances, réussissant à faire se côtoyer des avocats et des notaires, des travailleurs sociaux et des psychologues intéressés à la médiation, sans oublier les conseillers en orientation qui ont joint les rangs un peu plus tard. L'AMFQ demeure le seul lieu où les médiateurs peuvent se rencontrer en terrain neutre pour échanger sur les questions de médiation.

– Des équipes interdisciplinaires de formateurs ont progressivement été mises sur pied dans le secteur privé, permettant aux apprentis médiateurs de commencer à apprendre des professionnels des disciplines complémentaires.

– Des Centres interdisciplinaires de médiation ont été créés, par des professionnels du droit et de la relation d'aide; le

---

11. James MELAMED, «Attorneys and Mediation: From Threat to Opportunity», *Mediation Quarterly*, no 23, 1989, p. 17.

Centre de médiation Iris Québec est un des premiers centres interdisciplinaires qui, en plus de dispenser des services directs à la population, ont formé plusieurs professionnels qui ont adopté le modèle interdisciplinaire: Médiation professionnelle de l'Estrie, Médiation des Bois-Francs, sans compter tous les professionnels qui ont fait équipe pour réaliser leurs premières médiations et profiter d'une supervision commune.

- Des groupes de supervision interdisciplinaire ont été constitués dans plusieurs régions du Québec.

- À Québec, un groupe de formation continu rejoint les professionnels des différentes disciplines et se réunit environ 5 fois par année pour se perfectionner sur une gamme variée de sujets reliés à la médiation.

- À Longueuil, un groupe de médiateurs se réunit pour échanger et se donner des outils communs de travail.

La loi 65 prévoit la possibilité de comédiation et oblige les médiateurs à faire équipe (professionnels juridiques et professionnels psycho-sociaux) lors des séances de groupe d'information sur la médiation. Ces mesures n'auraient pas été possibles si les professionnels n'avaient pas déjà créé des liens de travail entre eux; par contre, cet incitatif va certainement favoriser le rapprochement entre les professionnels des diverses disciplines.

Ces collaborations interdisciplinaires réalisées sur le terrain valent tous les discours. Ce sont ces actions concrètes qui façonnent la pratique de la médiation, à travers les essais et les erreurs, les échecs et les bons coups. Ce sont ces actions qui tissent les liens entre les personnes qui, au-delà des corporatismes, travaillent à la diffusion des valeurs de la médiation.

La médiation repose sur une croyance en la capacité d'autodétermination des personnes, sur la recherche de solutions à partir des intérêts communs, sans négliger les intérêts essentiels de chacun. Elle cherche, en même temps, à préserver une relation fonctionnelle entre les parents suite à la séparation.

Pour ce faire, elle exige que chacun sans exception travaille à compléter sa pratique de nouveaux savoirs et de nouvelles habiletés. La médiation demande à tous les professionnels qui l'exercent de modifier de façon substantielle leur rôle habituel et de se positionner à titre de tiers impartial dont le rôle est d'accompagner les parties dans une négociation à la recherche d'accords mutuellement acceptables.

La collaboration interdisciplinaire, sous toutes ses formes, est une clé essentielle pour que la médiation familiale dépasse le rang de technique et se développe comme une pratique dynamique et originale à l'écoute des besoins multiples de la famille en transition.

RÉFÉRENCES

BABU, Annie et collaborateurs, *Médiation familiale: regards croisés et perspectives*, Éditions Erès, Toulouse, 1997.

Barreau canadien, *Solutions de rechange au règlement des conflits: une perspective canadienne*, 1989.

COLIN, M., A. DONVAL et H. LASSERRE, *Les divorçants, leur crise et le droit*, Institut des sciences de la famille, Université de Lyon, 1991.

Conseil de la famille, Québec, *Avis sur les services de médiation familiale*, mars 1989.

GOLD, Lois, «Reflections on the Transition from Therapist to Mediator», *Mediation Quarterly*, n° 9, 1985.

LESAGE, Robert, «L'enfant dans les instances mues en Cour supérieure», dans Andrée Ruffo et autres, *Les enfants devant la justice*, Cowansville, Éd. Yvon Blais, 1990.

MARLOW, L., *La médiation dans le divorce: les thérapeutes y sont sur leur terrain. Dialogue, recherches cliniques et sociologiques sur le couple et la famille*, AFCCC, 1989.

MELAMED, James, «Attorneys and Mediation: From Threat to Opportunity», *Mediation Quarterly*, n° 23, 1989.

STEINBERG, J., «Through an Interdisciplinary Mirror: Attorney-Therapist Similarities», *Journal of Divorce*, 1985.

L'avocat et la médiation

Suzanne Clairmont*

_____

* Avocate et médiateur accrédité.

La *Loi de 1985 sur le divorce* (S.C. 1986, c. 4), entrée en vigueur le 1er juin 1986, a donné un appui législatif à la médiation déjà connue comme un mode alternatif de résolution des conflits matrimoniaux.

À l'article 9(1) L.D., le législateur précise qu'il est du devoir de l'avocat qui accepte de représenter un époux dans une action en divorce, de discuter avec son client des possibilités de réconciliation et de le renseigner sur les services de consultation ou d'orientation matrimoniales.

Le législateur ajoute au paragraphe (2) du même article qu'il incombe également à l'avocat de négocier les points qui peuvent faire l'objet d'une ordonnance alimentaire ou d'une ordonnance de garde et de renseigner son client sur les services de médiation qu'il connaît et qui sont susceptibles d'aider les époux dans cette négociation.

Pour souligner l'importance que le législateur accorde à cette obligation, il impose à l'avocat de signer une déclaration attestant qu'il s'est conformé à cette obligation dans toute procédure introductive d'instance qu'il présente pour son client (art. 9(3) L.D.).

Quoique déjà répandue et pratiquée par nos collègues américains depuis les années 1970 (Coogler 1978), la médiation familiale apparaît pour la première fois au Québec en 1981, avec la création du Service de conciliation à la famille (Murray 1986). Ce projet pilote deviendra le Service de médiation familiale de la Cour supérieure au printemps 1984.

En 1986, le Barreau du Québec offre pour la première fois une formation en médiation familiale, pour ses membres. Quelque 25 avocats sont alors initiés à ce processus de résolution des conflits familiaux. Le Service de la formation permanente du Barreau du Québec offre plusieurs fois par année, une formation en médiation et depuis, plus de 1 000 avocats l'ont suivie. Enfin, le Service de la formation permanente du Barreau du Québec présente, une fois l'an, un colloque sur «Les récents développements en médiation».

Les avocats en droit de la famille ne peuvent ignorer que le Projet de loi 14, *Loi modifiant le Code de procédure civile concernant la médiation familiale* (L.Q. 1993, c. 1) a été adopté par l'Assemblée nationale le 9 mars 1993, et sanctionnée le 10 mars 1993. Cette loi, jamais en vigueur dans sa totalité, modifie le *Code de procédure civile*, à l'effet que le Tribunal pourra, à tout moment de l'instruction d'une demande contestée, prononcer des ordonnances pour ajourner l'instruction et référer les parties au Service de médiation ou à un médiateur de leur choix. Il est de plus prévu, et en vigueur depuis le 1er mai 1997, que toute médiation préalablement à des procédures en matière familiale, ou pendant de telles procédures, doit l'être par un médiateur accrédité (827.2, 1re phrase).

L'article 4 de la loi est cependant en vigueur depuis le 10 mars 1993, dans la mesure où il édicte que le gouvernement peut désigner les personnes, organismes ou associations pouvant accréditer un médiateur (827.2, 2e phrase), établir les conditions que doit satisfaire un médiateur pour être accrédité et enfin déterminer les règles et obligations auxquelles doivent se conformer les personnes, organismes ou associations pouvant accréditer un médiateur (827.3, al. 1).

Est également entré en vigueur l'article 827.3, al. 2, établissant le tarif des honoraires payables par le Service de médiation familiale de la Cour supérieure au médiateur accrédité qui exécute un mandat de médiation confié par ce service.

Conformément aux dispositions du *Code de procédure civile* (en application de l'article 827.3), le *Règlement sur la médiation familiale*, (1993) 125 *G.O.* II, 8648) a été adopté le 1er décembre 1993 et est entré en vigueur le 30 décembre 1993. Ce règlement établit les conditions pour l'obtention de l'accréditation.

Également, conformément aux dispositions du *Code de procédure civile* (en application de l'article 827.2), le Décret 1687-93 a été adopté le 1er décembre 1993. Ce décret désigne les organismes autorisés à accréditer les médiateurs familiaux, dont le Barreau du Québec. Actuellement, la moitié des médiateurs accrédités sont avocats.

Le Projet de loi 65, *Loi instituant la médiation préalable en matière familiale et modifiant d'autres dispositions du Code de procédure civile*, (L.Q. 1997, c. 42), a été adopté le 13 juin 1997, et est en vigueur depuis le 1er septembre 1997. Si le projet de loi initial prévoyait la mise en place de la médiation obligatoire préalable, de nombreuses modifications ont été apportées au projet et la modification la plus importante est le remplacement de l'obligation de la médiation préalable par l'obligation pour les parties de participer à une séance d'information sur la médiation avant de pouvoir être entendues par le Tribunal.

Cette séance d'information est gratuite. Le couple peut assister à une séance en couple avec le médiateur de son choix ou en groupe en s'inscrivant seul ou en couple à une séance de groupe organisé par le Service de médiation familiale, au palais de justice de son district judiciaire. Si le couple décide de poursuivre la médiation, il a accès à cinq sessions de médiation gratuitement ou deux sessions dans le cas d'une demande de révision des mesures accessoires.

La *Loi instituant la médiation préalable en matière familiale et modifiant d'autres dispositions du Code de procédure civile* a également mis en vigueur les dispositions de la *Loi modifiant le Code de procédure civile concernant la médiation familiale* (L.Q. 1993, c. 1) prévoyant la possibilité pour le tribunal d'ordonner la médiation à tout moment, lors de l'audition d'une cause contestée impliquant des enfants. Le principe de la gratuité s'applique également lorsque la médiation est ordonnée par le tribunal lorsque le litige met en jeu l'intérêt des parties et de leurs enfants.

Progressivement, la médiation s'est implantée dans la pratique quotidienne de l'avocat exerçant en droit familial, soit parce que certains ont choisi d'exercer à titre d'avocat-médiateur, soit parce qu'ils réfèrent leurs clients en médiation et agissent à titre de conseiller pour eux lorsqu'ils sont impliqués dans le processus de médiation.

1. L'AVOCAT-MÉDIATEUR

1.1 Interrogations déontologiques

Dès 1986, suite à leur formation, l'intérêt des avocats à pratiquer la médiation a soulevé des questions d'ordre déontologique. Le Barreau du Québec a alors mandaté un groupe interne de travail, pour étudier la problématique de la médiation en relation avec le *Code de déontologie des avocats* (R.R.Q. 1981, c. B-1, r. 1). Le comité s'est interrogé sur le mandat de l'avocat-médiateur, sur la notion de conflit d'intérêts, sur les normes de compétence, sur la formation de l'avocat-médiateur, et sur la comédiation. (Barreau du Québec 1986, Shaposnick, 1986).

Par son règlement sur la publicité en vigueur à cette époque, la médiation avait été reconnue comme un champ de pratique de l'avocat. Le comité avait soulevé qu'il fallait définir le rôle de l'avocat-médiateur qui choisirait d'agir dans ce nouveau champ d'exercice.

La profession d'avocat est régie par la *Loi sur le Barreau* et tous les avocats sont soumis au *Code de déontologie des avocats* (*Loi sur le Barreau*, L.R.Q., c. B-1, a. 15; *Code des professions*, L.R.Q., c. C-26).

La section III du *Code de déontologie des avocats* (les articles 3.01.01 à 3.01.08.08) traite plus particulièrement des devoirs et obligations de l'avocat envers le client. Même si le Code de déontologie fait référence encore à la notion «du client», plusieurs avocats en droit de la famille ont maintenant l'habitude de travailler avec deux parties en même temps, les représentant dans les demandes conjointes conformément à la *Loi sur le divorce*, le *Code civil* (articles 495 et 497 C.c.Q.) et le *Code de procédure civile* (814 à 814.2, 822 à 822.5).

Depuis, le 30 décembre 1993, suite à l'entrée en vigueur d'une partie du Projet de loi 14, sont prévues les conditions qu'un avocat doit satisfaire pour être accrédité (art. 827.3, al. 1, C.p.c.), et du Décret 1687-93 le 1er décembre 1993 (Le *Règlement sur la médiation familiale*, (1993) 125 *G.O.* II, 8648), et le Barreau de Québec est désigné comme un des Ordres pouvant accréditer ses membres à titre de médiateurs.

Avec l'entrée en vigueur des dispositions prévues dans la *Loi modifiant le Code de procédure civile concernant la médiation familiale* (1993, c. 1), suivant le décret 408-97 du 26 mars 1997 et l'adoption de la *Loi instituant au Code de procédure la médiation préalable en matière familiale et modifiant d'autres dispositions de ce code* (L.Q. 1997, c. 42), le titre de médiateur familial deviendra en quelque sorte un titre exclusif mais partagé. Sont également désignés comme organismes pouvant accréditer leurs membres à titre de médiateurs, la Chambre des notaires du Québec, l'Ordre professionnel des conseillers et conseillères d'orientation du Québec, l'Ordre des psychologues du Québec, l'Ordre professionnel des travailleurs sociaux du Québec et les Centres de protection de l'enfance et de la jeunesse (C.P.E.J.).

1.2. Formation de l'avocat-médiateur

L'avocat qui désire exercer à titre d'avocat-médiateur devra donc obtenir l'accréditation. L'article 1 du *Règlement sur la médiation familiale* en stipule les conditions, soit:

- être membre du Barreau du Québec;

- avoir suivi un cours de formation de base de 40 heures en médiation familiale;

- avoir 2 ans d'expérience dans l'exercice de son domaine de compétence;

- s'engager à compléter, dans les 2 ans de l'accréditation, 10 mandats de médiation familiale sous la supervision d'un médiateur accrédité qui a complété 20 mandats de médiation familiale et à suivre dans ce délai une formation complémentaire de 45 heures en médiation familiale.

Les autres articles du règlement (articles 2, 3 et 4) énumèrent le contenu du cours de formation de base et de la formation complémentaire ainsi que les modalités de la supervision.

La pratique de la médiation n'est pas du tout la pratique du droit matrimonial. Bien au contraire, la pratique de la médiation exige une modification complète de la façon de penser de l'avocat (Chalke 1988). Plusieurs auteurs (Ryan 1986 et Berg 1983) reconnaissent que l'avocat, et plus particulièrement l'avocat exerçant en droit matrimonial, possède déjà, par sa formation, plusieurs connaissances et habiletés essentielles à la pratique de la médiation. L'avocat possède certainement des connaissances légales et fiscales, ainsi qu'une habileté à la négociation. De plus, l'avocat ayant l'expérience de la représentation d'un client devant le tribunal pourra très certainement identifier l'inégalité entre les parties engagées dans un processus de médiation.

Malgré sa grande expertise en droit matrimonial, il devra parfaire ses connaissances humaines et psychologiques et surtout relationnelles. Apprendre à gérer la colère, l'agressivité, la peur, la peine, des clients. Apprendre à écouter et à reformuler les options du client.

1.3   Rôle de l'avocat-médiateur

La première tâche qui incombe à l'avocat-médiateur lorsqu'il rencontre ses clients est de bien définir son rôle d'avocat-médiateur. En effet, il doit les informer qu'il n'agit qu'à titre de médiateur, non pas d'avocat pour ni l'un ni pour l'autre. L'avocat-médiateur doit porter une attention particulière à sa façon de définir son rôle auprès d'eux, considérant qu'au moment où les parties se présentent pour débuter une médiation, elles sont souvent perturbées par le conflit qu'elles vivent et pourraient facilement se méprendre quant au rôle du médiateur qui est aussi avocat.

L'avocat-médiateur doit aviser ses clients, avant d'entreprendre la médiation, qu'il agit à titre de médiateur tout en étant avocat. Sa formation d'avocat lui permettra de préciser l'état du droit ou de la jurisprudence sur un point, mais toujours à titre d'information légale. L'avocat-médiateur devra bien aviser les parties en médiation qu'en aucun temps il ne pourra leur donner de conseils juridiques.

Il devra ajouter et leur expliquer le rôle et la nécessité d'un avocat-conseil pour chacun dans le processus de la médiation.

L'avocat-médiateur qui reçoit un couple pour une séance d'information devra, après la séance, produire son rapport au Service et transmettre une copie à chacune des parties.

Avant d'entreprendre la médiation ou au cours de la médiation, lorsque, suite aux informations fournies, des questions surgiront de part et d'autre, l'avocat-médiateur invitera les parties à consulter leur avocat pour obtenir les conseils nécessaires.

Il est essentiel qu'avant de commencer le processus de médiation l'avocat-médiateur vérifie auprès des deux parties la bonne compréhension de son rôle.

Le véhicule idéal pour ce type d'informations est le formulaire de mandat de médiation, qui décrit explicitement le rôle de l'avocat-médiateur au cours du processus de médiation.

Ce formulaire de mandat de médiation peut également contenir la recommandation, voire même l'obligation des parties de consulter un conseiller juridique indépendant. Ce formulaire de mandat devrait idéalement préciser l'engagement des parties à produire et à divulguer toutes les informations nécessaires pour la bonne marche des négociations. Il est également recommandé d'y indiquer que les discussions se feront dans un climat de coopération dans la recherche de solutions respectueuses de l'autre conjoint et, enfin, que toutes discussions au sujet de la garde et des droits d'accès devront viser le meilleur intérêt des enfants.

Il peut également être recommandé d'inviter les parties à «geler» leur actif et leur passif pendant le processus de médiation, ou jusqu'à ce qu'une décision, dans le cours de la médiation, soit prise sur l'actif concerné.

Enfin, le médiateur-avocat a avantage à inclure dans le formulaire de mandat de médiation une clause à l'effet que les parties acceptent que le médiateur ne puisse être appelé par aucune d'elles à témoigner en cour pour toute procédure qui irait devant le tribunal advenant un échec de la médiation.

L'article 815.3 énonce que rien de ce qui a été dit ou écrit au cours d'une entrevue de conciliation, y compris de médiation, n'est recevable en preuve dans une procédure judiciaire, à moins que les parties ou le médiateur n'y consentent.

Le Tribunal a rappelé aux parties la confidentialité des propos et des documents utilisés en médiation, ainsi que l'importance de protéger la liberté d'expression et le climat de confiance nécessaire au processus de médiation (*C.F.* c. *J.A.* (objection), LPJ-95-5261).

Encore une fois il est important de s'assurer que les parties ont bien compris les conséquences de s'engager à ne pas convoquer un médiateur par subpoena pour témoigner.

En terminant, le formulaire de mandat peut suggérer aux parties de partager les honoraires du médiateur s'il travaille à un tarif différent. Si l'avocat-médiateur accepte les honoraires prescrits par la loi, il doit informer ses clients qu'ils devront payer au tarif prescrit par la loi, une fois le nombre de séances gratuites atteint.

La dernière étape du mandat de l'avocat-médiateur est la rédaction des ententes des parties suite à la fin de la médiation. La responsabilité de cette étape appartient au médiateur qui, au cours des différentes rencontres, a pris note des options privilégiées par les parties sur les différents points en litige.

L'avocat-médiateur a déjà l'habitude de la rédaction des consentements à jugement dans sa pratique d'avocat. Il devra toutefois constater qu'un projet d'entente de médiation, quoique ayant plusieurs similitudes, diffère d'un consentement à jugement. Le libellé, quant à la garde ou à l'accès aux enfants, ou encore quant à l'usage de la résidence familiale, peut être sensiblement le même. Cependant, l'avocat-médiateur devra être très attentif dans la rédaction pour que le projet d'entente de médiation soit à l'image des parties et du processus. Il se doit également d'être très prudent en évitant d'inclure des renonciations ou la signature des parties.

Il est recommandé à l'avocat-médiateur de préciser à la fin de l'entente que ce document n'est pas un document juridique et que les parties n'ont reçu que de l'information juridique du médiateur et, enfin que pour la bonne compréhension de leurs droits, elles sont invitées à consulter des procureurs indépendants.

1.4   La représentation par l'avocat-médiateur

La dernière responsabilité de l'avocat-médiateur, suite à son mandat, est de bien informer ses clients qu'une entente de médiation n'est pas un jugement et, par conséquent, n'est pas exécutoire. Il doit leur rappeler que l'entente repose sur leur bonne volonté et que la prochaine étape est de la faire entériner par le tribunal selon la procédure choisie pour mettre fin à leur union. L'avocat-médiateur peut informer les parties des différentes procédures possibles dans leur situation.

Il se doit de leur réitérer qu'il ne peut représenter ni l'un, ni l'autre, dans quelque procédure intentée par l'une ou l'autre partie, fondée sur une question ou un point traité en médiation.

Cependant, depuis 1982 (article 495 C.c.Q.), il est possible pour les époux de présenter une demande de séparation de corps conjointement, sur projet d'accord. La *Loi sur le divorce* (article 8(1) L.D.) permet également les déclarations conjointes par les époux qui soumettent un projet d'entente qui règle les conséquences de leur séparation. Depuis l'entrée en vigueur de ces dispositions, plusieurs couples ont opté pour des demandes conjointes devant le tribunal.

L'avocat-médiateur peut-il agir à titre d'avocat pour les deux parties suite à une médiation réussie? Plusieurs diront que les clients le réclament, alléguant que la procédure conjointe est la suite logique d'une médiation réussie.

Incontestablement, si la médiation échoue, l'avocat ne peut agir pour une des parties dans toute procédure subséquente. Il est tout aussi évident que, même si la médiation a réussi et qu'une des parties peut choisir d'entreprendre les procédures, l'avocat-médiateur ne pourra la représenter.

La réponse n'est pas du tout aussi claire lorsqu'il s'agit de l'avocat-médiateur dont le mandat de médiation est terminé, suite à une entente, et que les deux parties lui demandent d'agir comme avocat dans la procédure conjointe faisant suite à leur médiation. Les réponses et les opinions sont partagées puisqu'il ne semblerait pas contraire aux dispositions du code de déontologie d'agir conjointement.

Certains avocats adoptent l'opinion qu'idéalement l'avocat-médiateur ne devrait pas représenter les parties, mais plutôt les référer à un confrère (Ouellette 1991).

Cependant, certains avocats agissent devant la cour comme avocats, après avoir agi comme médiateurs suite aux demandes des clients.

La prudence est de rigueur dans cette dernière option. L'avocat-médiateur doit clairement expliquer son rôle, dès le début de la médiation, et bien préciser la différence des deux mandats. Il agira d'abord à titre de médiateur dans le cadre de la médiation. Suite à une médiation terminée et réussie, il pourrait être possible d'envisager un autre mandat, à titre d'avocat pour une demande conjointe.

Très souvent, et de plus en plus, les clients qui choisissent la médiation souhaitent une procédure conjointe par l'avocat-médiateur voulant éviter toute forme d'adversité dans le meilleur intérêt de leurs enfants. On ne saurait leur reprocher cette demande, mais plutôt recommander la prudence à l'avocat qui accepte ce mandat.

2. L'AVOCAT COLLABORATEUR

Tous les avocats en droit de la famille ne choisiront pas de devenir médiateurs, évidemment. Ils sont cependant tous appelés à jouer un rôle important dans ce mode de résolution de conflits, soit à titre d'avocats référant des parties en médiation, soit à titre de conseillers des parties impliquées en médiation, soit comme procureurs des parties, suite à une médiation.

2.1 L'avocat référant

Très souvent, la première réaction d'un conjoint vivant une situation de crise matrimoniale sera de faire appel à un avocat pour lui confier son problème. Le client est à la recherche d'un avocat qui peut s'occuper de défendre sa cause et, sauf quelques exceptions, le client n'arrive pas chez l'avocat pour parler de médiation. On doit cependant reconnaître certains changements depuis les dernières années, au fur et à mesure que la médiation devient plus connue du public comme mode de résolution des conflits familiaux.

Lors de sa première rencontre avec le client, rappelons-nous que l'avocat a l'obligation de vérifier les points qui pourraient être négociés et d'informer son client des services de médiation existants (article 9(1) L.D., par. 2).

Depuis le 1er septembre 1997, les avocats doivent de plus aviser leur client qu'il devront obligatoirement assister à une séance d'information sur la médiation avant de pouvoir obtenir une date d'audition, sauf s'il y a des motifs sérieux de ne pas participer, auquel cas il devra en faire la déclaration à un médiateur. Ces motifs sont, d'après la loi, liés entre autres au déséquilibre des forces entre les conjoints, à leur capacité, à l'état physique ou psychique ou encore à la distance importante qui les sépare.

Pour informer le client des services de médiation existants, l'avocat doit avoir une connaissance suffisante de la médiation pour bien l'expliquer à son client. Il doit soulever qu'en médiation les parties éviteront d'utiliser le système accusatoire pour plutôt chercher à négocier une entente satisfaisante selon leur propre système d'équité. Il doit soulever également que la médiation peut permettre de réduire les coûts et les délais. Il doit, enfin, bien définir son rôle comme avocat ou conseiller si les parties optent pour la médiation.

Suite à ses explications et à la lumière de la discussion, l'avocat devrait être en mesure d'évaluer la capacité de son client à entreprendre une médiation. Il peut également, à cette étape, évaluer l'intérêt et les risques, pour son client, à utiliser ce processus.

Un autre facteur important à considérer est l'élément temps. L'avocat doit examiner si c'est le meilleur temps pour entreprendre une telle démarche, considérant la nature du conflit, l'état psychologique des parties et les enjeux.

Avant de fournir une liste de médiateurs susceptibles de répondre aux besoins et aux moyens de son client, l'avocat révisera, avec son client, ses droits et obligations selon les points à être négociés en médiation.

Le mandat de l'avocat référant n'est pas du tout terminé une fois le client référé en médiation. L'avocat doit encore discuter avec son client de sa disponibilité et des modalités de son rôle comme conseiller une fois la médiation engagée. Il doit enfin lui rappeler qu'advenant la nécessité, ou l'échec de la médiation, il sera toujours possible d'entreprendre des procédures judiciaires.

2.2. L'avocat conseiller

Le rôle de l'avocat conseiller des parties engagées en médiation est très important et sa perception de la médiation peut influencer l'issue de la médiation.

Le rôle de conseiller n'est pas nouveau pour l'avocat, qu'on nomme souvent conseiller juridique. Ce qui est nouveau, c'est sa position de conseiller juridique «en retrait» dans un processus contrôlé par le client à «l'avant». Loin d'être moins important, ce rôle est différent. En effet, l'avocat exerçant en droit matrimonial a l'habitude de la représentation, puisque quotidiennement il négocie ou plaide les intérêts de son client devant le tribunal. Il peut donc trouver difficile de ne pas être impliqué directement dans la négociation. Il doit donc s'adapter à son nouveau rôle de conseiller pendant le processus, pour bien comprendre l'entente finale et être en mesure de bien conseiller son client.

Le mandat, donc, doit être redéfini par le client qui a choisi ce processus pour parvenir à une entente et par l'avocat-conseiller qui respecte le choix de son client, en reconnaissant que la médiation est plus que la négociation d'une entente. La médiation est l'implication directe du client dans la négociation et dans la recherche d'une solution à l'amiable.

L'avocat conseiller doit premièrement vérifier que le client a une connaissance et une compréhension de ses droits, et de ses obligations. Il doit ensuite vérifier les points qui ont fait, ou font, l'objet de discussion en médiation. Selon les sujets, l'avocat conseiller doit vérifier que les données, les chiffres ou documents ont été fournis par les deux parties, à l'intérieur du processus de médiation.

Le client peut alors expliquer à son avocat conseiller les différentes options qui ont été soulevées et demander des conseils légaux sur chacune des options. Très souvent, l'avocat conseiller envisagera à cette étape l'hypothèse de la décision du tribunal ou l'état de la jurisprudence sur les points en litige.

L'avocat-conseiller peut jouer un rôle très actif dans la résolution d'une impasse. En effet, il arrive que les parties, après avoir envisagé toutes les options, se positionnent temporairement.

Le rôle de l'avocat conseiller est des plus important à cette étape du processus de la médiation. Il peut soutenir son client dans cette démarche difficile, réviser ses droits et obligations. Il peut informer son client des risques, des coûts, des délais et des contraintes à aller devant le tribunal. A la lumière de cette discussion il peut lui conseiller d'autres options.

Malheureusement, malgré l'habileté du médiateur à travailler les impasses, l'avocat conseiller qui n'a pas une bonne connaissance du processus de la médiation pourrait maintenir l'impasse et possiblement provoquer l'échec de la médiation. L'avocat-conseil peut soulever les points réussis pour diminuer l'impasse et ne pas compromettre toute possibilité d'entente. L'avocat conseiller doit comprendre l'importance pour son client de réussir la médiation, malgré souvent un sentiment d'échec.

2.3. L'avocat-procureur

Le mandat du médiateur se termine ordinairement avec la rédaction et la remise du projet aux parties. Le projet d'entente doit contenir les décisions et les points sur lesquels les parties se sont entendues. Les parties ont déjà été informées par le médiateur au début de la médiation que ce document n'a aucune valeur légale et qu'elles devront consulter un procureur, faire vérifier leur entente et entreprendre les procédures judiciaires nécessaires.

Les procureurs des parties devront, dans un premier temps, réviser le projet d'entente. Si le procureur est l'avocat référant, ou l'avocat qui a agi comme conseiller pendant le processus de médiation, sa tâche sera facilitée par sa connaissance des parties, de leurs démarches, et des options envisagées – avant le projet définitif. Le procureur vérifiera, à la lumière de ses connaissances, la légalité de l'entente. Il doit également s'assurer que les droits de son client sont respectés. Advenant que son client renonce à certains droits, le procureur vérifiera la bonne compréhension d'une telle renonciation et discutera, avec son client, du motif.

Le procureur doit chercher à comprendre comment son client perçoit une entente équitable. Il doit également vérifier sa viabilité. Une fois les vérifications terminées, le procureur conseillera le client quant aux procédures nécessaires pour faire entériner leur entente.

Le procureur traduira, dans un consentement à jugement, les modalités du projet de médiation et conseillera son client quant aux procédures à entreprendre pour faire entériner son entente.

CONCLUSION

Comme nous avons pu le constater, les avocats qui exercent en droit familial ne peuvent ignorer le développement de la médiation.

Plusieurs ont choisi de s'intéresser à ce champ de pratique depuis quelques années et possèdent maintenant une intéressante expertise comme médiateur. Les autres font le constat que la médiation s'insère de plus en plus dans leur pratique du droit de la famille.

En effet, les clients consultent et demandent de l'information sur la médiation, d'autres recherchent un conseiller juridique ou un procureur parce qu'ils ont déjà choisi la médiation.

Au Sommet de la justice, le Barreau du Québec a pris l'engagement de préparer un plan d'action visant l'avancement des méthodes alternatives de solution des conflits. Le Barreau s'est aussi engagé à encourager ses membres à connaître et à favoriser les méthodes alternatives et complémentaires aux solutions des conflits.

En janvier 1995, naissait un nouveau comité au Barreau du Québec, le Comité sur la médiation tant civile, commerciale que familiale. En juin de la même année, dans un document intitulé «Orientations triennales», le Barreau du Québec confirme son intention «d'établir et de mettre en place un plan d'action en vue du développement de la médiation».

La médiation est maintenant une étape intégrée au règlement des conflits familiaux. Il serait alors souhaitable que tous les avocats exerçant en droit de la famille reçoivent une formation de base en médiation. Le but n'est pas de faire de tous les avocats des médiateurs, mais bien d'excellents collaborateurs avec leurs confrères médiateurs, ou avec les autres professionnels médiateurs, pour aider les parties à parvenir à une entente satisfaisante, viable et équitable pour elles-mêmes et leurs enfants.

BIBLIOGRAPHIE

Barreau du Québec, *Médiation et éthique professionnelle*, Service de médiation familiale, La médiation familiale, Guide du médiateur avocat, 1986.

BERG, Adriane G. «The Attorney as Divorce Mediator», *Mediation Quarterly*, n° 2, décembre 1983.

CHALKE, Douglas R., *Mediation of Family Disputes: BC Practice in 1988*, 3rd Annual Canadian Conference on Family Mediation, 1988.

COOGLER, D.J., *Structured Mediation in Divorce Settlement*, Lexington Books, 1978.

FILION, Lorraine, *Rapport du programme de formation en médiation familiale*, Recueil de conférences prononcées lors du Colloque sur le programme en médiation familiale, 1985.

HAYNES, John M., *Divorce Mediation. A Practical Guide for Therapists and Counsellors*, New York, Springer Publishing Co., 1982.

Journal du Barreau, *Le Service de médiation du Barreau se concrétise*, vol. 18, n° 15, 1986.

Journal du Barreau, *Les avocats doivent se préparer à faire de la médiation*, vol. 18, n° 3, 1987.

Journal du Barreau, *Nouveau défi pour les avocats*, vol. 18, n° 5, 1987.

Journal du Barreau, *Le Barreau commence l'année avec un nouveau service*, vol. 19, n° 3, 1987.

MURRAY, André, «La médiation familiale: une progression rapide», (1986) *R.D.F.* 311 à 325.

OUELLETTE, Monique, *Droit de la Famille*, Les Éditions Thémis, 1991.

RUTHERFORD, Mark C., «Lawyers and Divorce Mediation: Designing the Role of «Outside Counsel»», *Mediation Quarterly*, 1986.

RYAN, Judith P., «The Lawyer as Mediator: A New Role for Lawyers in the Practice of Nonadversarial Divorce», *Canadian Family Law Quarterly*, 1986-87.

SHAPOSNICK, Philip, «L'avocat-médiateur: considérations, déontologiques et pratiques», Service de médiation familiale, La médiation familiale, Guide du médiateur avocat, 1986.

Le notaire et la médiation familiale

François Crête*

La médiation familiale étant un processus pour permettre aux couples en instance de séparation de régler leurs conflits, le notaire, comme d'autres professionnels, a été appelé à devenir médiateur.

Le notaire, répondant aux besoins juridiques de ses clients, a préparé des conventions qui prévoyaient les modalités de la séparation des couples en instance de divorce.

Le notaire, étant plus ou moins formé à résoudre ce genre de dossier, a dû innover pour répondre aux besoins de sa clientèle dans ce domaine. Il lui a fallu également se perfectionner, suivre des cours, apprendre à mieux gérer les conflits que soulevaient les couples en instance de séparation.

Souvent les gens ignorent sa compétence dans ce domaine et le rattachent à certains champs d'activité plus traditionnels. Le notaire, de par sa formation, traitait déjà des dossiers où il avait à faire de la médiation ou de la conciliation entre les parties impliquées.

Au départ, les couples en instance de séparation ont probablement fait appel au notaire pour les aider à résoudre leurs conflits, non pas surtout en tant que médiateur mais en tant que conseiller juridique neutre et impartial, et en tant que spécialiste en partage des biens et rédaction des contrats. Plusieurs personnes l'ont consulté également lors de leur séparation afin de les aider à prendre des décisions justes et équitables qui respecteraient la loi, leur régime matrimonial et leur contrat de mariage. De plus, les couples en

---

* Notaire et médiateur familial accrédité.

instance de séparation ont requis ses services dans le but de les aider à rédiger un projet d'entente qui refléterait bien leur volonté.

Le notaire a probablement été appelé à jouer tantôt le rôle de médiateur et tantôt le rôle de notaire traditionnel qu'on lui connaissait, et il a dû apporter certains changements dans sa façon d'aborder les couples qui viennent le voir comme médiateur, en laissant les conjoints négocier eux-mêmes tout en leur donnant l'information et le support nécessaires pour qu'ils en arrivent à des décisions justes et équitables.

Nous savons tous que la médiation fait appel à des compétences psychologiques et juridiques, l'un ne va pas sans l'autre. C'est pourquoi le notaire offrant des services de médiation, comme d'autres professionnels, devra avoir une approche différente, plus humaine, plus à l'écoute de ce que vivent les couples en instance de séparation.

Il faut vraiment distinguer le rôle du médiateur de celui de juriste car le médiateur est différent d'un juriste. En plus d'avoir les connaissances juridiques, il doit avoir toutes les connaissances nécessaires pour aider les couples à s'exprimer, à négocier et à prendre les décisions qui seront justes et équitables pour eux.

Il faut se rappeler qu'il y a quelques années, le législateur québécois déjudiciarisait le recours en séparation de corps en permettant aux couples concernés la présentation d'une requête conjointe en séparation de corps ou en divorce accompagnée d'un projet d'accord sur le partage des biens et des responsabilités de chacun, la pension alimentaire, etc.

Depuis, un couple peut mettre fin à son union à l'amiable en rédigeant lui-même un projet d'accord en séparation de corps ou en divorce ainsi qu'une demande conjointe pour obtenir un jugement. Dans la région de Montréal, les couples n'ont même plus à comparaître devant le juge sauf si ce dernier le demande. Cette procédure est relativement simple et les frais sont raisonnables, vu l'entente des parties.

Le divorce sur simple présentation d'un projet d'accord n'est plus un procès. Il n'y a pas de litige car les conjoints s'entendent pour mettre fin à leur union. Dès lors, quoi de plus naturel pour un couple, si tel est son voeu, que de faire appel à un médiateur pour l'aider dans cette démarche.

Le notaire est tenu d'observer, dans l'exercice de sa profession, les règles de probité et d'impartialité les plus scrupuleuses. Il doit chercher à établir une relation de confiance mutuelle avec ses clients. Il doit agir comme conseiller désintéressé, franc et honnête et s'acquitter de ses devoirs professionnels avec intégrité. Le code de déontologie adopté par l'Association de médiation familiale exige que les médiateurs respectent également ces règles de neutralité et d'impartialité.

Si le bien de ses clients l'exige, il doit, sur autorisation de ces derniers, consulter un confrère ou une consoeur ou un membre d'une autre corporation professionnelle, ou une autre personne compétente, ou les diriger vers l'une de ces personnes. C'est pour cela qu'en médiation familiale le notaire, se sentant moins à l'aise dans certains éléments du dossiers, ne devrait pas hésiter à offrir au couple une comédiation avec un autre médiateur, ou recourir aux services d'un spécialiste.

Le notaire doit également faire connaître aux parties la nature de l'acte découlant du mandat qui lui est confié et ses conséquences juridiques normalement prévisibles. Il doit aussi les informer des implications fiscales actuelles d'un tel acte et, suivant les circonstances, les référer à une personne compétente en cette matière.

Il doit s'assurer d'obtenir toutes les informations essentielles à la préparation d'un acte ou d'une convention et informer ses clients des formalités nécessaires à la validité et à l'efficacité d'un tel acte ou d'une telle convention.

En plus des avis et des conseils qu'il est appelé à fournir, il doit donner à ses clients les explications nécessaires à la compréhension du dossier.

Le notaire a souvent été perçu par les gens comme une sorte de «juge de paix», et nous insistons sur les mots «juge de paix» car ils ont une signification très profonde. C'est la même chose pour le médiateur. Son rôle sera de diminuer les tensions existant dans le couple qui est sous le choc de la séparation, de l'aider à communiquer afin d'éviter que les conflits ne prennent des proportions trop grandes, de l'aider à négocier pour en arriver à des solutions satisfaisantes pour lui apporter une paix intérieure.

Le notaire, de par ses fonctions, est appelé à jouer le rôle de conciliateur privé dans plusieurs dossiers qu'il traite, en suggérant des solutions justes et équitables pour toutes les parties concernées. De plus, ce rôle de conciliateur privé apporte aux parties une paix, en comparaison du stress créé par les procédures introduites devant les tribunaux.

Il faudrait que les gens prennent conscience qu'ils peuvent travailler à régler eux-mêmes leurs conflits à travers la médiation. Au lieu de transporter leurs conflits entre les mains de la justice, il faudrait d'abord se demander s'il y a d'autres moyens de les régler.

Le gouvernement désire déjudiciariser les conflits existant dans les couples en instance de séparation en leur proposant des méthodes de résolution de conflits. La médiation devrait être le premier processus proposé aux couples.

Au cas d'échec de la médiation, il serait intéressant d'offrir des services d'arbitrage en matière familiale et les tribunaux ne devraient intervenir qu'au cas seulement où la décision rendue par les arbitres ne satisferait pas les couples et que ces derniers voudraient faire appel en dernier recours aux tribunaux.

La *Loi sur le divorce* oblige les procureurs à informer leurs clients des services de médiation qu'ils connaissent avant d'entreprendre des procédures de divorce. Cette obligation n'est pas une mesure efficace. Pour inciter les couples qui désirent obtenir un jugement de divorce ou de séparation, à recourir à la médiation, le gouvernement provincial vient de mettre en vigueur, le 1er septembre 1997, la *Loi instituant au Code de procédure civile la médiation préalable en matière familiale et modifiant d'autres dispositions de ce code*[1] ainsi que le projet de loi 14 qui avait été adopté en 1993. Cette loi oblige les couples ayant des enfants à charge à s'informer du processus de médiation avant d'être entendus par le juge, dans le cas où il existe un différend entre eux. Celle-ci permet également au juge d'ordonner à un couple qui ne s'entendrait pas entre eux à tenter de régler leurs conflits en médiation. Cela a pour effet de diminuer le nombre de causes contestées devant les tribunaux et de permettre au couple de rencontrer un médiateur accrédité pour l'informer de cette possibilité de régler ses conflits par la médiation.

Serait-il préférable de tout simplement tenter de communiquer avec l'autre partie concernée par le conflit, pour négocier une entente satisfaisante pour les deux parties dans les circonstances? Souvent les gens hésitent à entreprendre cette démarche parce qu'ils ne se

---

1. L.Q. 1997, c. 42.

sentent pas à l'aise pour défendre leurs intérêts, ils n'ont pas confiance en leur capacité de négociateur. Alors, pourquoi ne pas requérir l'aide d'un arbitre, d'un conciliateur ou d'un médiateur?

On prévoit de plus en plus dans les contrats commerciaux des clauses d'arbitrage où, en cas de conflits entre les parties, ces dernières s'en remettent à la décision d'un arbitre ou de plusieurs arbitres choisis par les parties.

Est-ce qu'il serait souhaitable que, dans les contrats de mariage, nous prévoyions une clause à l'effet qu'en cas de séparation des conjoints ces derniers devront tenter une médiation pour régler leurs conflits et qu'en cas d'échec ils devront se soumettre à un arbitrage?

Les gens recherchent chez le notaire un professionnel compétent qui va les aider à régler leurs conflits, et pas seulement lors de leur séparation de corps. En effet, dans sa pratique quotidienne, le notaire est appelé à faire de la médiation ou de la conciliation pour permettre à ses clients d'éviter que des conflits prennent des proportions trop grandes et dégénèrent en procès.

Au niveau du partage des biens, le notaire médiateur a une très grande expertise en la matière. Il est déjà habitué à préparer des actes de partage de communauté de biens ou de société d'acquêts suite à un jugement de divorce ou de séparation de corps ou lors d'un changement de régime matrimonial où le couple marié en communauté de biens ou en société d'acquêts désire mettre fin à ce régime pour adopter un nouveau régime de séparation de biens. Également au niveau du règlement des successions, le notaire est appelé parfois à procéder au partage des biens du défunt entre les légataires ou les héritiers.

Ici, en médiation familiale, il faut tenir compte de la Loi 146[2], qui oblige les conjoints à partager également leur patrimoine familial lors de la séparation ou du divorce.

En premier lieu, le médiateur devra s'assurer que chacun des conjoints lui dévoilera la valeur réelle de tous ses biens. Chacun devra faire l'état de son actif et de son passif pour déterminer la juste valeur marchande de ses biens.

Il faudra vérifier si les conjoints ont renoncé avant le 31 décembre 1990 à l'application des articles 414 à 426 du Code civil du Québec

---

2. L.Q. 1989, c. 55.

quant au partage du patrimoine familial des époux. De plus, il faudra déterminer le régime matrimonial qui s'applique aux époux et tenir compte également des dispositions contenues dans leur contrat de mariage.

En principe, les conjoints doivent partager également leur patrimoine familial qui se compose de la valeur des résidences de la famille, des meubles affectés à l'usage du ménage qui les garnissent ou les ornent, des véhicules automobiles utilisés pour les déplacements de la famille et des droits accumulés durant le mariage au titre de régime de retraite ou Régime des rentes du Québec ou de programmes équivalents[3].

Il faut bien noter ici que le patrimoine familial est formé de certains biens des époux sans égard à celui des deux qui détient un droit de propriété sur ces biens[4]. Donc, ce qui est partageable entre les conjoints, ce n'est pas nécessairement les biens eux-mêmes, mais la valeur de ces biens. Après avoir évalué la valeur du patrimoine familial, on établit la part de chacun en tenant compte du droit de propriété de chacun des conjoints sur ces biens. Un des conjoints peut alors devoir à l'autre une certaine valeur qu'il peut payer par le transfert de certains biens à l'autre ou en argent comptant.

Il faut ici préciser que les conjoints ne sont pas obligés de partager également. Ils peuvent convenir librement de partager la valeur de leur patrimoine familial d'une autre façon. S'il n'y a pas d'entente entre les conjoints, le juge sera porté à appliquer la loi et à exiger un partage égal. Malgré tout, il se peut que, pour des raisons très valables de justice et d'équité, le juge impose un partage inégal.

Ensuite, il faudra tenir compte du régime matrimonial des époux pour procéder au partage des autres biens. Si les conjoints étaient mariés sous le régime de la communauté de biens, le notaire médiateur, et il est le seul à pouvoir l'offrir, pourra suggérer aux conjoints d'effectuer un changement de régime matrimonial pour adopter celui de la séparation de biens, s'ils ne veulent pas immédiatement poursuivre leur dossier jusqu'au divorce. Le notaire devra alors procéder à un partage de la communauté de biens et faire signer un nouveau contrat de mariage aux conjoints pour adopter le régime de la séparation de biens. Cela permettra à chacun des conjoints

---

3. Art. 415 C.c.Q.
4. Art. 414 C.c.Q.

d'avoir la libre disposition de tous ses biens et de ne pas être responsable des dettes de son conjoint.

Pour les couples qui ont signé un contrat de mariage, le médiateur devra procéder à l'analyse des donations entre vifs et des donations à cause de mort, en apprécier l'application dans le cadre de la séparation et voir à en obtenir quittance s'il y a lieu.

Le médiateur devra également tenir compte de l'impact fiscal des ententes prises par les conjoints au niveau de la pension alimentaire. Il faudra tenir compte des conditions exigées par la loi si l'on désire que la pension soit imposable pour le conjoint qui la reçoit et déductible pour le conjoint qui la verse. Il faudra de plus faire le calcul pour prévoir l'augmentation de l'impôt sur le revenu du conjoint qui reçoit la pension afin de déterminer le montant de la pension nette que ce conjoint peut utiliser pour les besoins de la famille, et il faudra également tenir compte de la diminution de l'impôt sur le revenu du conjoint qui verse la pension pour en déterminer le coût réel pour lui.

S'il y a paiement d'un montant forfaitaire ou d'une somme globale qui pourrait être versé en plusieurs paiements périodiques, il faudra vérifier si ce paiement est imposable et/ou déductible. Ici le notaire pourra jouer son rôle de planificateur financier afin de déterminer les solutions qui sont les plus avantageuses pour la famille afin de déterminer lequel des époux prendra à charge fiscalement le ou les enfants. Il faudra examiner si un des conjoints est en droit d'obtenir une prestation compensatoire.

Si les conjoints décident de transférer entre eux certains biens, il faudra tenir compte du gain en capital et de la récupération d'amortissement qui pourrait s'appliquer. Il faudra vérifier également s'il est possible ou avantageux d'effectuer les roulements d'impôts entre les conjoints ou d'effectuer les transferts de biens à la juste valeur marchande.

De plus, comme les conjoints ne peuvent bénéficier que d'une résidence principale dont les profits réalisés lors de la vente ne sont pas imposables, il faudra préciser, dans certains cas, lequel des deux conjoints peut bénéficier de cette exemption.

Le médiateur ne devrait pas hésiter, lorsque la situation financière des conjoints l'exige, à recourir à un fiscaliste pour pouvoir bien conseiller chacun des conjoints sur les conséquences fiscales des décisions mises de l'avant.

Il faudra examiner les fonds de pension, de retraite, les régimes enregistrés d'épargne-retraite et en obtenir la valeur actuarielle pour bien calculer la valeur du patrimoine familial, et voir, selon les cas, au transfert des droits de l'un des conjoints à l'autre. De plus, il faudra vérifier si les conjoints désirent, après que le jugement de divorce sera obtenu, procéder au partage des gains inscrits au Régime des rentes du Québec ou s'ils désirent y renoncer.

Après que les conjoints aient fixé les conditions de leur séparation, le médiateur pourra procéder à la rédaction de leur projet d'entente qui sera joint ultérieurement à la demande en séparation de corps ou de divorce, si elle a lieu.

Ce ne sont pas tous les couples qui sont en mesure de passer à travers une médiation, mais après que le choc de la séparation soit passé, si les conjoints ont la volonté de s'entraider pour mieux vivre leur séparation, éviter des frais élevés, voire exorbitants, éliminer le stress vécu à travers la séparation et éviter qu'un jugement-surprise soit rendu qui ne satisfasse aucun des conjoints, chacun aura intérêt à tenter une médiation afin d'en arriver à une entente qu'ils auront élaborée ensemble et qui ne contiendra aucune surprise puisque tout aura été discuté et négocié au préalable.

Nous avons tous le droit de vivre en paix, c'est à chacun de prendre les moyens en conséquence.

Autres moyens de résolution de conflits

Richard J. McConomy*

Tout bon médiateur doit reconnaître les limites de ce moyen pour régler les conflits. La médiation n'est pas une panacée, c'est-à-dire un moyen de régler tout conflit.

Le but de ce chapitre est de souligner que la médiation n'est qu'un moyen de résolution de conflits, il en existe d'autres.

Parfois, le médiateur doit accepter que le succès de son intervention soit partiel et que vouloir «réussir une médiation à tout prix» risque de ne pas rendre service à ses clients, bien au contraire. Le bon médiateur doit reconnaître ses limites ainsi que les situations qui demandent une intervention autre que la médiation.

De plus en plus, nos tribunaux sont appelés à intervenir dans des situations conflictuelles de toutes sortes. Comme société, nous demandons à nos institutions de répondre de façon efficace à des questions fort complexes, mais sans les munir des armes nécessaires pour une telle lutte. De plus, nous, les avocats, juges et autres, devons faire face à la réalité que trop souvent nos systèmes ne répondent pas à l'appel. En somme, nos institutions ne peuvent pas fournir une performance à la hauteur de nos attentes. Nous déclarons dans tous nos systèmes politiques que *la paix* doit demeurer un idéal recherché par tous les peuples et tous les systèmes au point de vue international. Certains parmi nous voient là un paradoxe. Le dicton qui veut que la «charité bien ordonnée commence par soi-même» doit avoir son application quant à la paix. La paix doit rayonner à partir de l'individu pour se répandre dans notre société et rejoindre les instances les

---

* Avocat. L'auteur n'a pas révisé son texte.

plus hautes où, autour des tables de négociations internationales, les principes de justice et d'équité doivent trouver leur application ultime.

Alors, par où commencer?

En Amérique, les mouvements favorisant les approches non traditionnelles pour traiter des conflits et des différends se sont multipliés depuis ces dernières années. Les Barreaux américain et canadien ont tous les deux étudié les alternatives au procès traditionnel et les options pour créer un système communément appelé le A.D.R. (*Alternate Dispute Resolution*); mais comme les mots réussissent peu souvent à livrer leur message, la littérature semble vouloir dédire la définition, et nous nous expliquons:

1) *Alternate*: ces moyens de résolution de conflits, bien qu'ils soient là pour remplacer le procès traditionnel avec enquête, ne doivent pas le remplacer complètement car il y a toujours des circonstances dans lesquelles le procès est le meilleur moyen. En plus, la possibilité ou même la menace de faire un procès est essentielle pour rendre possible l'alternative qui, en certaines instances, est préférable au procès. Le paradoxe semble être que le procès doit exister pour que les alternatives aient une chance de réussir.

2) *Dispute*: nous parlons souvent de conflit comme décrivant les problèmes auxquels nous faisons face. Mais, nuance, la littérature semble voir une distinction géniale entre un conflit et un différend (*dispute*). Un conflit est un problème à l'intérieur d'un individu ou d'une institution, mais un différend semble confronter deux individus ou deux institutions.

3) *Resolution*: ce mot est trop optimiste. Souvent il est préférable de se contenter de gérer un problème, ou bien de réaliser que la solution d'un problème peut être une affaire de temps et qu'un changement dans les circonstances entourant le problème est nécessaire avant que le problème ne disparaisse ou ne se règle de lui-même.

I. LES AUTRES MOYENS DE RÉSOLUTION DE CONFLITS (ALTERNATE DISPUTE RESOLUTION)

Le mouvement en faveur du «*Alternate Dispute Resolution*» en Amérique représente une tentative de décrire les options face à un conflit, qui sont des alternatives à une action en justice menant à un jugement pour trancher des conflits. Le mouvement a ses racines dans une frustration à l'égard du système judiciaire qui, trop souvent, répond mal à la demande de citoyens pour un mode de règlement de conflits.

II. À L'INTÉRIEUR DU SYSTÈME JUDICIAIRE

Poser la médiation comme l'opposé d'un procès devant les tribunaux est facile, mais trompeur. Un procès, si absolument nécessaire, peut être amélioré ou simplifié par les «actes de médiation» exigés ou posés durant le processus judiciaire.

1. Divulgation

Les règles exigeant la divulgation de la preuve avant le procès démontrent une similarité avec le processus de médiation. L'appareil judiciaire, reconnaissant la faiblesse d'un système de *trial by ambush* ou «procès par surprise», a su innover pour exiger que, de part et d'autre, une divulgation complète des données de base soit faite avant le procès. Le meilleur exemple est l'état des revenus et dépenses de chaque partie (document requis par les *Règles de pratique de la Cour supérieure du Québec en matière familiale*), qui doit faire partie intégrante du dossier, sinon la cause ne peut être portée au rôle. La divulgation de toute expertise psychosociale démontre également cette préoccupation favorisant la divulgation.

2. Conférence préparatoire

Un deuxième exemple d'«acte de médiation» dans le processus judiciaire est l'intervention d'un officier de justice, un juge ou un quasi-juge, qui détient le mandat, non pas de trancher la cause, mais plutôt celui de tenter d'aider les parties à en venir à une entente. En France, cette étape est la rencontre pour fins de conciliation tenue par les juges aux affaires matrimoniales. Ce système, tout comme le système en Amérique de «conférence préparatoire», a comme but d'aider les parties à en venir à des ententes.

Le système français est beaucoup plus «musclé» puisque le juge aux affaires matrimoniales peut trancher à défaut d'une entente. Les puristes de la médiation critiquent cette forme de médiation étant donné que tout aspect volontaire semble perdre sa place dans ce processus. Mais récemment au Canada, dans la province d'Alberta, un système de médiation/arbitrage a été créé dans lequel le médiateur, s'il y a échec, devient un arbitre et fournit la décision.

Alors, nous pouvons conclure que, même à l'intérieur du système judiciaire, il peut exister des moyens de résolution de conflits qui réduisent les coûts exorbitants des procès et raccourcissent les délais pour ceux qui vivent un conflit, mais qui ont l'esprit ouvert à un règlement de leurs différends. Nous pouvons même dire que certaines de ces méthodes sont draconiennes parce que, de l'insuccès de ces moyens, peuvent résulter une attente beaucoup plus longue et des coûts évidemment plus élevés. Le risque est de créer des dénis de justice, défauts d'accès au procès et décision, quand les moyens alternatifs sont tellement omniprésents que le justiciable se sent forcé de régler, vu les délais et les coûts des étapes intermédiaires.

III. À L'EXTÉRIEUR DU SYSTÈME JUDICIAIRE

Le médiateur doit également savoir qu'il existe des moyens de règlement de conflits à l'extérieur de l'appareil judiciaire qui, dans certaines circonstances, peuvent être des moyens plus appropriés que la médiation.

1. La médiation

Avant de faire des comparaisons avec les autres méthodes de résolution de conflits, il serait utile de se rappeler la définition de la médiation. Me André Murray, dans un article publié en 1986 dans le *Recueil de droit de la famille*, écrivait (p. 319):

> La médiation peut être définie comme étant une intervention dans un conflit ou une négociation par une tierce personne acceptable, impartiale et neutre, sans pouvoir décisionnel, dans le but d'aider les parties à développer elles-mêmes une entente viable, satisfaisante et capable de répondre aux besoins de tous les membres d'une même famille, et particulièrement à ceux des enfants.

Cette définition de Me Murray peut être scindée en deux parties. La première partie décrit les qualités de l'intervenant:

— acceptable;

— impartial et neutre;

— sans pouvoir décisionnel.

La deuxième partie de cette définition concerne le mandat: celui d'aider les parties à développer elles-mêmes une entente.

Une deuxième définition de la médiation est donnée par Joan Kelly, psychologue et médiatrice américaine:

> La médiation est un processus de coopération en vue de la résolution d'un conflit, dans lequel un tiers impartial est sollicité par les protagonistes pour les aider à trouver un règlement à l'amiable satisfaisant.[1]

Enfin, une autre définition de la médiation a été donnée par Jean-François Six:

> Une définition générale de la médiation doit prendre en compte qu'il y a quatre sortes de médiations, les deux premières étant destinées à faire naître ou renaître un lien, les deux autres étant destinées à parer à un conflit:
>
> — la médiation créatrice: celle qui a pour but de susciter entre des personnes ou des groupes des liens qui n'existaient pas entre eux auparavant, liens qui seront bénéfiques aux uns et aux autres;
>
> — la médiation rénovatrice: celle qui permet d'améliorer entre des personnes ou des groupes des liens qui existaient entre eux, mais qui étaient distendus ou devenus indifférents;
>
> — la médiation préventive: celle qui devance un conflit en gestation entre des personnes ou des groupes et réussit à éviter qu'il n'éclate;
>
> — la médiation curative: celle qui répond à un conflit existant en aidant les personnes ou les groupes qui y sont engagés à trouver, eux-mêmes, par eux-mêmes, une solution.[2]

D'autres moyens de résolution de conflits répondent à certains des critères ci-haut mentionnés et diffèrent quant à d'autres.

2. L'arbitrage

Le principal moyen dans cette catégorie est l'arbitrage.

Contrairement au médiateur, l'arbitre doit décider, c'est-à-dire trancher. Les règles de procédure dans plusieurs juridictions contiennent des moyens par lesquels une décision d'un arbitre peut avoir

---

1. Joan B. KELLY, «The Mediation Process and Role: Comparisons to Therapy», *Group Analysis*, vol. 21, 1988, p. 21-35, tel que cité et traduit par Laura Cardia-Vonèche et Benoît Bastard dans un document intitulé *Le divorce autrement; la médiation familiale*.
2. Jean-François SIX, *Le temps des médiateurs*, Paris, Seuil, 1990.

l'effet d'un jugement de cour. Au Québec, les pouvoirs et devoirs de l'arbitre sont spécialement décrits aux articles 2638 à 2643 du Code civil du Québec:

> **Art. 2638.** La convention d'arbitrage est le contrat par lequel les parties s'engagent à soumettre un différend né ou éventuel à la décision d'un ou de plusieurs arbitres, à l'exclusion des tribunaux.

> **Art. 2639.** Ne peut être soumis à l'arbitrage, le différend portant sur l'état et la capacité des personnes, sur les matières familiales ou sur les autres questions qui intéressent l'ordre public.

> Toutefois, il ne peut être fait obstacle à la convention d'arbitrage au motif que les règles applicables pour trancher le différend présentent un caractère d'ordre public.

> **Art. 2640.** La convention d'arbitrage doit être constatée par écrit; elle est réputée l'être si elle est consignée dans un échange de communications qui en atteste l'existence ou dans un échange d'actes de procédure où son existence est alléguée par une partie et non contestée par l'autre.

> **Art. 2641.** Est nulle la stipulation qui confère à une partie une situation privilégiée quant à la désignation des arbitres.

> **Art. 2642.** Une convention d'arbitrage contenue dans un contrat est considérée comme une convention distincte des autres clauses de ce contrat et la constatation de la nullité du contrat par les arbitres ne rend pas nulle pour autant la convention d'arbitrage.

> **Art. 2643.** Sous réserve des dispositions de la loi auxquelles on ne peut déroger, la procédure d'arbitrage est réglée par le contrat ou, à défaut, par le Code de procédure civile.

Les contrats commerciaux contiennent souvent une clause par laquelle les parties choisissent la loi qui doit s'appliquer en cas de dispute et s'engagent à épuiser l'option d'arbitrage avant d'intenter une action en justice. Les parties peuvent se lier en excluant les tribunaux et en rendant l'arbitrage obligatoire, ou bien elles peuvent se réserver le droit de ne pas accepter le résultat de l'arbitrage. Plusieurs formules existent pour garantir l'impartialité de l'arbitre. Il y a des

---

3. Cette limite peut être interprétée comme excluant les contrats d'arbitrage antérieurs au conflit, mais permettant quand même l'arbitrage des causes matrimoniales sur contrat de référence en arbitrage.

associations d'arbitres qui fournissent des listes d'arbitres accrédités, et sur le plan domestique, et sur le plan international.

Dans certains contextes ou contrats, les parties peuvent nommer chacune un arbitre; les deux arbitres choisis nommeront par la suite une troisième personne par entente. Ceci est une façon de structurer l'arbitrage pour que la décision finale soit prise par deux personnes non impartiales et une troisième choisie par les deux premières pour son impartialité.

L'arbitrage est similaire à la médiation en ce que l'intervenant est acceptable et impartial. L'arbitrage diffère de la médiation parce que le ou les arbitres ont un pouvoir décisionnel et leur mandat est de décider et non pas d'aider les parties à en venir à une entente.

3. L'expertise

Une autre forme de moyen alternatif est la référence, soit par le juge ou par les parties, à une tierce personne détenant une expertise dans la matière. Un exemple est le service d'expertise psychosociale offert dans un palais de justice à Montréal ou ailleurs. Ce service permet une évaluation qui ne lie ni les parties, ni le juge, mais garantit une enquête sociale indépendante menée par un expert reconnu. Les conclusions de l'expertise sont réévaluées par le juge, prenant en considération les éléments de preuve devant lui. L'expert ne remplace pas le juge mais complète l'enquête. Les parties, en principe, peuvent présenter les résultats d'une contre-expertise, protégeant ainsi leur droit de faire leur propre preuve.

L'article 414 du Code de procédure civile prévoit expressément la nomination d'un arbitre par le tribunal:

Art. 414: Après contestation liée, le tribunal peut, même de sa propre initiative, s'il est d'avis que les fins de la justice peuvent être ainsi mieux servies:

1. ordonner une expertise par personne qualifiée, qu'il désigne, pour l'examen, la contestation et l'appréciation des faits relatifs au litige;

2. confier à un expert-comptable ou praticien l'établissement ou la vérification de comptes ou de chiffres, lorsqu'il s'agit de matières qui comportent une reddition ou un règlement de comptes, qui exigent des calculs ou qui se rapportent à un partage de biens.

Par ailleurs, l'article 23.2 des *Règles de pratique de la Cour supérieure du Québec en matière familiale* prévoit ce qui suit:

Art. 23.2: Le juge ne rend une ordonnance d'expertise psycho-sociale que du consentement des parties.

Le consentement, rédigé autant que faire se peut selon la formule VI et signé par les parties et leurs procureurs, est déposé au dossier.

La référence à un expert peut donc se faire de plusieurs façons et dans diverses circonstances. Le juge ou les parties doivent toujours prendre le temps de bien identifier le but de l'expertise et les données de base sur lesquelles les parties semblent être d'accord.

La référence à un expert ne doit jamais servir à un refus de juger par un magistrat. Aussi, si les parties désirent un arbitre/expert, ce mandat n'en est pas un d'expertise, mais plutôt d'une prise de décision. L'expert doit savoir à quelles questions il doit répondre. Un mandat par écrit, amplement détaillé, doit être donné en conformité avec les intérêts de tous ainsi que le poids qui sera donné aux résultats d'une telle expertise.

La référence à un expert diffère de la médiation en ce que la tierce personne est choisie selon ses capacités personnelles et son opinion est recherchée. Nous rappelons qu'en médiation ce n'est pas l'expertise de l'intervenant qui est recherchée, mais plutôt sa capacité d'aider les parties à développer une entente. L'expert doit rencontrer les critères d'acceptabilité et d'impartialité à moins que le système n'autorise un juge ou quelqu'un d'autre à nommer l'expert sans l'accord des parties.

IV. LES INTERVENTIONS MIXTES

Dans la dynamique de règlement des conflits, les interventions mixtes peuvent être préconisées. Une fois les barrières interdisciplinaires abolies, rien n'empêche dans un même conflit, dépendant de sa complexité, que tous les moyens soient appliqués, en prenant le meilleur de chacun, dépendant du stade ou du moment de l'intervention et de la nature du conflit. Rien n'empêche qu'un juge ordonne une médiation sur un élément d'une cause, quitte à revenir devant le tribunal s'il y a échec. Rien n'empêche non plus qu'une médiation ait comme but de mieux structurer les questions à soumettre au tribunal. Rien n'empêche qu'une expertise soit commandée pour déterminer si un procès est nécessaire pour trancher une question purement technique dépassant l'expertise des parties elles-mêmes.

En conclusion, le mouvement vers les modes alternatifs de règlement des conflits est né d'une frustration à l'égard du système judiciaire. Le mouvement a eu comme effet de décloisonner les professions et les domaines d'expertise. Les médiateurs ne sont pas exclusivement des experts en santé mentale ou des travailleurs sociaux. Les juristes n'ont pas l'exclusivité non plus. Les magistrats sont obligés de reconnaître que leur efficacité peut être améliorée par le recours à ces autres moyens.

III

PLACE DE L'ENFANT
ET MÉDIATION

Les enfants du divorce: nouveau défi pour les parents, la société et la médiation

Francine Guilbault*

---

* Travailleuse sociale.

165

AVANT-PROPOS

Entre le moment où nous avons écrit notre rapport de stage de maîtrise au Service social, au Service de médiation de Montréal (1987), et la publication d'une deuxième édition du recueil de textes collectif portant le titre «La médiation familiale», dix années se sont écoulées. Les réactions et les besoins des enfants du divorce demeurent inchangés et les façons d'y répondre sont encore identiques.

Nous sommes très heureuse toutefois de constater que deux des souhaits exprimés dans notre texte à l'époque, qui s'appuyaient sur notre recherche et notre expérience en matière de médiation conjugale et familiale, donnent lieu actuellement à des modifications majeures en matière de séparation et de divorce:

1- *Pension alimentaire:*

Depuis le 1er mai 1997, la pension alimentaire aux enfants ne sera ni imposable pour le parent qui la reçoit, ni déductible pour le parent qui la verse. Mentionnons, ici, notre reconnaissance à madame Suzanne Thibodeau pour la longue lutte courageuse qu'elle a menée en ce sens pour toutes les femmes du Québec. Cette nouvelle mesure fiscale favorisera selon nous une meilleure équité entre les femmes d'une part et les hommes d'autre part, les femmes ayant encore la garde de leurs enfants à 85% des cas et des revenus largement inférieurs.

2- *Médiation obligatoire?*

En ce qui concerne la médiation obligatoire, voici ce que nous recommandions dans notre rapport de stage de 1987:

> «Que des services de médiation familiale gratuits soient offerts clairement à toute personne, de toutes les régions du Québec, avant d'entreprendre le long processus judiciaire. Pour favoriser le recours à la médiation nous recommandons ainsi que les couples en instance de séparation soient obligés à une première entrevue de médiation visant

à bien les informer et les sensibiliser à cette voie alternative de la médiation dont les avantages n'ont plus à être démontrés».

Or, depuis le 1er septembre 1997, une nouvelle loi concernant la médiation familiale est entrée en vigueur au Québec (projet de loi 65). Cette loi permet aux couples avec enfants de recevoir gratuitement les services d'un médiateur professionnel pour un nombre déterminé de séances (3 à 6 séances). Quand il existe un différend entre les parents la loi instaure le recours à une séance obligatoire d'information sur la médiation préalable à toute audition des demandes devant le tribunal.

INTRODUCTION

Les grands bouleversements sociaux des cinquante dernières années ont modifié profondément la structure de la famille et nos conditions de vie collective. Le divorce fait maintenant presque universellement partie de l'horizon du mariage. Il est reconnu que 50% des nouveaux couples connaîtront une rupture de vie de couple, alors que cette proportion n'était que de 9% la première année d'application de la *Loi sur le divorce* au Canada (1968). L'institution familiale des années 80 revêt ainsi une diversité de formes: bi-parentale, monoparentale et reconstituée ou recomposée. Phénomène très difficile à étudier statistiquement, les familles monoparentales augmentent à une vitesse vertigineuse puisqu'elles ont vu une hausse de 50% en 10 ans comparativement à 14% pour les familles bi-parentales pour la même période (Statistique Canada, 1988). Or, la fin d'une vie de couple intense et personnelle est d'abord et avant tout un problème privé qui affecte tous les membres de la famille, parents et enfants. Le propos de cette réflexion écrite portera sur les impacts d'une séparation/divorce chez les enfants et sur les nombreux défis que la transformation familiale pose à notre société actuelle.

Dans un premier temps, nous rappellerons les effets psychologiques que le divorce amène chez les enfants et qui constituent un réel défi pour les parents. Nous aborderons, par la suite, les conséquences économiques dont on ne parle que peu souvent et qui constituent, selon nous, des clés explicatives importantes de la détresse de plusieurs enfants du divorce: cet aspect propose un défi de taille à toute la société. Nous amorcerons, en troisième lieu, une réflexion sur les besoins des enfants du divorce pour tenter de dégager quelques facteurs qui faciliteront une meilleure adaptation pour ces enfants qui, dans presque tous les cas, subissent la décision de rupture de leurs parents.

Enfin, nous appuyant sur une recherche écrite dans le cadre de la maîtrise en service social (1987)[1] et sur notre expérience clinique

---

1. Francine GUILBAULT et Andrée ANGERS-NGUYEN, *La médiation: étape de restructuration de vie*, Université de Montréal, août 1987.

auprès des femmes cheffes de famille et des couples en voie de rupture, nous envisagerons la médiation comme un excellent outil de prévention en vue de favoriser une réorganisation familiale future (monoparentale ou recomposée). Nous en verrons les avantages et les limites afin d'y déceler aussi les défis que ce nouveau champ de pratique a à relever. Nous ne retiendrons pas la médiation comme «une alternative au système adversaire» car la définir ainsi lui donne un caractère comparatif inutile et lui fixe trop de controverses et de limites. Nous préférons envisager une redéfinition de la médiation qui va bien au-delà de l'aide apportée à un couple à délier ses liens. Il y a plus, selon nous: l'emphase sera mise à envisager le caractère *d'étape* de ce long processus d'une histoire familiale à restructurer. Nous croyons donc à une interprétation du divorce qui met l'éclairage sur une rupture-croissance et non plus sur une rupture-fin en soi.

I. LES CONSÉQUENCES PSYCHOLOGIQUES

Amorcer une réflexion sur les enfants du divorce porte à nous demander, dans un premier temps, s'ils sont nombreux.

Quelques chiffres

Aux *États-Unis* en 1981:	1,2 million de divorces qui impliquent 1,5 million d'enfants.
Au *Canada* en 1984:	70 436 divorces ont été accordés impliquant 83 000 enfants. («Couples in crisis II», p. 1)
Au *Québec*:	40 000 enfants sont à chaque année directement impliqués dans le divorce de leurs parents. (Vidéo «Les enfants divorcent-ils?»)

Ces chiffres nous surprennent? Ils ne livrent pourtant qu'une partie de la vérité car les statistiques sont très limitatives. En effet, elles ne dénombrent que les divorces et laissent dans l'ombre une réalité sociale de plus en plus fréquente: les séparations de fait et les séparations des parents qui vivaient en union libre. Ainsi, en dépit de l'ampleur de ces chiffres, la véritable réalité des enfants du divorce n'est que partiellement recensée. Au-delà de ces chiffres, de moins en moins témoins exacts de nos réalités sociales fluctuantes et qui restent surtout utiles à certains dirigeants épris de données quantitatives, les enfants du divorce auront à traverser une série de bouleversements que nous tenterons d'illustrer sous un angle plus qualitatif.

Selon Wallerstein et Kelly (1983), cette expérience a pour effet de diminuer les sentiments de sécurité et de protection que procurait la famille avec deux parents (quand tel était le cas) et peut amener une période de crise intense. Nous définirons le divorce comme une période transitoire de crise, c'est-à-dire une forme de déstabilisation, point de départ d'un changement majeur de situation. Comme la rupture constitue une première étape dans un long processus de transformations familiales et sociales, elle exigera une demande d'adaptation intense et répétitive aux enfants qui devront connaître le nouvel environnement familial que sera la famille monoparentale ou parfois la famille recomposée très rapidement. La durée et l'intensité de la vie en famille monoparentale est très variable (Cloutier). En moyenne, après cinq ans les enfants auront à évoluer au sein d'une famille recomposée car 75% des hommes divorcés et 66% des femmes divorcées se remarient (Statistique Canada, 1990).

Avant d'illustrer les réactions de ces enfants au divorce de leurs parents, il importe de rappeler qu'il n'existe pas une règle générale qui caractériserait tous les enfants mais plutôt des manifestations semblables qui varient selon l'âge, le sexe, le tempérament de l'enfant et les conditions de la rupture. Globalement, les enfants de tout âge vivent de profonds sentiments d'insécurité suscités par les nombreuses pertes et, trop souvent hélas, l'absence d'information. Nous inspirant du vidéo «Les enfants divorcent-ils?» et d'un texte publié dans le *Bulletin de liaison*[2], nous illustrerons les différentes réactions des enfants au divorce de leurs parents.

Régression

Des recherches démontrent que «plus les enfants sont jeunes, plus la durée de la privation est longue, plus grands sont les risques» (dans Marcotte, 1987, p. 7). La rupture des parents exige de l'enfant une adaptation soudaine et une redéfinition complète de son monde qui occasionne un ralentissement de son développement et une période de régression. On a constaté que les jeunes enfants de 3 à 5 ans tentent de nier la séparation en adoptant des comportements du stade antérieur: «pipi» au lit, difficulté du langage, cauchemars plus fréquents.

---

2. Francine GUILBAULT, «Les enfants du divorce», *Bulletin de liaison*, vol. 14, n° 1, F.A.F.M.Q.

Agressivité

Suite à la séparation, les enfants deviennent plus instables ou agressifs à la maison ou avec leurs copains à la garderie. À tout âge ils manifestent de la colère, cherchant parfois à trouver un coupable. Cette colère peut être interprétée comme l'extériorisation d'un sentiment de rejet et d'impuissance. Les enfants, en effet, ne choisissent pas cette séparation: ils subissent la décision de leurs parents et, à ce titre, se sentent mis à l'écart. La colère, suite au choc de l'annonce d'une rupture, est une réaction normale et on peut la considérer comme constructive.

Tristesse

Tout comme pour la colère, la grande tristesse qu'ils manifestent est aussi à normaliser. Cette tristesse n'est pas souvent verbalisée: les enfants et les adolescents la vivent souvent seuls. Ils expriment une profonde déception qui perturbe l'image qu'ils ont d'eux-mêmes et de la relation à l'autre.

Culpabilité

Les enfants du divorce, tout comme leurs parents, sont envahis de questions et d'inquiétudes de toutes sortes. Ils s'interrogent sur leur comportement, leurs gestes antérieurs et se sentent responsables des disputes des parents ou de leur décision de se séparer. Faute de comprendre le «pourquoi» de cette rupture, ils concluent que c'est de leur faute surtout jusqu'à l'âge de 8-9 ans.

La peur d'être abandonné-e

La garde des enfants est confiée à la mère dans 85% des cas et traditionnellement le père se voit octroyer des droits de «visite» et de «sortie» une fin de semaine sur deux. Quoi qu'il en soit, l'enfant croit souvent avoir perdu son père (dans la plupart des cas) car il ne le voit pas aussi souvent qu'auparavant. En conséquence, il a souvent peur de perdre sa mère. Cette inquiétude est d'autant plus présente que souvent sa mère, suite au divorce, sera obligée de retourner aux études ou au travail et sera elle aussi moins présente à l'enfant.

Tentative de réconciliation

Selon une étude menée auprès de 60 familles sur une période de 10 ans, Wallenstein et Kelly (1983) ont démontré que même après 10 ans les enfants veulent réconcilier leurs parents. Ils inventeront plusieurs stratégies pour réussir cette réconciliation car ils trouvent cette étape de séparation insécurisante et menaçante.

Indifférence?

À l'adolescence, on remarque une attitude apparente de «je-m'en-foutisme». L'adolescent veut s'éloigner de son milieu familial pour intensifier les relations avec ses amis et acquérir de plus en plus son indépendance. Le divorce de ses parents peut augmenter des sentiments d'inquiétude propices à cet âge mais, en règle générale, les adolescents auront tendance à se replier davantage et à manifester une certaine indifférence. Ils veulent prendre du recul pour se défendre de la douleur de voir la dissolution de leur famille. En conséquence, ayant été témoins des difficultés parentales qui aboutissent à une séparation, ils mettront en question le bien-fondé du mariage et la parentalité. Ici, il est prudent de ne pas généraliser ces données car aucune étude comparative n'a été faite entre un groupe d'adolescents d'une famille bi-parentale et ceux d'une famille monoparentale. Il est ainsi difficile de distinguer les réactions propres au divorce de celles reliées à la «crise» de l'adolescence en général.

Toutes les réactions mentionnées sont des réponses normales à un événement bouleversant: il est bon de rappeler aux parents qui nous consultent qu'elles sont l'expression saine de la blessure qu'ils connaissent eux-mêmes lors de la rupture d'une vie de couple. Cependant, si ces réactions persistent après un an et s'aggravent, on recommande aux parents d'aller chercher une aide psychosociale. Les effets du divorce et des transformations familiales qui en découlent occasionnent une crise certaine chargée d'une dose plus ou moins grande de stress psychologique. Les études qui ont effectué un suivi dans le temps illustrent une pluralité de réactions à long terme. Rappelons «que certains enfants maintiennent de façon durable des problèmes d'ajustement» (Cloutier). D'autres études rapportent qu'après un an, les deux tiers (2/3) des enfants retrouvent leur rythme antérieur de croissance, la proportion étant plus élevée chez les plus âgés que chez les plus jeunes (Poirier dans Marcotte, 1987).

II. LES CONSÉQUENCES ÉCONOMIQUES

Quand on envisage de traiter de l'impact du divorce chez les enfants, on met encore souvent l'emphase sur les répercussions psychologiques, laissant dans l'ombre les sérieuses modifications sur le plan économique. Il est de première importance, selon nous, d'envisager les impacts du divorce chez les enfants de ces deux points de vue indissociables, soit l'aspect psychologique *et* l'aspect socio-économique. En effet, les difficultés psychologiques seront exacerbées par la profonde insécurité financière où se retrouvent les enfants et les femmes suite au divorce. Un travail de recherche en service social[3] nous a permis d'approfondir ce que nous avions constaté dans notre pratique clinique, soit l'ampleur du phénomène de la pauvreté des femmes suite au divorce.

TABLEAU 1[4]

**Tendances des taux de pauvreté, couples et parents seuls
1980 à 1983
(Extrait du C.N.B.E.S., *Profil de la pauvreté* 85, p. 25)**

	Parents seuls Femmes		Parents seuls Hommes		Couples	
1980	48,5%	236 900	19,0%	14 900	8,8%	291 300
1981	42,8%	230 400	13,8%	12 300	8,9%	308 000
1982	47,0%	265 900	19,6%	19 100	10,6%	364 100
1983	49,1%	274 400	21,2%	18 500	11,1%	389 000

Ce tableau du C.N.B.E.S. illustre que:

5 familles dirigées par une femme seule sur 10 sont pauvres

Comparé à

2 familles dirigées par un homme seul sur 10

et

1 famille sur 10 comportant deux parents.

---

3. Francine GUILBAULT et Claire STE-MARIE, *Les familles monoparentales: aspect socio-économique*, Université de Montréal, février 1986.
4. Reproduit dans F. GUILBAULT et A. ANGERS-NGUYEN, *op. cit.*, note 1, p. 181.

Afin de rafraîchir nos données statistiques, nous avons consulté le récent rapport du Conseil national de bien-être social *La femme et la pauvreté, dix ans plus tard* pour constater que la situation continue à se détériorer. Parmi tous les groupes étudiés, c'est celui des familles monoparentales dont le chef est une femme qui est plus sujet à la pauvreté: 57% de ces familles monoparentales vivent sous le seuil de pauvreté et non plus 50% comme dans le tableau 1 (C.N.B.E.S., p. 2). Le risque de se retrouver dans la pauvreté est beaucoup plus grand pour les femmes que pour les hommes. S'inspirant des données d'une étude du ministère de la Justice (Richardson et autres), le rapport révèle qu'en 1986:

— 9% des hommes divorcés et 30 % des hommes séparés n'ayant pas la garde de leurs enfants avaient des revenus inférieurs au seuil de la pauvreté.

— Dans le cas des femmes qui avaient la garde dans la grande majorité des cas, 58% des femmes divorcées et 71% des femmes séparées étaient démunies. (C.N.B.E.S., p. 81)

Or, illustrer la pauvreté des femmes suite au divorce revient à démontrer aussi celle de leurs enfants. Retenons que «deux couples sur trois demandant un divorce ou une séparation ont des enfants à charge» (C.N.B.E.S., p. 87). N'oublions pas non plus une donnée majeure, qu'il faut répéter bien haut, c'est que dans 85% des cas ce sont les femmes qui ont la responsabilité des enfants après le divorce. Rappelons brièvement quelques données impressionnantes du dernier rapport du Conseil national de bien-être social intitulé *Les femmes et la pauvreté, dix ans plus tard*.

1. Les pensions alimentaires

Les pensions alimentaires reçues par les mères cheffes de famille en 1986 se situent en moyenne à 18% du revenu des maris. Les conséquences de ces faibles pensions alimentaires se résument ainsi selon Weitzman: «Après le divorce, le niveau de vie du mari est invariablement supérieur à celui de son ex-épouse et de leurs enfants». Les réductions les plus importantes ont lieu dans les familles dont les revenus étaient les plus élevés. Me Louise Dulude a illustré dans son étude *Pour le meilleur et pour le pire* que:

Dans les familles dont les revenus se situaient entre 30 000$ et 39 000$ avant le divorce, les femmes doivent se contenter (après le divorce) de moins de 40% des revenus familiaux antérieurs pour elle et les enfants tandis que les maris se maintiennent à 78%.

TABLEAU 2[5]
Revenus médians après le divorce, couples mariés pendant dix ans
(Extrait de *Pour le meilleur et pour le pire*, p. 48)

Revenu annuel de la famille avant le divorce	Revenu médian après le divorce, en dollars et en pourcentage du revenu familial antérieur au divorce		Revenu médian après le divorce, *par personne*, en dollars et en pourcentage du revenu familial *par personne* antérieur au divorce	
	Épouse	Mari	Épouse	Mari
Moins de 20 000 $	9 067 $ (71%)	11 440 $ (74%)	7 025 $ (129%)	11 440 $ (176%)
De 20 000 $ à 29 000 $	13 000 $ (56%)	18 050 $ (78%)	8 917 $ (87%)	16 050 $ (165%)
De 30 000 $ à 39 000 $	15 000 $ (39%)	27 000 $ (78%)	13 050 $ (77%)	27 000 $ (176%)
40 000 $ et plus	18 000 $ (29%)	45 718 $ (75%)	12 000 $ (48%)	45 718 $ (201%)

Enfin l'étude de Richardson révèle que «si les femmes divorcées et séparées et leurs enfants avaient dû se contenter de la pension alimentaire pour vivre, 97% d'entre elles auraient été démunies» (C.N.B.E.S., 1990, p. 85).

Ces données concernent les femmes qui reçoivent effectivement une pension alimentaire, mais les faits réels sont plus dérangeants encore car:

— Parmi les mères ayant des enfants à charge, 58% seulement avaient obtenu une ordonnance de pension alimentaire. Les 42% qui restent ont dû se débrouiller seules pour subvenir à leurs besoins et à ceux de leurs enfants.

De celles à qui on avait promis, même par jugement, une aide financière:

— 63% touchaient leur pension alimentaire de façon intégrale;
14% ne la touchaient que partiellement;
23% ne la touchaient pas du tout;
et 83% des ex-conjoints défaillants étaient des employés rémunérés[6].

---

5. Reproduit dans F. GUILBAULT et A. ANGERS-NGUYEN, *op. cit.*, note 1, p. 179.
6. La perception automatique des pensions alimentaire (1er décembre 1995) améliore grandement cette situation déplorable.

- La moitié des pensions alimentaires ne dépassaient pas 260$ par mois, la moyenne étant de 368$. Seulement un tiers (1/3) des pensions étaient indexées au coût de la vie.

- Près de 50% des femmes bénéficiant d'une pension alimentaire avaient un revenu total inférieur à 10 000$. La plupart de celles qui n'avaient pas d'emploi vivaient de l'aide sociale.

Enfin, au moment de la recherche en 1986:

- Seules 28% des femmes avaient formé un nouveau couple (union légale ou libre) contre 70% des hommes. (C.N.B.E.S., p. 85-86)

2. L'aide gouvernementale?

Où les femmes se retrouvent-elles avec leurs enfants dans une situation économique aussi désolante suite à une séparation? Inévitablement elles sont contraintes à demander l'aide gouvernementale et portent l'étiquette inqualifiable de «bénéficiaire» du bien-être social. Au Québec, 60% des familles recevant de l'aide sociale ont une femme à leur tête, comparé à 20% des familles vivant en couple (Le Bourdais, 1981 dans Guilbault et Ste-Marie, 1986). Or, pour un parent seul avec un enfant, «les prestations vont de 59% à 84% du seuil de la pauvreté» (C.N.B.E.S., 1990).

3. Les impacts de cette pauvreté

Les conséquences sont nombreuses pour les femmes et les enfants et devraient donner lieu, selon nous, à des recherches plus approfondies. Les enfants du divorce sont marqués par cette pauvreté et auront beaucoup de difficultés à s'adapter à l'instabilité économique et à la précarité alarmante de leurs mères dont l'avenir est très incertain.

Les différences flagrantes entre les niveaux de vie des ex-conjoints devient matière à conflit et à frustration pour les parents et pour les enfants. La différence se poursuivant à travers les années, un sentiment d'agressivité et de révolte s'installe détériorant les relations parentales et les enfants en font souvent les frais. Témoins de cette disparité, les enfants du divorce sont en mesure de comparer les niveaux de vie. Ils reprocheront souvent à leur mère (parent gardien) ses restrictions budgétaires et rechercheront chez leur père (non gardien) des récompenses financières compensatoires de cette disparité. Cette quête sera d'autant plus sujette à être entendue que certains pères compensent à leur tour pour leur manque de présence par des largesses financières auprès des enfants.

Les enfants du divorce auront des difficultés à s'adapter à l'instabilité économique de leur mère car elle donne lieu à de multiples bouleversements. Conséquemment à la baisse de revenus de leurs mères, ils auront à changer de maison car, même si la Loi 146 accorde aux femmes le partage de la moitié de la résidence familiale, elles n'arrivent pas à acheter la part de leur ex-conjoint. En consultation, elles se désolent d'avoir à envisager pour elles et leurs enfants de si nombreux changements, souhaitant assurer une stabilité de lieu dont elles sont incapables financièrement. Alors souvent les enfants auront à faire des pertes en chaîne, c'est-à-dire changer de maison, de quartier, d'école, de réseaux d'amis, d'environnement. La Loi 146 aura tenté de leur accorder une part équitable de la propriété: dans notre pratique clinique en banlieue, elles passeront très souvent avec leurs enfants d'une maison avec terrain-piscine à un logement restreint en banlieue ou en ville. Des données canadiennes révèlent que «si les deux tiers (2/3) des familles bi-parentales sont propriétaires de leur maison, plus des trois quarts (3/4) des familles monoparentales dirigées par une femme sont locataires». De plus, elles sont victimes de discrimination et doivent déménager souvent avec leurs enfants. Une étude coordonnée par Guylaine Girard et intitulée *Des mères seules, seules, seules* illustre les multiples difficultés que les mères monoparentales et leurs enfants éprouvent dans des quartiers du Centre-Sud de Montréal.

Cette baisse de revenus a des impacts très grands sur le comportement des enfants en général. Les recherches démontrent que c'est la discorde parentale *et* la pauvreté à laquelle sont réduits les enfants du divorce qui occasionnent des problèmes scolaires et de sérieux comportements délinquants. Certains auteurs ont énoncé l'idée, qu'en moyenne les enfants de foyers désunis ont de moins bons résultats scolaires que ceux qui vivent avec leurs deux parents. Il faut être prudent dans cet énoncé car les recherches anglaises et américaines révèlent que:

> Si les enfants du divorce ont de moins bonnes notes que ceux vivant avec leurs deux parents c'est parce qu'ils vivent dans de moins bonnes conditions économiques. Lorsque les conditions matérielles sont égales, la différence de performance entre les élèves vivant avec un seul parent et leurs camarades vivant avec deux parents est beaucoup moins grande. (dans *La Presse*, André Pratte, 15/07/87, p. A-6)

Enfin une étude de la région 06 C tire deux conclusions importantes pour l'intervention auprès des femmes et des enfants du divorce:

- Lorsqu'on retrouve dans un district de C.L.S.C. une forte concentration de familles monoparentales et de propriétés de moins de 20 000$, la conjugaison de ces deux variables a une incidence directe sur le volume des signalements à la D.P.J. des enfants de 0-9 ans.

- Seulement le haut taux de «monoparentalité» ressort comme étant étroitement associé aux signalements des enfants de 10 à 17 ans. (D.S.P.C.S.S. Richelieu, p. 88)

Ainsi la pauvreté, l'état de précarité auquel est vouée la famille monoparentale à dominante féminine est un indicateur-clé d'une gamme de problèmes familiaux associée à d'autres variables à risque. Elle explique une partie importante des demandes de service et elle devient un prédicteur de cette demande. On ne saurait envisager une intervention psychosociale auprès des jeunes et des enfants sans tenir compte de cet aspect crucial relié à la problématique des ruptures d'union.

III. LES BESOINS DES ENFANTS DU DIVORCE: COMMENT Y RÉPONDRE

Plusieurs auteurs véhiculent l'idée que ce n'est pas le divorce en soi qui perturbe les enfants mais la façon dont il se fait. Plusieurs des réactions psychologiques des enfants du divorce ne sont que l'expression de leurs besoins non verbalisés. Pour les parents, reconnaître et répondre à ces besoins reste une tâche difficile étant donné qu'eux-mêmes traversent une période de crise souvent intense qui amène tristesse, culpabilité et grande confusion. Les parents ont de nombreuses interrogations et préoccupations concernant un avenir souvent incertain. Une de leurs principales préoccupations est celle concernant leurs enfants. Connaître les besoins des enfants du divorce facilitera leur adaptation à cette période de crise. Quels sont donc ces besoins et comment y répondre?

1. Besoin d'être tenus en dehors du conflit du couple

Parmi les facteurs qui facilitent l'adaptation des enfants au divorce vient en tête de liste, dans plusieurs études, le degré de capacité des parents à résoudre ou à mettre de côté leurs conflits de couple dans leurs liens avec leurs enfants. Il est reconnu que les conflits qui perdurent et s'éternisent ont des effets plus dévastateurs que la rupture elle-même. Malheureusement, cinq ans après la rupture, 30% des enfants vivent encore dans une climat conflictuel (Wallerstein et Kelly). La crise ou les difficultés reliées à la séparation du couple doivent se vivre entre les deux adultes concernés. Il est préférable de ne pas impliquer l'enfant dans les querelles sur l'argent, les visites, l'éducation, les vacances, etc. Ils ne doivent pas être utilisés comme le porte-parole ou le bouc-émissaire des ressentiments de l'adulte envers son ex-conjoint ou ex-conjointe. Autant que possible, il est préférable de laisser l'enfant poursuivre ses activités habituelles (activités scolaires, jeux et loisirs) et de l'éloigner des discussions orageuses.

2. Besoin d'être informés

Il est souhaitable que l'enfant soit préparé à la séparation et non pas informé après les faits. De plus, il est recommandé que cette annonce soit faite en présence des deux parents. Si tel est le cas, le problème sera défini comme ayant des causes communes au père et à la mère et le blâme ne sera pas rejeté sur un seul des parents. Les enfants du divorce sont surpris, inquiets et confus... comme leurs parents... et davantage. Il est essentiel de les informer. Il s'agit d'être franc et honnête sans les accabler de détails qu'ils ne pourront comprendre. Les explications devront être ajustées selon l'âge des enfants. Il est bon d'encourager l'enfant à poser des questions aussi souvent qu'il le désire en ce qui concerne cette décision qui l'inquiète. Comme nous l'avons vu, la séparation entraînera des changements et des difficultés financières. Il ne s'agit pas d'inquiéter l'enfant mais d'éclaircir la situation nouvelle et d'en parler ouvertement en invitant l'enfant à collaborer à sa façon. En tout temps, les enfants doivent pouvoir poser des questions et parler de ce qui se passe quand ils en ressentent le besoin. Enfin, lors de cette période d'informations, les *enfants ont besoin d'entendre et de réentendre qu'ils ne sont pas responsables de cette séparation.*

3. Besoin d'être rassurés sur l'amour de chacun des parents

Les enfants qui expérimentent la séparation des parents ont peur d'être abandonnés, avons-nous mentionné déjà. Ils ont besoin d'entendre qu'ils ont encore deux parents qui les aiment même si dorénavant ils habiteront deux endroits différents. Les enfants font partie intégrante du processus de la séparation et rappellent constamment, par leur existence, qu'entre les parents il ne peut y avoir qu'un divorce conjugal et jamais de divorce parental.

4. Besoin d'aimer librement chacun des parents

Les enfants, dans la plupart des cas, sont confiés à leur mère. Ceux qui avaient un contact étroit avec leur père avant le divorce réagissent fortement à sa perte soudaine totale ou partielle. Sauf dans les cas où la relation père-enfant était néfaste, le maintien des contacts avec le père est souhaitable et important. Les enfants ne veulent pas et ne doivent pas choisir un parent seulement et ne jamais être placés dans une situation à prendre parti pour un parent. Utilisés ainsi comme intermédiaires, ils manifestent de la frustration, de la colère et de la culpabilité qui, par effet de cercle vicieux, exacerbent les conflits entre les parents (Guilbault et Nguyen, p. 128).

Quand ces besoins immédiats seront satisfaits, les enfants auront d'autres besoins à satisfaire qui nécessitent une plus longue période de temps soit:

5. Besoin de reconnaître la permanence du divorce

Pour aider l'enfant à assumer les nombreuses pertes qu'occasionne le divorce, il appartient au parent d'affirmer et de réaffirmer la permanence du divorce. Il est préférable pour l'enfant et le parent de profiter pleinement du présent, le passé n'étant plus à refaire et l'avenir très souvent incertain.

6. Besoin de sentir que les parents sont capables de se parler

Avec le temps et avec le support d'une aide professionnelle si nécessaire (médiation), les parents auront accepté ou assumé le choc de la rupture. Ils ne s'aiment plus ou ne vivent plus ensemble *mais ils restent parents pour la vie*. Alors il est nécessaire et fondamental de se PARLER en tant que parent de l'éducation, de l'orientation, des besoins des enfants. Il s'agira pour les parents de mettre en commun leurs inquiétudes et leurs espoirs en ce qui concerne leurs enfants.

IV. LA MÉDIATION: PRATIQUE DE PRÉVENTION POUR MIEUX TRAVERSER LE DIVORCE ET RÉORGANISER LA VIE FAMILIALE FUTURE

Comme nous l'avons vu, les réactions et les besoins des enfants sont variés suite au divorce de leurs parents. Le défi est de taille pour les parents et il est recommandé d'aller chercher une aide extérieure professionnelle. Il est fondamental, selon nous, d'offrir aux couples qui envisagent une rupture des services psychosociaux d'aide à la prise de décision et ce, le plus tôt possible. Cette période très troublante est, selon nous, un moment très important qui influencera la procédure et l'adaptation future des adultes et des enfants. Quand la décision de séparation est prise, la médiation constitue, selon nous, la pratique la plus adéquate actuellement pour faciliter aux parents et aux enfants cette étape de crise transitoire. C'est pourquoi nous croyons que *la médiation peut être envisagée comme une pratique de prévention car,* rappelons-le, *le divorce n'est qu'une première phase dans la série de transformations familiales et sociales qui suivront.* La transformation du conflit opérée par la médiation aboutit à un «recadrage» du divorce en termes de restructuration plutôt qu'en termes de fin de la famille bi-parentale. Se basant sur la conviction profonde que la séparation représente la fin du couple mais non la fin de la famille, la médiation met tout en oeuvre pour respecter les réactions et les besoins des enfants du divorce tels qu'illustrés précédemment.

Ses avantages

La médiation encourage la collaboration et non plus la compétition entre les ex-conjoints en faisant de ceux-ci les acteurs décisionnels principaux du règlement de leur séparation. Elle réduit les sentiments d'anxiété et de colère en maintenant entre eux une communication claire et directe. Elle offre un lieu où installer un dialogue qui éclaircira les positions et les attentes de chacun. Elle peut ainsi constituer un modèle en vue des nombreuses renégociations que la vie familiale future ne tardera pas à apporter. Elle fait prendre conscience aux deux conjoints de l'importance de s'impliquer ensemble au bien-être des enfants et de maintenir dans le futur cette collaboration parentale nécessaire à une meilleure adaptation pour tous et chacun. Selon l'étude pancanadienne du ministère de la Justice, 64% des couples ayant bénéficié des services de médiation ont dit avoir réussi à s'entendre partiellement ou complètement (Richardson et autres, 1986). La médiation a le grand mérite de fonder son intervention sur la dignité, l'estime de soi et de l'autre et non pas sur un combat qui aboutit trop souvent à une détérioration et à un résultat final perdant-perdant dans le système adversaire.

Après une réflexion approfondie et quelques années de pratique en tant que thérapeute et médiatrice dans la problématique du divorce, nous croyons que la médiation est la voie par excellence offerte aux couples en voie de rupture pour les aider à traverser cette épreuve de vie et à s'investir positivement dans la réorganisation de leur vie individuelle et familiale.

Ses limites

Nous reconnaissons que l'adaptation des enfants au divorce de leurs parents relève de trois facteurs importants et interreliés: la capacité des parents de régler leurs conflits, le degré d'implication des pères et le partage équitable des ressources financières. Nous tenterons d'envisager comment la médiation peut répondre à ces trois facteurs.

En ce qui concerne la *capacité parentale de régler les conflits*, la médiation est très recommandée car, contrairement au système adversaire, elle a constamment comme but de favoriser la communication et la collaboration entre les parents. Elle favorise, avons-nous vu, la distinction entre la rupture conjugale et la rupture parentale en facilitant d'abord et avant tout l'ouverture et le respect.

Le deuxième facteur facilitant l'adaptation des enfants au divorce est le degré *d'implication des pères* auprès de ces derniers. La médiation encourage la co-responsabilité parentale. À ce chapitre, toutefois, elle a, comme nous l'avons vu, de grandes limites et des questions à se poser. Aux États-Unis, si la responsabilité conjointe de la garde devient une pratique de plus en plus courante, on dénote qu'en 1980 seulement 3% des couples divorcés choisissent la garde légale et physique conjointe (Furstenburg et autres, 1982, dans Guilbault et Nguyen, p. 132).

Même si les valeurs sociales reconnaissent l'importance du rôle du père et du maintien d'une coparentalité suite au divorce, ces valeurs toutes théoriques n'ont pas intégré nos pratiques sociales. Quand des statistiques récentes rapportent que plus de 50% de la main-d'oeuvre active est constituée par des femmes, comment peut-on expliquer que dans 69% des cas (après médiation) la garde des enfants soit encore assumée par les femmes? En ce sens, ici le défi s'adresse non plus seulement aux parents mais à la médiation et à une révision globale et sociale de nos valeurs en ce qui a trait à la responsabilité parentale. Nous sommes en pratique encore très loin de l'idéal théorique d'un partage de la responsabilité parentale entre les femmes et les hommes. Nous pouvons encore déplorer ce qui ne fait pas beaucoup l'actualité c'est-à-dire la *démission des pères* et ses conséquences néfastes pour les enfants... et pour les mères qui ont, trop souvent, la responsabilité unique de ces enfants «à père manquant».

Un troisième facteur qui a des répercussions importantes sur l'adaptation des enfants au divorce consisterait en un *partage plus équitable des revenus familiaux* lors du divorce pour éviter que les femmes et enfants se retrouvent à 58% sous le seuil de la pauvreté. En dépit des nombreuses critiques qu'on lui adresse, la Loi 146 a amélioré la condition économique des femmes mariées en séparation de biens et qui se retrouvaient avec aucune part du patrimoine familial après avoir consacré souvent leur vie à entretenir la maison et à éduquer leurs enfants. L'étude pancanadienne subventionnée par le ministère de la Justice démontre certains avantages de la médiation pour les femmes sur le plan financier. Nous en retiendrons les deux principaux soit:

— À Montréal, les pensions alimentaires sont payées dans une proportion de 97% quand il y a eu médiation et seulement 66% pour les cas sans médiation.

— Les montants obtenus en médiation sont supérieurs de 22% à ceux obtenus par le Tribunal. (Lévesque, dans *Le groupe familial*, n° 125, p. 66)

On peut se réjouir de ces avantages que la médiation a sur le plan financier. On ne saurait toutefois se satisfaire de ces données car il ne s'agit que des résultats d'une seule étude qui rapporte aussi, ne l'oublions pas, que 71% des femmes séparées vivent au-dessous du seuil de la pauvreté. De plus, même si les montants obtenus en médiation sont supérieurs, on ne peut en conclure qu'ils sont même suffisants. Enfin, donnée révélatrice, seulement 10% des couples qui se séparent ont recours aux services de la médiation. Comment garder sous silence la situation de précarité à laquelle sont voués 90% des femmes cheffes de famille et leurs enfants qui n'ont pas recours à ces services de médiation?

Ce n'est certes plus à la médiation seulement que nous demanderons de remédier aux inégalités fondamentales que la société a créées entre les hommes et les femmes et qui s'illustre si tristement lors du divorce. C'est sur la scène politique, au coeur même des lois du divorce et des lois fiscales injustes pour les femmes que le travail reste à faire (ex.: imposition de la pension alimentaire aux enfants sur le revenu des femmes)[7]. C'est à un changement en profondeur des mentalités... que la question du divorce appelle.

---

7. Voir le premier paragraphe de l'avant-propos.

Défis d'urgence à relever

En ce qui concerne la médiation, mentionnons pour conclure deux grands défis. Le premier s'adresse à la pratique de la médiation: la conscientisation à la pauvreté des femmes et des enfants suite au divorce est pour nous une donnée essentielle à toute pratique de médiation. Le médiateur-médiatrice ne peut pas, lors d'ententes concernant le partage des responsabilités financières, perdre de vue *le large fossé économique qui sépare encore les hommes et les femmes lors de la rupture.*

Le deuxième défi s'adresse à nos dirigeants car la médiation a à être *connue et publicisée.* Actuellement elle ne rejoint que 10% des couples qui divorcent et s'adresse à une clientèle de classe moyenne et bien informée. Le défi consiste à mettre en oeuvre des stratégies et des décisions politiques pour offrir la médiation dans toutes les régions et gratuitement, pour rejoindre les classes défavorisées qui sont des clientèles à risque comme les études le démontrent. À cet effet, il est temps d'approfondir le bien-fondé d'une incitation obligatoire à la médiation quand le couple a décidé d'envisager une séparation en se basant sur les expériences positives déjà actualisées aux États-Unis.

CONCLUSION

Nous avons amorcé une réflexion sur les conséquences psychologiques et économiques du divorce chez les enfants en tentant de reconnaître leurs besoins et de dégager des éléments favorables à une meilleure adaptation au divorce de leurs parents. Suite à une réflexion approfondie et à une pratique d'intervention auprès des femmes cheffes de famille et des couples en voie de séparation, nous sommes consciente du bien-fondé de la médiation en matière de séparation. Le but de la médiation, selon nous, va bien au-delà d'arriver à signer un projet d'entente. L'emphase est plutôt à mettre sur le caractère *d'étape d'apprentissage au dialogue* entre deux individus qui réorganiseront leurs nouvelles structures familiales et qui auront à maintenir tous les deux leur fidélité à leurs enfants à travers les années.

Concernant l'avenir des enfants du divorce, les défis restent nombreux. Dans une société que Maurice Champagne-Gilbert qualifie de «société sans père», la médiation appelle à une présence des pères auprès de leurs enfants, au partage équitable des responsabilités financières et parentales mettant en relief l'importance de remédier aux stéréotypes des rôles masculins et féminins dans la famille. Le défi est adressé aux pères. Quel intérêt verront-ils à aller en médiation? Ce qu'ils ont à gagner, selon nous, ce sont des relations humaines approfondies avec leurs enfants, un enrichissement de leur vie affective et la fierté de partager équitablement toutes les facettes d'une restructuration de vie suite à une rupture de couple. En d'autres mots, ce dont ils ont à bénéficier, c'est d'avoir librement accès à cette part d'eux-mêmes qui est de l'ordre de la tendresse, de l'intuition et de l'émotionnel dont on les a éloignés depuis l'enfance pour les conditionner à un rôle dit «masculin». Les hommes y verront-ils un avantage valable?

Compte tenu des avantages de la médiation, une *question cruciale* reste à actualiser, soit mettre sur pied des services de médiation gratuits dans toutes les régions et *d'en faire une pratique préventive gratuite, accessible à toutes les classes sociales.* Pour en favoriser l'utilisation, nous recommandons d'approfondir la pertinence d'y avoir recours obligatoirement, du moins pour une première entrevue d'information et d'évaluation[8].

Nous lançons enfin un défi aux «spécialistes» de cette nouvelle pratique afin qu'ils mettent à profit pour eux les bases mêmes de la médiation, soit la collaboration, le respect mutuel et l'ouverture. En effet, actuellement certaines instances prônent en théorie le bien-fondé d'une association interprofessionnelle psychosociale et juridique mais sa mise en pratique est plutôt lente et peu facile à se réaliser. Selon nous il n'est plus temps d'orienter un débat sur le «*à qui* appartiendra la profession de la médiation» mais plutôt sur le *comment intervenir ensemble et le mieux possible* dans la problématique complexe d'une rupture de vie de couple qui ouvre la porte à un long processus de réorganisation familiale.

Comme ce sont les enfants qui ont été l'objet de cette réflexion, qu'ils sont près de 83 000 au Canada (Statistiques 1982) et qu'ils ont encore peu de terrain pour offrir leur point de vue, nous leur laisserons le mot de la fin qui constitue, selon nous, un témoignage précieux en faveur de la médiation. À l'émission «Droit de parole» du 12 décembre 1986, à la question «Qu'avez-vous à dire aux parents qui s'apprêtent à divorcer?», voici leur réponse:

---

8. Voir le deuxième paragraphe de l'avant-propos.

Parlez à vos enfants, quittez le foyer petit à petit, conservez un contact amical entre parents. Maintenez un contact avec vos enfants même si vous n'en obtenez pas la garde et ne faites pas supporter à vos enfants le poids de votre divorce.[9]

---

9. Irène Langis dans F. GUILBAULT et A. ANGERS-NGUYEN, *op. cit.*, note 1, p. 193.

BIBLIOGRAPHIE

CLOUTIER, Richard, Avant-propos dans «Spécial jeunes et nouvelles familles», *En piste*, vol. 13, n° I, mars 1990.

CLOUTIER, R. et P. BOURQUE, *Transitions familiales et communautés*, F.C.L.S.Q., vol. 4.

Conseil national de bien-être social, *La femme et la pauvreté, dix ans plus tard*, été 1990.

D.S.P.C.S.S. Richelieu, *Indicateurs psychosociaux de vulnérabilité: la monoparentalité, une variable clé*, décembre 1987.

DULUDE, Louise, *Pour le meilleur et pour le pire*, C.C.C.S.F., mars 1984.

GIRARD, Guylaine et autres, *Des mères seules, seules, seules*, Bibliothèque nationale du Québec, 1986.

GUILBAULT, Francine et Andrée ANGERS-NGUYEN, *La médiation: étape de restructuration de vie*, rapport de maîtrise en service social, Université de Montréal, août 1987.

GUILBAULT, Francine et Claire STE-MARIE, *Les familles monoparentales: aspect socio-économique*, Université de Montréal, février 1986.

Kingston Mediation Model, «Couples in Crisis», P.F.R.S., Kingston, Ontario, juin 1984.

LANGIS, Irène, «Enfants du divorce: navigateurs en eaux troubles», dans *Apprentissage et socialisation en piste*, mars 1987.

LÉVESQUE, Justin, «Canada: les résultats d'une recherche», dans *Le groupe familial*, n° 125, octobre 1989.

MARCOTTE, Ginette, *Les enfants et le divorce*, Université de Montréal, avril 1987.

RICHARDSON, James C. et autres, dans Lévesque, Justin.

WALLERSTEIN, J. et J. KELLY, *Surviving the Breakup: How Children and Parents Cope with Divorce*, New York, Basic Books, 1980.

L'implication de l'enfant: sa place dans les réorganisations familiales

Suzanne Barry*

Par son importance et ses répercussions sur le système familial, la séparation parentale représente l'un des phénomènes sociaux majeurs de notre époque. Actuellement, selon Statistique Canada, 20% des familles sont des familles réorganisées (familles ayant vécu une séparation). En tant que membre à part entière de la famille, l'enfant voit son développement personnel mis en cause par la séparation de ses parents et, à ce titre, il peut avoir un juste intérêt à l'égard des transformations de son premier milieu de vie.

Pour négocier le règlement de la séparation ou du divorce, la médiation familiale s'impose de plus en plus depuis le début des années 80 comme un mode d'intervention efficace et adaptatif et comme une alternative au processus judiciaire contradictoire qui, en regard des effets négatifs du divorce chez les enfants répertoriés par la recherche, intensifie souvent davantage les difficultés qu'il ne les atténue.

Son but est la production d'un protocole d'entente satisfaisant pour chacun des membres de la famille. Le processus de médiation permet aux participant-e-s d'exprimer leurs besoins, de générer des alternatives et d'arriver à une décision commune. Parce qu'elle vise la production d'ententes, la médiation atténue les conflits et parce que les principaux intéressés sont impliqués dans les décisions, leur implication au niveau de l'application de ces décisions en est augmen-

---

* Psychologue.

tée (Barry, 1986). De plus, des recherches démontrent que la médiation augmente les ententes à l'amiable, diminue les appels ultérieurs aux tribunaux et concourt à l'adaptation des individus impliqués (Emery, 1994; Emery et al.,1991).

Cependant, bien que directement concernés par le contenu des échanges et des ententes, les enfants ne jouent pas, actuellement, un rôle actif dans la médiation puisqu'ils sont généralement absents des discussions. Leurs intérêts sont surveillés par un intervenant professionnel que les deux parents reconnaissent comme neutre et impartial, le médiateur.

En regard de l'évolution de la reconnaissance du statut de l'enfant qui s'est traduite dans les législations contemporaines, il importe aujourd'hui de réfléchir sur la place et l'implication de l'enfant dans les réorganisations familiales causées par la séparation parentale et, par voie de conséquences, sur la pertinence et les modalités de sa participation dans le processus de médiation.

LA SÉPARATION: UN PROCESSUS DE RÉORGANISATION DE LA FAMILLE

La séparation et le divorce constituent des moments de transition dans le cycle de développement de la famille. Dans une famille avec enfant-s, la séparation n'est pas en effet une décision ponctuelle finale; elle se présente plutôt comme un processus dynamique de réorganisations pour permettre la survie des liens parentaux dans cette étape de transition.

Ainsi, la décision initiale de la séparation entraîne une série de décisions subséquentes qui provoquent des changements importants, autant dans les rôles parentaux que dans l'organisation matérielle de la famille. La garde des enfants, le partage de l'autorité parentale, les modalités de contacts des enfants avec leurs parents, le partage des biens et des responsabilités financières sont autant d'enjeux décisionnels importants qui actualisent concrètement la séparation parentale et qui ont une influence souvent déterminante sur l'adaptation de tous les membres de la famille. La qualité de cette transition s'avère donc un facteur important de l'adaptation de la famille et de ses membres, elle influence et conditionne l'ensemble des étapes subséquentes.

LA PLACE DE L'ENFANT DANS LA SÉPARATION PARENTALE

La place de l'enfant dans sa famille en est une de membre à part entière. En effet, en dépit de sa faiblesse et de sa dépendance, l'enfant possède un pouvoir dans la relation avec ses parents. La famille est un système d'interactions multidimensionnelles où l'expérience de chacun des membres affecte le vécu des autres et ce, aussi bien dans l'immédiat que dans leur évolution future (Cloutier, 1986). Ainsi l'enfant, en tant que membre à part entière de sa famille, est très tôt impliqué à sa façon dans les décisions familiales. Il exprime son point de vue et exerce une influence sur ces décisions.

La séparation au départ est cependant une décision d'adultes avec laquelle la majorité des enfants sont en désaccord (Hetherington, 1989). Le plus souvent, cette décision n'est communiquée aux enfants qu'après le départ d'un des parents. Wallerstein et col. (1980) constatent que près de 80% des enfants n'ont pas été préparés ni avertis de la décision de la séparation ou du divorce. À cette étape, l'influence de l'enfant se traduit souvent par le choix des parents de retarder cette décision.

Une fois le processus enclenché par les adultes, il semble que la participation de l'enfant aux décisions soit rarement sollicitée. En effet, tout au long du processus de négociation où l'intérêt de l'enfant est directement en jeu, on ne lui accorde que très rarement un droit de parole direct (Fry, 1983; Luepnitz, 1986). C'est souvent à son entourage qu'on demande d'évaluer son adaptation et de déterminer ses besoins et ses intérêts. Les préférences de l'enfant ne sont donc pas souvent connues, et quand elles le sont, elles ne sont respectées que lorsqu'elles sont congruentes avec le jugement des adultes. On considère généralement et de façon tout à fait arbitraire que l'enfant est trop jeune pour comprendre la complexité de la problématique et les implications des décisions en cause et qu'il appartient aux parents de décider.

Or, au moment de la séparation et du divorce, à cause du conflit qui oppose les parents et des émotions puissantes qui les submergent, ces derniers ne sont pas toujours en mesure de tenir compte des besoins de l'enfant, trop centrés qu'ils sont sur les leurs (Hetherington et Arasteh, 1988; Wallerstein et col., 1980).

La plupart du temps, dans le processus de séparation ou de divorce, ce sont donc les adultes qui parlent «du meilleur intérêt des enfants» à partir de leurs perceptions. Pourtant, l'enfant a souvent une perception subjective cohérente qui peut être différente de celle de l'adulte (Brim, 1975).

LES DROITS RECONNUS À L'ENFANT

Bien que le divorce et la séparation soient des événements typiquement conjugaux, ils impliquent une dimension sociale importante puisqu'ils constituent un règlement contractuel entre les conjoints, règlement généralement sanctionné par l'entremise du système judiciaire. Ils sont donc soumis au respect des droits sociaux accordés à l'enfant. Dans cet esprit, la reconnaissance de droits à l'enfant est maintenant inscrite dans le Code civil du Québec[1] qui stipule que «son intérêt et le respect de ses droits doivent être les motifs déterminants dans les décisions qui le concernent». La loi accorde également à l'enfant la possibilité d'être représenté par un avocat distinct de celui de ses parents et donc d'être entendu lorsque son intérêt est en jeu. Ces dispositions témoignent de l'émergence d'une nouvelle pratique du droit familial qui dépasse la simple affirmation du principe de défense de l'intérêt de l'enfant. En lui fournissant le moyen de défendre ses intérêts, le législateur lui accorde un certain droit de parole dans le divorce de ses parents (Boisclair, 1978).

Cependant, en dépit de droits sociaux reconnus à l'enfant, il semble que son droit de parole dans la séparation parentale soit peu sollicité. Lorsqu'il est question de donner une place à l'enfant dans les décisions qui le concernent, le reflexe le plus courant consiste à affirmer «qu'il est trop jeune pour comprendre» et «qu'on ne peut décemment lui faire porter le poids de la décision concernant le parent avec qui il vivra». Ce type de réaction reflète bien la confusion qui existe trop souvent entre le fait de participer à une prise de décision et le fait de porter le poids de la décision. Il apparaît donc pertinent de s'interroger sur la place manifestement reconnue à l'enfant par sa famille au moment de la séparation.

La société reconnaît légalement des droits à l'enfant comme personne à part entière. D'autre part, la famille lui reconnaît une influence sur les autres membres de ce système comme il est lui-même influencé par eux (réciprocité). Il subsiste néanmoins au plan social comme au plan familial des interrogations sur la reconnaissance réelle de cette place de l'enfant. Le respect de l'enfant comme membre de la cellule familiale peut faire référence à plusieurs volets

---

1. Art. 32 et 33 C.c.Q.

reliés à la place qu'on lui accorde: la considération des implications d'une décision sur son développement futur et le respect de son droit d'être informé des décisions qui le concernent ou la possibilité d'exprimer son point de vue dans une prise de décision.

Dans une famille avec enfant, la séparation n'implique pas uniquement le couple mais constitue un processus dynamique de réorganisation ayant cours dans une série de contextes et d'enjeux décisionnels. Ainsi, la question de la place de l'enfant dans la séparation des parents nécessite la considération de plusieurs étapes et zones de réorganisation familiale. Si l'on conçoit que l'enfant n'est pas impliqué de la même façon dans tous les aspects du divorce de ses parents, les zones qui le concernent doivent être définies.

LE DROIT DE PAROLE DE L'ENFANT DANS LES RÉORGANISATIONS FAMILIALES

Les résultats de nos recherches menées au Québec auprès de familles (pères-mères-enfants) sur le droit de parole de l'enfant dans la séparation parentale serviront de bases pour discuter de la pertinence de l'implication de l'enfant dans la médiation (Barry, Cloutier, Fillion et Gosselin, 1985; Barry, 1988).

Deux volets ont été abordés dans le cadre de ces travaux. La première question voulait mesurer comment la compréhension des enfants se compare à celle des parents en regard des problèmes que pose la réorganisation familiale suite à la séparation.

Les résultats obtenus appuient la tendance identifiée par les travaux de Melton (1983) à l'effet que les adolescents, dans la plupart des domaines décisionnels, ne peuvent être distingués des adultes sur la base de leur compétence à prendre des décisions. Ils apportent également une nuance en fonction de l'âge et du sexe de l'enfant puisque les plus jeunes (8 ans) affichent un niveau de compréhension moindre que les adultes alors que les pré-adolescents (11 ans) obtiennent des résultats comparables à ceux des pères. Lorsqu'on tient compte du sexe des enfants, les garçons obtiennent des résultats moindre que les pères, mais les filles ont une compréhension égale à celles des adultes masculins. Les adultes peuvent donc présenter entre eux un niveau différent de compréhension des mêmes situations reliées à la séparation parentale et ce n'est pas là une raison d'exclure l'adulte masculin du processus judiciaire ou de médiation entourant le divorce, même si c'est là l'argument principal pour en exclure l'enfant.

Les implications de ces résultats sont importantes pour la responsabilisation sociale de l'enfant, c'est-à-dire son droit de participer aux décisions qui le concernent et qui conditionnent son développement futur. La capacité de l'enfant de comprendre les enjeux de la séparation n'apparaît pas une justification valable pour son exclusion du processus décisionnel.

La deuxième question touchait l'évaluation de la place accordée à l'enfant dans les décisions entourant la séparation parentale. Ici, la notion de «place de l'enfant dans la séparation de ses parents» ne signifie pas que l'enfant décide de la séparation. Ce concept renvoie plutôt à la place relative de l'enfant dans sa famille qui se transforme parce que deux de ses membres importants, les parents, veulent se séparer.

La place de l'enfant dans les décisions des réorganisations familiales suite à la séparation parentale est, dans cette recherche, déterminée sur la base de trois niveaux indépendants de participation décisionnelle de l'enfant: 1) *l'accès à l'information* qui renvoie à l'information donnée à l'enfant à propos des événements et des décisions qui le touchent; 2) *la participation à l'interaction*, soit sa participation manifeste aux discussions entourant les réorganisations familiales; et 3) *le contrôle effectif ou poids décisionnel* qui concerne le poids relatif que l'on accorde au point de vue de l'enfant dans les décisions finales.

Les résultats indiquent que la famille (père-mère-enfant) est d'accord pour donner à l'enfant le droit de participer aux discussions, mais comparativement le poids décisionnel accordé à l'enfant sera moindre que sa place dans les discussions. La légitimité de son implication dans le processus est donc admise, mais il y a une gradation dans la responsabilisation de l'enfant: celui-ci se voit accorder une voix plus consultative que décisionnelle.

De plus, la reconnaissance de la place de l'enfant dans sa famille n'est pas indépendante des contextes décisionnels. Les domaines qui échappent le plus souvent à son contrôle (les aspects financiers notamment) sont ceux où on lui reconnaît moins de pouvoir. Au niveau de la garde, les mères attribuent peu de place à l'enfant mais l'ensemble des répondants lui en reconnaît une importante dans l'organisation des visites.

Les perspectives des adultes et des enfants diffèrent autant au niveau des solutions qu'au niveau de la responsabilisation accordée à l'enfant. Les enfants proposent des modèles plus variés et plus divergents de la réalité vécue (la garde à la mère) et ils s'accordent moins de pouvoir que celui qui leur est concédé par les adultes. Les pères apparaissent moins présents et moins actifs que les mères dans les réorganisations familiales.

Enfin, l'expérience de la séparation est associée à une concession d'un poids décisionnel significativement moindre à l'enfant dans les décisions qui le concernent lors de la transition familiale et ce autant au niveau des adultes que des enfants: les familles intactes donnent plus de poids à l'enfant. Le fait d'avoir vécu la séparation a donc pour effet de faire baisser la responsabilité accordée à l'enfant. Cette tendance nous apparaît importante socialement car elle remet en question la valeur de la représentation parentale des intérêts de l'enfant au moment du divorce. À ce moment, les parents ont tendance à donner moins de place au point de vue de l'enfant au profit de leur propre point de vue, ce qui peut constituer une injustice par rapport à ce que l'enfant aurait comme place si ses parents n'étaient pas impliqués dans cette situation.

L'IMPLICATION DE L'ENFANT DANS LA MÉDIATION

La reconnaissance de droits sociaux à l'enfant, ses capacités de compréhension des situations familiales et l'acceptation par les familles de la légitimité de son implication dans le processus de réorganisation familiale qui accompagne la séparation parentale ouvrent la voie à l'implication de l'enfant dans la médiation.

C'est au médiateur, à l'intérieur de son rôle de gestionnaire du processus, qu'il appartient de voir à ce que la participation de l'enfant aux réorganisations familiales soit sollicitée et il existe plusieurs modalités pour l'actualiser.

LA REPRÉSENTATION DE L'ENFANT PAR LES PARENTS

Les parents eux-mêmes peuvent être le porte-parole des enfants. Ce sont alors eux qui, à la demande du médiateur, exposeront leurs perceptions des besoins des enfants et examineront les solutions pertinentes. Dans cette approche, la participation de l'enfant est sollicitée en encourageant les parents à informer l'enfant de la séparation et du processus de médiation en cours entre les parents et à discuter avec lui pour connaître ses perceptions, désirs et appréhensions.

Cette approche convient généralement dans le cas où les enfants sont jeunes et incapables d'exprimer verbalement leurs désirs et craintes, de même dans les cas où les perceptions des parents sont convergentes. Cependant, les perceptions des parents doivent être en accord avec les intérêts des enfants. En effet, en dépit de son rôle de neutralité, le médiateur doit intervenir lorsque les intérêts des enfants ne sont pas pris en considération ou lorsque ses droits sont menacés ou non respectés.

L'INTERVENTION D'UN EXPERT

Avec l'accord des parents, les enfants peuvent être rencontrés par un expert dans le but d'évaluer leurs besoins et de faire des suggestions susceptibles de rencontrer leurs intérêts. La participation d'un expert assure une représentation indépendante à l'enfant et laisse au médiateur l'espace requis pour guider le processus de négociation en intégrant l'opinion impartiale d'un tiers. Il conserve ainsi sa neutralité et traite les informations de l'expert au même titre que celles apportées par les parents. Les informations et les options provenant de cette personne-ressource permettent d'élargir le débat sans que le médiateur ait à prendre parti pour l'un ou l'autre des parents.

Cette forme d'implication de l'enfant s'avère nécessaire lorsque le médiateur ne possède pas la compétence pour rencontrer les enfants, lorsqu'il juge la problématique trop complexe ou que le conflit parental est très polarisé et qu'expliquer aux parents les besoins de l'enfant serait perçu comme une coalition contre l'un ou l'autre.

LA PARTICIPATION DIRECTE DE L'ENFANT À LA MÉDIATION

La participation directe de l'enfant à la médiation reflète la philosophie selon laquelle l'enfant, en tant que membre à part entière de sa famille, doit être impliqué dans le processus de réorganisation. Elle nécessite des habiletés cliniques de la part du médiateur.

Parents et enfants peuvent être rencontrés ensemble au tout début du processus afin de mettre en évidence les réactions de chaque enfant face à la rupture et permettre au médiateur d'expliquer le cadre et les modalités de ses interventions.

Par la suite, les enfants pourront être rencontrés seuls afin que le médiateur soit en mesure d'évaluer et de comprendre les besoins des enfants et de les traduire aux parents en leur présentant leurs perceptions et solutions (Drapkin et Bienenfeld, 1985). En rencontrant les enfants et les adolescents, le médiateur peut cependant être confronté avec de l'information confidentielle qui, à ses yeux, aurait avantage à être transmise aux parents. Il n'a pas à trahir la confidentialité à moins de raisons graves, mais il doit analyser avec l'enfant l'impact de son silence.

La participation directe de l'enfant à la médiation ne signifie pas que c'est lui qui décidera des modalités des réorganisations familiales. Cependant, elle lui permettra d'émettre ses besoins et de générer des alternatives originales qui pourront conduire à un modèle plus adapté aux besoins de l'ensemble des membres de la famille. Suite à la rencontre avec les enfants, le médiateur traduira leurs besoins aux parents ou encouragera les enfants à le faire eux-mêmes.

À la fin de la médiation, une dernière entrevue parents-enfants donne l'occasion aux enfants de discuter des décisions qui ont été prises et de constater qu'elles ne l'ont pas été de façon arbitraire. Elle leur permet également de constater la cohésion et l'entente entre les parents.

CONCLUSION

La légitimité de l'implication de l'enfant dans le processus qui accompagne la séparation parentale est généralement admise. Dans le cadre des réorganisations familiales engendrées par la séparation parentale, cette implication de l'enfant au processus de décision assure le respect de ses droits, donne aux enfants un certain sentiment de contrôle sur ce qui leur arrive et est susceptible de permettre une dépolarisation du problème. Le conflit dyadique entre les parents, fortement chargé d'hostilité devient, avec l'implication de l'enfant, un problème où plusieurs perspectives entrent en ligne de compte, chacune étant objectivée par rapport aux autres.

La participation de l'enfant à la médiation peut cependant se faire selon plusieurs modalités en fonction de la problématique présentée, du niveau de conflit entre les parents, de l'âge des enfants et des habiletés du médiateur mais, en tout temps, il lui revient de s'en assurer. Elle assure l'expression des besoins spécifiques de l'enfant et permet d'exposer des alternatives originales. En participant à une décision commune, tous les membres de la famille sont davantage assurés de parvenir à une entente satisfaisante pour tous et de voir cette entente respectée.

BIBLIOGRAPHIE

BARRY, S. (1988). *Le droit de parole de l'enfant dans la séparation parentale*. Thèse de doctorat en psychologie. Québec, Université Laval.

BARRY, S. (1986). Les réorganisations familiales à la suite d'un divorce: la place de l'enfant. Dans De Grâce, G.R. et P. Joshi (éd.), *Les crises de la vie adulte*, Montréal, Décarie.

BARRY, S., CLOUTIER, R., FILLION, L. et GOSSELIN, L. (1985). La place faite à l'enfant dans les décisions relatives au divorce. *Revue québécoise de psychologie, 6*, (3), 86-105.

BOISCLAIR, C. (1978). Les droits et les besoins de l'enfant en matière de garde: réalité ou apparence. Sherbrooke, *Revue de l'Université de Sherbrooke*, 104 p.

BRIM, O.G. (1975). Macro-structural influences on child development and the need for childhood indicators. *American Journal of Orthopsychiatry, 45*, 4, 516-524.

CLOUTIER, R. (1986). Le cycle de la relation parent-enfant. Dans De Grâce, G.R. et P. Joshi (éd.), *Les crises de la vie adulte*, Montréal, Décarie.

CÔTÉ, L., BRISSON-AMYOT, P. ET LAFORTUNE, F. (1988). *Le spectre de la neutralité en médiation familiale*. Conférence présentée dans le cadre du Colloque Divorce et enfants. Montréal, le 27 octobre 1988.

DRAPKIN, R. et BIENENFELD, F. (1985). The power of including children in custody mediation. *Divorce Mediation Perspectives on the Field*. The Hayworth Press.

EMERY, R.E. (1994). Renegotiating Family relationships: Divorce, child custody and mediation. New York: Guilford.

EMERY, R.E., MATTHEWS, S.G., et WYER, M.M. (1991). Child custody mediation and litigation: Further evidence of the differing views of mothers and fathers. *Journal of Consulting and Clinical Psychology, 59*, 410-418.

FRY, P.S. (1983). The kid's eye view. The single parent family and children's perceptions of personal needs and concern for the future. *Journal of Children Care, 1*, 31-50.

HETHERINGTON, E.M. (1989). Marital Transitions: A child perspective. *American Psychologist, 4*, 2, 303-312.

HETHERINGTON, E.M. et ARASTEH, J. (1988). *Impact of divorce, single-parenting and stepparenting on children*. M. Hetherington et J. Arasteh (ed). Hillsdale, N.J. Erlbaum.

LUEPNITZ, D.A. (1986). A comparison of maternal, paternal and joint custody: understanding the varieties of post-divorce family life. *Journal of Divorce, 9*, 1-12.

MELTON, G.B. (1983). Children's competence to consent: A problem in law and social science. Dans Melton, G.B., G.P. Koocher et M.J. Saks (éd.), *Children's competence to consent*. New York: Plenum Press.

WALLERSTEIN, J.S. et KELLY. J.B. (1980). *Surviving the breakup: How children and parents cope with divorce*. New York: Basic.

Garde partagée et médiation: au-delà des attitudes et des visions qui modèlent nos interventions

Lorraine Filion*

INTRODUCTION

Solution nouvelle, populaire au Québec depuis le début des années 80, la garde partagée provoque une remise en question profonde des rôles sociaux des parents, mais aussi des mentalités et des attitudes des intervenants. Le scepticisme et les mythes sont tenaces lorsqu'il est question de garde partagée.

Certains professionnels des sciences juridiques et humaines refusent même de considérer ce modèle de garde à moins qu'ils ne trouvent réponse à une longue liste de critères concernant les relations entre ex-conjoint(e)s, leurs capacités parentales, l'âge et le sexe des enfants, etc. Les professionnels s'y opposent aussi au nom de la stabilité, de la sécurité et du sentiment d'appartenance que tout enfant doit connaître pour se développer harmonieusement.

En dépit du point de vue de l'intelligentsia, de plus en plus de parents optent pour une garde partagée. Souvent, il s'agit d'un cri du coeur des parents qui veulent continuer de partager le quotidien de leurs enfants et ainsi atténuer les déchirures causées par le divorce.

Certes l'enfant gardé à tour de rôle par chaque parent est partagé, mais pas divisé, par ses deux géniteurs cherchant à assurer

---

* Travailleuse sociale. Médiatrice familiale accréditée. Chef du Service d'expertise psychosociale et de médiation à la famille.

son bonheur. Les adultes vivant ce mode de garde expriment qu'ils ne se sentent pas exténués par l'excès de responsabilités, ayant du temps pour se retrouver: deux êtres pleinement père et mère, mais à temps partiel. De quoi faire rêver les parents de familles intactes...

Lors d'un divorce, on est rapidement confronté au discours de l'enfant qui revendique le désir de vivre avec ses deux parents sur une base régulière. Ceux qui ont expérimenté ce mode de garde se montrent satisfaits dans l'ensemble puisqu'ils ont deux maisons et qu'ils n'ont pas eu à choisir entre leurs deux parents.

À entendre les parents et les enfants, on est frappé par le fossé qui sépare les professionnels «distributeurs» de services aux familles divorcées, des «consommateurs» (les parents) qui vivent ce type de garde. D'un côté, on entend parler de bonne collaboration et de volonté commune d'appliquer cet arrangement de garde. De l'autre côté, on parle de conflits périodiques voire même permanents dans certains cas, de difficultés d'adaptation, de conflits de valeurs, etc. Ce qui est sûr, c'est que suite à la séparation physique de ses deux parents, l'enfant se retrouve à deux adresses: il a deux maisons.

– Comment les parents prennent-ils la décision de vivre et expérimenter une garde partagée?

– Pourquoi certains parents optent-ils pour ce mode de garde alors que d'autres le rejettent?

– Quelle est l'attitude des professionnels?

– Quels sont les résultats des recherches?

– Quel est le rôle du médiateur familial?

Afin de situer le problème dans son domaine d'intérêt, nous aborderons en premier lieu la question de la terminologie, surtout utilisée au Québec et au Canada, ainsi que la définition de ce concept. Nous ferons ensuite un survol de l'état du droit en cette matière. Il s'avérera important de faire aussi le bilan des principales recherches pour pouvoir saisir la portée des mythes et des visions qui caractérisent la société québécoise. Finalement, nous parlerons du vécu des parents et des enfants expérimentant ce mode de garde afin de jeter un regard sur la réalité des premiers concernés. On sera alors en droit de se demander, en guise de conclusion, comment faire office de conseiller auprès de ces familles dans le cadre d'une médiation.

LES MOTS POUR DIRE, DÉFINIR, COMPRENDRE...

Dans un pays où l'influence américaine se fait sentir non seulement au plan économique, mais tout autant aux plans juridique, social et familial, il y a lieu de s'entendre sur la signification québécoise du terme «garde partagée».

Le terme américain «*joint custody*» inclut les principales expressions suivantes: *shared parenting, dual parenting, co-parenting, shared parenting, co-custody*. Malheureusement, il n'y a pas de consensus sur cette définition, ni à travers la législation américaine, ni chez les intervenants sociaux et juridiques américains. Par contre, en parcourant la littérature psychosociale américaine, on y reconnaît les éléments suivants:

> Joint custody is that both parents are empowered by the Court to retain equal rights, authority and responsibility for the care and control of their child, much as in the intact family. Joint custody does not determine physical custody but it allows parents to plan creatively the residential arrangements that will best meet the child's needs. Joint custody does not mean a rigid 50-50 division of residence.[1]

Nous faisons nôtre cette définition américaine parce qu'elle reconnaît le rôle égalitaire des parents quant aux responsabilités et décisions parentales sans nécessairement impliquer une division rigide et stricte du temps de présence auprès de l'enfant.

QUE SIGNIFIE GARDE PARTAGÉE?

Force est de constater qu'au Québec le concept de garde partagée n'est pas clairement défini et que la situation est particulièrement ardue pour diverses raisons. Les professionnels des sciences juridiques réfèrent à deux systèmes de droit, soit la *common law* et le droit civil, alors que les professionnels des sciences humaines réfèrent constamment à une «jurisprudence» psychosociale, américaine ou canadienne.

Comme tous ces textes sont rédigés en langue anglaise, on y fait alors ses propres traductions, ce qui entraîne un cafouillis incroyable, des prises de positions et des inquiétudes quelquefois injustifiées. La traduction littérale du terme anglais «*joint custody*» par l'expression «garde conjointe» est à l'origine de cette confusion non seulement au plan du concept, mais aussi des droits et des obligations des parents.

---

1. Elkin MEYER, «Joint Custody: Affirming that Parents and Family are Forever», *Social Work*, Jan.-Feb. 1987, vol. 32, n⁰ 1, p. 19-20.

LE POINT DE VUE DES TRIBUNAUX: UN SURVOL

Selon Mayrand[2], la garde conjointe est le fruit de deux erreurs: une erreur de droit et une erreur de terminologie. L'erreur de droit vient de cette théorie erronée à l'effet que le parent gardien est le seul titulaire de l'autorité parentale et dépouille ainsi le parent non gardien de tout pouvoir décisionnel à l'égard de l'enfant. L'erreur de terminologie existe puisqu'elle ne qualifie pas correctement la réalité qu'elle est censée représenter:

> L'appellation fautive de «garde conjointe» est l'aboutissement de deux phénomènes linguistiques – on pourrait dire deux accidents linguistiques – survenus successivement. Le premier a consisté en un élargissement excessif de la notion traditionnelle de garde. Bien que le Code civil du Québec (art. 570 et 647) et notre Code de procédure civile emploient le mot «garde» dans son sens ordinaire et strict, nous lui donnons le sens beaucoup plus étendu que la *common law* donne souvent au mot «custody» et qui englobe tous les attributs de l'autorité parentale.
>
> Ce premier phénomène linguistique a mené au second. L'attribution de la garde au sens exagérément large du mot à l'un des parents divorcés crée un déséquilibre choquant: le gardien a tout, le non-gardien n'a rien, ou presque rien. Par un souci de justice, on a eu l'idée de fractionner la méga-garde ou «garde-custody» pour la rendre partageable. De ce fractionnement ou démembrement sont nées la garde physique (ou matérielle) et la garde juridique (ou légale). La première, c'est la garde au sens strict du mot; on ne peut l'attribuer qu'à l'un des parents séparés. La seconde comporte la surveillance et l'éducation de l'enfant; on peut l'attribuer simultanément aux deux parents séparés et c'est ainsi qu'on leur confie la «garde juridique conjointe» connue sous son nom abrégé de «garde conjointe». (Mayrand, 1989, p. 21)

Cet avis est aussi partagé par Lesage (1988) puisque les deux systèmes de droit (civil et *common law*) doivent, en matière de mariage ou de divorce, céder préséance à une législation fédérale. De plus, les textes étant tout aussi officiels en français qu'en anglais, on comprend pourquoi la confusion est grande.

Dans les provinces de *common law*, il faut déroger à la règle au moyen d'une ordonnance spécifique de garde conjointe. Au Québec, selon le Code civil, le parent non gardien conserve de plein droit un

---

2. Albert MAYRAND, «La garde conjointe (autorité parentale conjointe) envisagée dans le contexte social et juridique actuel», texte d'une allocution prononcée dans le cadre d'un colloque de l'Association des avocats en droit de la famille du Québec, Montréal, 1989, 29 p.

pouvoir décisionnel important pour la surveillance et l'éducation de son enfant. Selon Mayrand (1989), l'ordonnance expresse de garde conjointe n'est pas juridiquement nécessaire mais elle est utile puisque le but poursuivi est de mieux servir les intérêts de l'enfant en ne le privant pas de la précieuse contribution du parent non gardien.

Pour sa part, Lesage (1988) suggère d'éviter l'expression «garde partagée», qui ne peut qu'entraîner la confusion, la garde partagée étant une garde intégrale, exclusive et périodique. Déjà en 1979, madame le juge Claire L'Heureux-Dubé recommandait d'utiliser dans le vocabulaire juridique l'expression «autorité parentale» au lieu de garde conjointe, soit une formulation aussi souple que:

> Les parties continueront d'exercer ensemble l'autorité parentale sur leurs enfants, la requérante (ou l'intimé) en ayant la garde physique, etc.

> ou

> Les parties continueront d'exercer ensemble l'autorité parentale sur leurs enfants, chacune d'elles en ayant alternativement la garde physique pour les périodes et aux conditions suivantes: [...]. (L'Heureux-Dubé, 1979, p. 860)

L'essence de cette recommandation a été reprise en 1987 par la Cour suprême du Canada:

> L'expression «garde physique» est trompeuse. J'ai déjà indiqué qu'une personne à qui un tribunal attribue la garde d'un enfant obtient de toute évidence l'exercice d'une partie de l'autorité parentale qui excède cependant la seule faculté de déterminer la résidence de l'enfant. D'autre part, le concept de «garde légale», [...] est inconnu en droit civil. Le concept civiliste de la garde est indissociable de la présence de l'enfant.

> La Cour d'appel a donc raison, à mon avis, de rejeter la distinction entre la garde physique et la garde légale. La Cour d'appel rejette du même coup le concept de «garde conjointe».

> La question d'une garde conjointe ne se pose pas en l'espèce et je n'exprime d'opinion ni sur sa validité ni sur son opportunité. Je note seulement au plan de la terminologie que l'expression «garde conjointe» ne qualifie peut-être pas correctement la réalité qu'elle est censée représenter; on a suggéré qu'il y aurait lieu de lui préférer l'expression «exercice conjoint de l'autorité parentale».[3]

---

3. *C. (G.)* c. *V.-F. (T.)*, [1987] 2 R.C.S. 244, aux pages 285 et 286.

Il faut donc retenir que la notion civiliste du mot «garde» au Québec implique nécessairement la présence de l'enfant et est distincte de la notion de l'autorité parentale (Reiter, 1991, p. 5). Sans espérer l'unanimité ou l'adoption d'un même langage, on pourrait au moins viser à une même compréhension des droits et devoirs des parents sous le vocable «garde partagée» avant de faire des choix dans l'intérêt de l'enfant.

LA GARDE CONJOINTE PEUT-ELLE ÊTRE ORDONNÉE AU QUÉBEC?

La Cour d'appel du Québec (*Droit de la famille – 301*, [1988] R.J.Q. 17 (C.A.)) reconnaît aux juges l'autorité d'imposer une garde conjointe en autant:

- que l'intérêt de l'enfant soit ainsi mieux servi;

- que les deux parents soient de bons parents et qu'ils soient capables de mettre de côté leurs querelles conjugales et de coopérer dans le meilleur intérêt de l'enfant;

- que cet arrangement de garde ait de bonnes chances de succès.

C'est à partir de l'un ou l'autre de ces principes énoncés que certains jugements rendus en première instance, ordonnant une garde conjointe sans le consentement des deux parents, ont été cassés en appel.

C'est par exemple ce qui est arrivé à la décision rendue par le juge Gomery (C.S. Montréal, n° 500-12-004697-834, 17 juin 1986). La Cour d'appel (*Droit de la famille – 301*, [1988] R.J.Q. 17) considère qu'on ne peut convenir d'une garde conjointe pour les raisons suivantes:

- les parties ne semblent pas avoir la capacité de collaborer entre elles;

- l'intérêt de l'enfant doit prévaloir et il sera mieux servi si la garde est confiée à l'appelant.

D'autres jugements rendus par la Cour supérieure du Québec en cette matière ont ordonné une garde conjointe sans le consentement des deux parents:

- C.S. Montréal, n° 500-12-124960-836, 23 janvier 1984, Jeanne L. Warren;

- C.S. Montréal, n° 500-12-149203-865, 2 juin 1986, Jean-Claude Nolin;

- C.S. Montréal, n° 500-12-124147-830, 10 janvier 1986, P. Cutler;

- C.S. Montréal, n° 500-12-195332-915, 3 mai 1991, John R. Hannan.

Donc, dans le contexte juridique québécois, à moins que les deux parents n'y consentent ou qu'ils rencontrent les prérequis énumérés antérieurement et édictés par la Cour d'appel, il ne saurait être question d'une garde conjointe ordonnée par la cour. La décision récente du juge Victor Melançon reflète bien la vision du tribunal:

> [...] La garde conjointe telle qu'entendue généralement ne se réalise vraiment que s'il existe un accord constant des parties quant aux enfants. Tel n'est pas le cas ici, et existent toujours des tensions.[4]

Pour ces motifs, le juge rejette la demande de garde conjointe du père.

QUE SE PASSE-T-IL «CHEZ L'ONCLE SAM»?

Trente-six des cinquante États américains ont adopté une forme de garde conjointe. Il est impossible de s'y retrouver sans obtenir et étudier en détails les textes de loi de chacun de ces États car ils diffèrent les uns des autres. En 1989, l'Association du Barreau américain a approuvé un modèle de garde conjointe similaire à celui adopté par la Floride en 1982 (F.S.61.13). Nous nous sommes intéressée de près au texte de loi de cet État qui stipule que:

> Shared parental responsibility is defined as a court ordered relationship in which both parents retain full parental rights and responsibilities and in which decisions are made jointly. (Sasser, 1991)

La même considération est donnée au père et à la mère dans la détermination de la résidence principale de l'enfant, peu importe son âge ou son sexe.

La Californie a depuis longtemps dicté la cadence, particulièrement en cette matière, mais cet État a fait marche arrière en 1988. Comme on le sait, la loi a été modifiée pour abandonner la présomption de «joint custody» ou de toute autre forme de garde, ce qui laisse une grande discrétion aux tribunaux pour fixer les arrangements

---

4. C.S. Montréal, n° 500-04-003084-846, 26 juillet 1991, Victor Melançon.

résidentiels des enfants et le mode de partage des responsabilités parentales.

Depuis 1982, le bilan de l'expérience de la Floride, selon Sasser (1991), est le suivant:

> Both parents seem to participate in the child-sharing activities together more, at least after discussions between each other, than prior to 1981, when Florida had a custody arrangement in which one parent was deprived of primary custody.

> The non-custodial spouse is willing to make timely child support payments when that spouse can participate in the child-sharing activities.

ET CHEZ LES COUSINS FRANÇAIS?

En France, on a adopté une loi en 1987[5] «sur l'exercice de l'autorité parentale» où l'on a carrément banni l'emploi du mot «garde». En fait, l'exercice en commun de l'autorité parentale est prononcé par le tribunal, après avoir obtenu l'avis des parents. La Cour de cassation a statué que la garde conjointe pouvait être reconnue aux parents divorcés[6], mais que le juge ne pouvait leur en confier alternativement la garde.

UN APERÇU DES RECHERCHES EN MATIÈRE DE GARDE PARTAGÉE

Les études menées depuis le début des années 70, en Amérique du Nord, confirment l'existence de deux courants de pensée: les tenants du «pour» et les tenants du «contre».

Une des meilleures études canadiennes faites jusqu'à ce jour est celle réalisée par Irving (1986) en Ontario.

Les points saillants de cette recherche se résument à ceci:

1. C'est un mythe de croire que les parents divorcés ne peuvent entrer dans une relation de coopération.

2. C'est un mythe de croire que la garde partagée n'est rien de plus qu'une garde exclusive à la mère avec un accès libre et fréquent au père.

---

5. Loi nº 87-570 du 22 juillet 1987.
6. Arrêt du 21 mars 1983, Civ., JCP 1984-II-20161, *Mme M.C.M.;* arrêt du 2 mai 1984, Cass. civ., JCP 1985-II-20412.

3. C'est un mythe de croire que l'enfant du divorce a besoin d'un seul parent psychologique, le parent gardien.

4. C'est un mythe de croire que la garde partagée n'est accessible qu'aux parents riches.

5. C'est un mythe de croire que les deux résidences des parents doivent être à proximité l'une de l'autre pour garantir le succès de ce mode de garde.

6. C'est un mythe de croire que l'arrivée d'un(e) nouveau(velle) conjoint(e) va entraîner l'échec ou l'abandon de ce mode de garde.

7. Ce n'est pas juste de dire que les attitudes des avocats entraînent ou causent l'échec de l'expérimentation de ce modèle de garde. Il serait plutôt approprié de dire:

   – qu'une minorité de parents ont été «forcés» d'adopter ce modèle de garde et en ce sens, les avocats ont pu contribuer à l'échec;

   – que l'opposition présumée des avocats à ce mode de garde a été confirmée.

8. C'est un mythe de croire que la viabilité des arrangements de garde partagée est faible et qu'avec le temps de tels arrangements ne peuvent durer.

Ce qui amène Irving à la conclusion suivante:

> But contributing to failure is not the same as causing it. It would probably be fairer to say that counsel may contribute to outcome failure by sanctioning non-viable agreements and by making available this custody option to couples for which it is counterindicated. (Irving et Benjamin, 1986, p. 92)

L'étude d'Irving et Benjamin (1986) indique que, pour que ce mode de garde soit satisfaisant, il n'est pas nécessaire que le partage soit égal, ni en temps, ni en argent. Il en est de même pour la distance et le mouvement entre les deux résidences. Ils sont d'avis que le juge devrait avoir l'autorité d'ordonner la garde partagée contre le désir de l'un des parents. Cet avis est partagé par Kelly (1983). Celle-ci explique pourquoi la garde partagée devrait même être considérée avantageusement par rapport à la garde exclusive:

Some women legitimately refuse joint physical custody because they have lived with men who have emotionally or physically abused their children. And some seek relief from physical spousal abuse or harassment. Others who refuse, however, are angry and rejected women who seek revenge and a reinstatement of self-esteem by using their children to punish a spouse who has terminated the marriage. There are also women whose identities are so bound up in their role as full time mother that they cannot envision sharing the parental role with the father without undue anxiety and fear for their own well-being. Further, there are emotionally disturbed women who, due to their own pathology, vigorously fight a father's desire to be involved in the children's lives. Some additional women have been advised by friends or parents not to allow the father anything more than traditional every-other-weekend visitation. In these various instances, there may be no legitimate reasons based on the father's capacity to parent for refusing to consider joint custody. Yet the children of such women would be denied more generous access to their father despite the real possibility that increased contact could be more psychologically beneficial.[7]

Outre Kelly et Irving, d'autres chercheurs ont tenté d'élucider quelques interrogations relatives à ce mode de garde. Sur la question du conflit de loyauté de l'enfant par exemple, les travaux de Clawar (1983) montrent qu'au contraire des conflits peuvent être réduits lorsqu'il existe un équilibre contact/pouvoir entre les parents biologiques.

Quant au besoin de stabilité de l'enfant, Clawar (1983) prétend que le problème n'est pas une question d'une ou deux résidences pour l'enfant, mais plutôt de la capacité des deux parents de partager le pouvoir, l'amour et le temps avec l'enfant. Il est aussi question du respect de l'autre parent.

QUELQUES TENANTS DU «CONTRE»

Goldstein, Freud et Solnit (1973) ont fait ressortir le besoin primordial de l'enfant de développer un sentiment d'appartenance à un milieu et en conséquence à pouvoir référer à un parent psychologique. Ce point de vue est aussi partagé par Westman (1979).

D'autres auteurs ont aussi fait voir que ce type de garde pouvait augmenter la possibilité de conflits additionnels avec le nouveau

---

7. Joan B. KELLY, «Further Observations on Joint Custody», (1983) 16 *U.C.D.L. Review* 768.

conjoint (Westman, 1979; Morgenbesser et Nehls, 1981). Quant à Hagen (1987), il questionne la présomption favorable dont la garde conjointe est l'objet surtout lorsqu'il y a conflit perpétuel entre les parents.

Une revue critique de la recherche en matière de garde conjointe a été faite par Irving et Benjamin et publiée en 1984. Ils ont passé en revue la théorie, la méthodologie, l'analyse et les données pour en arriver aux réflexions suivantes:

- les échantillons utilisés ne sont pas assez grands;

- les diverses mesures de validité ne sont pas suffisantes;

- le point de vue de l'enfant est rarement obtenu directement, mais par le biais des parents;

- le nombre de groupes contrôle comparant, par exemple, les enfants de garde exclusive, de type contesté et non contesté, avec des enfants de garde partagée est trop petit;

- quoique des lacunes soient présentes au niveau méthodologique, la revue de la recherche amène les auteurs à conclure que dans l'ensemble, il existe un haut niveau de cohérence au plan empirique.

Bien que les données relatives à la viabilité de ce mode de garde soulèvent une foule de questions, il n'en reste pas moins que les réponses sont satisfaisantes pour faire de la garde partagée une alternative viable à la garde exclusive.

Plus près de nous, au Québec, une étude a été menée par Cloutier et autres (1990) quant à l'appréciation par les parents et les enfants de trois formules de garde dont la garde conjointe. Il ressort de cette étude que les enfants gardés alternativement par leur père et leur mère sont les plus satisfaits de leur arrangement de vie familial. Le maintien d'un contact avec les deux parents semble relié à ce phénomène. Comment s'y retrouver face à cette abondante littérature? Pour faciliter la tâche du lecteur, nous avons jugé à propos de dresser la liste des principaux avantages et inconvénients de la garde partagée. On retrouvera l'information aux tableaux I et II[8].

---

8. Cette liste n'est pas exhaustive, mais regroupe les avantages et les inconvénients les plus fréquemment mentionnés par les parents, les enfants et les professionnels des sciences humaines et juridiques.

TABLEAU I
POUR L'ENFANT

Avantages	*Inconvénients*
– maintient l'accès aux deux parents (Wallerstein et Kelly, 1975);	– entraîne des changements de styles de vie et peut devenir l'occasion de conflits entre ses parents;
– réduit le sentiment de perte ou d'abandon (Wallerstein et Kelly, 1975);	– occasionne des problèmes d'adaptation à deux foyers et à deux styles de vie différents;
– diminue la pression sur l'enfant qui n'a pas à choisir entre deux parents (Wallerstein et Kelly, 1975);	– entraîne des contacts interrompus avec les pairs;
– permet plus facilement de dire «au revoir» à l'autre parent (Greif, 1979);	– fait en sorte que l'enfant se sent en transit entre les deux foyers;
– offre la possibilité d'avoir deux parents psychologiques (Luepnitz, 1982; Abarbanel, 1979);	– favorise l'utilisation de l'enfant par l'un pour atteindre l'autre;
– élimine ce fameux conflit de loyauté;	– favorise la manipulation de la part de l'enfant;
– assure le maintien des relations et le lien avec les deux familles et grands-parents;	– génère l'espoir de réconciliation, chez l'enfant, de ses parents;
– expose davantage l'enfant à la spécificité de chacun des parents (Stack, 1976);	– nuit au besoin du jeune enfant, surtout de développer un sentiment d'appartenance et des liens continus avec le parent psychologique (Goldstein, Freud, Solnit, 1973).
– assure l'enfant de la permanence des soins parentaux.	

TABLEAU II
POUR LES PARENTS

Avantages	*Inconvénients*
– procure une perception plus réaliste des besoins réels des enfants;	– favorise la manipulation par l'enfant (Westman, 1979);
– favorise l'implication du parent non gardien (Roman et Haddad, 1978);	– implique des contacts continus avec l'ex-conjoint;
– rehausse l'estime de soi des deux parents;	– implique des problèmes pratiques et des dépenses additionnelles;
– améliore la qualité de la relation parent-enfant;	– entraîne des problèmes d'horaire et d'organisation de vie;
– favorise un meilleur partage des responsabilités parentales;	– favorise l'intrusion dans la vie privée de chacun des conjoints;
– sécurise les deux parents et offre des opportunités de croissance (Roman et Haddad, 1978);	– favorise les problèmes de communication et d'interprétation entre parents;
– encourage la prise de décision commune et réduit le recours au tribunal;	– implique beaucoup d'énergie et d'efforts pour ce qui est des déménagements fréquents;
– procure à chacun des parents du temps libre où il peut vaquer à ses occupations personnelles.	– augmente la possibilité de conflits additionnels avec le nouveau conjoint et ses enfants; peut même entraîner l'échec de cette nouvelle union dans certains cas (Westman, 1979; Morgenbesser et Nehls, 1981).

PAROLE AUX «CONSOMMATEURS»: LES PARENTS ET LES ENFANTS

Jusqu'ici les traditions psychosociales et légales ont eu pour effet de «divorcer», dans certains cas, l'enfant du parent non gardien, en l'occurrence le père. Cela a créé une situation intenable tant pour les mères que pour les pères. Les mères, aux prises avec le fardeau de la garde exclusive, avec une pension alimentaire mal ou pas payée et des pères peu présents ou inconstants dans l'exercice de leurs devoirs d'accès à leur enfant. Il n'est pas rare d'entendre un père qui s'est vu accorder un droit d'accès un week-end sur deux exprimer le sentiment que le contact n'est rétabli avec son enfant que le dimanche soir alors que c'est le moment de se dire «au revoir».

Les recherches sur l'impact du divorce sur les enfants nous ont renseignés sur cet événement, qui est un processus, et sur ses conditions nécessaires pour favoriser l'adaptation de l'enfant (Wallerstein et Kelly, 1980), soit:

1) que l'enfant garde un contact régulier et fréquent avec ses deux parents;

2) que l'enfant soit mis à l'écart le plus possible du conflit entre les parents.

La première condition a donné prise à de multiples interprétations selon que l'on soit «pour» ou «contre» la garde partagée.

Que signifie «contact régulier et fréquent»? Des tenants du «contre» ont interprété cette condition de la façon suivante: l'enfant a besoin de racines dans un seul milieu, avec un seul parent psychologique, et il a besoin de régularité dans ses contacts avec l'autre parent (un week-end sur deux étant devenu la norme).

Des tenants du «pour» ont utilisé ce besoin d'avoir un contact fréquent et régulier pour soutenir la thèse de la résidence alternée. La séparation et le divorce s'inscrivent à l'intérieur d'un cycle où les enfants et les parents vont franchir diverses étapes allant de la famille monoparentale à la famille recomposée. Les enfants pourront aussi passer d'une garde exclusive à une garde partagée et vice versa.

Un plan de partage des responsabilités parentales face à l'enfant est beaucoup plus que le choix des lieux de résidence de l'enfant.

La garde exclusive, qui en principe fait en sorte que l'enfant réside à une seule adresse, a trop souvent entraîné la désertion du parent «non gardien», le non-paiement des pensions alimentaires et la désolation de l'enfant, «divorcé» de l'un de ses deux parents.

On entend de plus en plus de parents, indistinctement de leur sexe, leur âge, leur profession ou leur statut (monoparental ou bi-parental), avec une garde exclusive ou partagée, se questionner, scruter, discuter leur rôle de parent.

Être parent à temps plein ou à temps partiel, quelle est la formule qui répond le mieux aux besoins de *son* enfant?

L'idée que la garde de l'enfant soit le domaine exclusif ou l'apanage d'un seul parent tend à disparaître non seulement des esprits mais aussi des pratiques.

Que font les parents? Le plus souvent, lorsqu'ils se présentent en médiation, ils ont des idées, ils veulent en discuter, ils veulent protéger leurs enfants, ils veulent continuer de s'en occuper, ils veulent mettre à l'essai. Chaque famille étant unique, toutes les possibilités existent.

QUELLES SONT LES OPTIONS?

Certains parents décident de se partager le domicile, c'est le domicile qui est partagé et non pas les enfants: les parents font leurs valises et les enfants restent en place. Quoique une bonne solution pour les enfants, surtout au début de la rupture, elle ne résiste pas à l'usure du temps et devient donc une solution temporaire.

La plupart des parents choisissent parmi ces alternatives:

1. Ils partagent leur temps de présence auprès des enfants en journées ou en semaines. L'enfant fréquente alors la même école ou la même garderie. Les parents peuvent habiter le même quartier ou sinon acceptent d'assurer le transport de l'enfant. L'alternance de garde 1 semaine – 1 semaine et 2 semaines – 2 semaines sont les plus fréquentes.

2. Ils partagent l'année scolaire, les grandes et les petites vacances.

3. Ils alternent d'année en année la résidence de l'enfant chez l'un et l'autre.

4. Ils partagent les responsabilités, la prise de décision est commune sans impliquer un partage du temps 50-50. Ce type de garde ressemble à première vue à une garde exclusive avec des droits d'accès larges et flexibles mais, dans sa conception et son actualisation, est vécu comme une garde partagée.

Les conflits sont présents, les valeurs différentes, les qualités parentales diverses et les besoins de l'enfant uniques.

On véhicule le mythe de la bonne collaboration entre les ex-conjoints et leur rapport égalitaire et sans conflit quant aux décisions parentales majeures à prendre dans l'intérêt de l'enfant. Il ne nous a pas encore été donné de rencontrer de tels parents ni dans la vie professionnelle, ni dans la vie personnelle, qu'ils soient séparés, mariés ou vivant en union de fait.

Ce qui frappe dans le discours des professionnels en général, ce sont les prérequis nécessaires à l'expérimentation de ce mode de garde pour les parents séparés. On est en droit de se demander si on n'est pas plus exigeant pour ces parents qu'on ne l'est pour les parents de garde exclusive.

Il n'est donc pas surprenant de rencontrer, dans les bureaux des médiateurs, des parents anxieux, inquiets et insécures quant à leur éligibilité à ce mode de garde. Il faut ou bien être courageux, naïf, ou carrément irresponsable voire même égoïste, prétendent certains, pour se lancer dans cette aventure en y entraînant ses enfants.

Des professionnels québécois ont interviewé ces parents et ces enfants (Cloutier et autres, 1990; Guillemaine, 1991 et Gamache, 1989). Dans l'ensemble, ces auteurs reconnaissent:

– que les enfants sont satisfaits de leur sort et ne veulent pas changer de modalité de garde (Gamache, 1989);

– que les enfants de garde partagée sont les plus satisfaits de cet arrangement de vie familiale comparativement à des enfants vivant en garde exclusive avec leur mère et des enfants vivant avec leur père (Cloutier et autres, 1990);

– que les parents sont satisfaits de l'expérience du partage de garde malgré ses aléas et ses inconvénients.

Le mieux pour l'enfant, dans bien des cas, serait la famille intacte. «En son absence, le mieux est d'offrir l'accès pour l'enfant à une continuité parentale, dans l'alternance» (Guillemaine, 1991, p. 129).

COMMENT LES PARENTS PRENNENT-ILS CETTE DÉCISION DE GARDE PARTAGÉE?

Une étude québécoise, menée par Beaudry (1991) auprès de femmes récemment séparées, a démontré que les facteurs les plus importants quant au degré de partage de la garde sont les suivants:

1. le désir de l'autre conjoint de partager la garde;

2. la fréquence des discussions entre ex-conjoints et les enfants;

3. l'implication de l'ex-conjoint dans les soins et l'éducation des enfants pendant la dernière année précédant la séparation;

4. l'âge des ex-conjoints et des enfants.

Plus la femme pense que son ex-conjoint veut partager la garde, plus la femme discute avec son ex-conjoint et les enfants de l'organisation de la garde, plus la femme perçoit que son ex-conjoint est un parent impliqué, plus les ex-conjoints et les enfants sont jeunes, *plus la garde est partagée.*

Le partage des responsabilités parentales lors ou suite à la séparation des parents occupe une grande place en médiation familiale. Très peu de recherches ont traité du processus de décision des parents par rapport aux modalités de garde et il est à souhaiter que ce phénomène fasse l'objet de recherches ultérieures afin de nous guider comme intervenant. Lorsque les parents frappent à la porte du médiateur, ils ont besoin, entre autres:

– de respect, d'empathie et de support;

– d'informations pertinentes, pratiques et diversifiées sur les divers modes de garde;

– d'informations sur les besoins des enfants et leurs réactions;

- d'informations sur les principales recherches psychosociales quant aux différentes gardes;

- d'informations juridiques sur les notions d'autorité parentale, de garde et d'accès;

- leurs droits, devoirs et responsabilités;

- l'état du droit et de la jurisprudence en cette matière;

- d'accompagnement dans certains cas pour mettre à l'essai certaines modalités de partage des responsabilités parentales;

- d'aide afin de donner une voix et une place à l'enfant dans les décisions de réorganisation familiale.

Lorsque les parents frappent à la porte du médiateur, ils n'ont pas besoin d'entendre les préjugés professionnels et personnels du médiateur tels que: «la garde partagée n'est pas à considérer pour un jeune enfant»; «la garde partagée est réservée aux parents qui n'ont pas de conflit»; «la garde partagée exige que les parents résident dans le même quartier», etc.

Faire office de conseiller dans le cadre d'une médiation exige de l'intervenant:

- d'être capable d'identifier ses propres préjugés;

- d'oser nommer l'innommable face à lui-même;

- de donner une voix à l'enfant; et

- de faire confiance aux parents et aux enfants.

CONCLUSION

Lors d'un divorce, on est rapidement confronté à une remise en question des valeurs et des concepts traditionnels touchant la famille. Les ruptures sont de plus en plus fréquentes et banalisées.

La définition de la résidence familiale est controversée car l'enfant se retrouve à deux adresses. La stabilité de l'enfant doit être définie bien plus en termes relationnels qu'en termes géographiques.

Ce qui importe le plus pour l'enfant est la continuité des relations avec ses deux parents suite au divorce.

La croissance de la participation des femmes au marché du travail au cours des dernières années a fait que de plus en plus d'enfants sont élevés par une mère et une autre personne, soit le père, un(e) éducateur(trice), un(e) gardien(ne), une grand-mère ou un grand-père, etc.

Ce cumul de tâches n'a pu et ne peut plus se faire sans un transfert ou un partage de responsabilités éducatives avec d'autres agents (Marcil et Gratton, 1989).

Pour éviter que le père ne «saute comme un fusible», disait Sullerot (1988), lorsqu'il y a rupture et réorganisation familiales, il faut faire une place au père et accepter qu'il établisse une relation différente et non féminisée avec les enfants.

La garde partagée ne peut plus être ignorée et rejetée du revers de la main par les intervenants sociaux et juridiques. Les recherches québécoises, américaines et canadiennes invitent à considérer cette option au même titre que les autres sinon davantage, selon le cas et les circonstances.

Le nouveau contexte social est plus favorable à un partage des responsabilités parentales entre les parents.

Sans devenir l'otage de la terminologie, il faudra bannir certaines expressions de notre vocabulaire afin de faire progresser les choses. Le langage joue un rôle fondamental en modelant nos valeurs, nos priorités, nos croyances et nos comportements. Comme le soulignait Ricci (1990): «Words exist to serve not to oppress». Il faudrait donc cesser de parler de:

- garde partagée, mais de responsabilité partagée;

- ex-mari, ex-femme, mais du père de l'enfant et de la mère de l'enfant;

- mariage raté, mais de mariage terminé;

- droits de visite du père, mais d'accès de l'enfant à son père;

- garde exclusive à la mère et de droits de visite au père, mais d'arrangements résidentiels de l'enfant qui vit avec maman, par exemple, du lundi au vendredi et avec papa du vendredi au lundi, etc.

Il sera sans doute remarquable, l'impact de ces petits changements de vocabulaire sur nos attitudes et nos visions. L'enfant pourra alors être à l'aise de dire: «J'ai deux maisons», «J'ai deux chez-moi». L'enfant, comme on le sait, n'a pas la même notion du temps que l'adulte, et tant mieux car il a beaucoup à nous apprendre.

Pas besoin de passer 3,5 jours chez papa et 3,5 jours chez maman pour qu'il sente un partage équitable des responsabilités et de l'amour de ses parents. Il aime et bénéficie des différences d'aptitudes, d'intérêts et de relations avec chacun de ses parents. Encore là, il ne calcule pas en heures les moments passés avec ses parents mais du plaisir qu'il a ou de la complicité qu'il a avec tel parent. Il est donc grand temps que non seulement nous utilisions un nouveau vocabulaire mais que les tribunaux reconnaissent explicitement le *droit* des deux parents à prendre de façon égalitaire les décisions et le *devoir* de partager équitablement, selon leurs ressources et leurs différences, les responsabilités parentales. Les jugements rendus devraient être très explicites à cet égard.

Pour que tout s'applique, il faudra que les mères acceptent de partager le pouvoir, le contrôle et le temps de vie de leur enfant avec les pères. En outre, elles devront accepter qu'ils jouent ce rôle à leur façon.

De l'autre côté, les pères ne devront pas hésiter à revendiquer leur place, *à la prendre* et à jouer leur rôle dès la naissance de l'enfant. Les vocations tardives seront toujours les bienvenues, lors du divorce, si on se place du point de vue de l'enfant.

La garde partagée et la médiation ont émergé à peu près en même temps, véhiculant des idées semblables, soit l'autodétermination des parents et le besoin de l'enfant de maintenir des contacts continus avec ses deux parents. À l'aube de l'an 2000, il est à souhaiter que ce mode de garde et ce mode d'intervention continuent d'évoluer ensemble afin de continuer de baliser les routes de deux domaines encore méconnus et contestés, dans l'intérêt des familles divorcées.

Mise à jour

À l'approche d'un nouveau millénaire, la garde partagée est à privilégier dans l'intérêt de l'enfant

Alors que le taux de divorce semble se stabiliser, alors que le nombre d'unions de fait ne cesse de croître, alors que la séparation est une réalité contemporaine tant pour les premières, deuxièmes ou troisièmes unions, la décision parentale de terminer un mariage ou une vie commune demeure toujours une période de bouleversement pour tous les membres de la famille.

Si le phénomène a tendance à être banalisé, lorsqu'il se produit au sein d'une famille, les émotions qu'il suscite sont loin d'être banales. Au contraire, les gens qui vivent cette crise la décrivent comme un vrai raz de marée affectif. L'enfant hésite toujours à en parler à ses amis, son professeur et à son entourage. Il vit un désarroi profond, c'est comme si son monde s'écroulait.

L'avènement de la séparation amène, parfois trop rapidement, une recomposition familiale. Les hommes plus que les femmes ont tendance à agir plus promptement, ce qui oblige l'enfant à s'adapter à plusieurs transitions. Ces transitions familiales entraînent des changements de rôles et de liens qui conditionnent le développement de l'enfant.

Celui-ci peut bénéficier de la crise ou se retrouver à plus haut risque, selon les circonstances. La séparation des parents oblige ceux-ci à prendre des décisions quant au partage de leurs responsabilités parentales.

Bien que souvent le désir de l'enfant soit de vivre avec les deux parents, seulement environ 10% des enfants vivent en résidence alternée après la séparation (Cloutier, Careau et Drolet, 1988; Cloutier, Champoux, Jacques et Lancop, 1994).

Lorsque les parents s'entendent, à l'issue de la médiation, sur le partage des responsabilités parentales, 26% d'entre eux optent pour une résidence alternée (Rapport statistique du Service de médiation à la famille, Centres Jeunesse de Montréal, 1994). Ce pourcentage n'était que de 11% en 1987.

État des recherches: un bilan positif

De plus en plus de recherches concluent que la garde conjointe est une formule de garde à privilégier dans le meilleur intérêt de l'enfant.

Voici le bilan positif établi:

– les enfants vivant cette formule de garde sont significative-ment plus satisfaits de leur formule de garde que ceux vivant une garde exclusive au père ou à la mère (Careau et Cloutier, 1990);

– les parents sont aussi plus satisfaits de cette formule de garde (Kelly, 1993);

– le tout-petit enfant (moins de 3 ans) perd rapidement l'at-tachement qu'il éprouve envers son parent s'il le voit peu souvent; la garde conjointe favorise le développement de ce lien envers ses deux parents (Hodges, Laudes, Day et Oder-berg, 1991);

– la garde conjointe implique une présence du père et un engagement aux décisions relatives à la vie de l'enfant (Kelly, 1993; Lemieux, 1993);

– la garde conjointe permet à l'enfant de bénéficier de l'apport spécifique de chacun de ses parents (Sorensen et Goldman, 1990);

– la garde conjointe agrandit le réseau social de l'enfant; il reçoit ainsi plus de stimulations (Pearson et Thoennes, 1990);

– les parents utilisant cette formule de garde comptent plus l'un sur l'autre pour faire du gardiennage à l'occasion et s'en-traider lorsque l'enfant pose des problèmes (Kelly, 1993);

– les parents trouvent plus de temps pour jouer ou échanger avec leur enfant que les parents ayant une garde exclusive (Kelly, 1993);

– c'est avec cette formule de garde que l'on retrouve le plus haut taux de recomposition familiale, les femmes autant que les hommes reforment une famille (Careau et Cloutier, 1990).

Une étude québécoise, menée par l'équipe de chercheurs du Laboratoire de psychologie de l'Université Laval et dirigée par le Dr Richard Cloutier, constitue une excellente source de référence en la matière. En effet, ils ont effectué une étude longitudinale sur une période de 6 ans auprès de 225 enfants et de leurs parents vivant trois formules de garde (garde exclusive au père, garde exclusive à la mère, garde conjointe. L'expression «garde conjointe» signifie que l'enfant passe entre 28 et 72% du temps avec chacun de ses parents).

La première phase de l'étude a été réalisée en 1986-87 auprès de 225 enfants et leurs parents. La séparation parentale était survenue en moyenne depuis 6 ans. Les enfants faisaient partie d'un groupe d'âge (10-15 ans).

La deuxième phase de l'étude est intervenue en 1990-91 auprès de 195 enfants et leurs parents. Enfin la troisième phase a eu lieu en 1993-1994 auprès de 148 enfants et leurs parents.

Les principales conclusions de cette recherche longitudinale sont:

- la garde conjointe est la plus mobile des formules de garde dans le temps comparativement à la garde exclusive au père ou à la mère;

- à la fin de l'étude longitudinale, la garde à la mère est pratiquement aussi mobile que la garde conjointe. L'expression «garde conjointe» signifie que l'enfant passe entre 28 et 72 % du temps avec chacun de ses parents.

Les enfants quittant la garde conjointe se répartissent d'une façon assez homogène entre les autres formules de garde alors que les enfants en garde à la mère se retrouvent en grande majorité en appartement (70% de filles).

- l'enfant éprouve un meilleur attachement envers son père lorsque celui-ci est son parent gardien que lorsqu'il est non gardien;

- l'attachement de l'enfant envers sa mère ne diffère pas qu'elle soit parent gardien ou non gardien;

- l'attachement de l'enfant en garde conjointe est très similaire envers ses deux parents et c'est au sein de cette formule de garde que l'enfant vit la meilleure combinaison possible quant à son attachement à ses deux parents;

– il n'existe pas de différence entre les attitudes des jeunes et leurs projets de vie concernant la famille et le mariage selon la formule de garde de l'enfant.

Quoique cette recherche soit la seule étude longitudinale québécoise, qu'un plus grand échantillonnage d'enfants vivant en garde conjointe serait à considérer pour une autre recherche, et que les résultats obtenus ne peuvent à eux seuls orienter la décision des parents, nous croyons qu'il est plus que temps que les professionnels du divorce considèrent cette formule, au même titre que les autres.

Les médiateurs familiaux sont bien placés, en raison de leur rôle privilégié préventif, pour sensibiliser les parents et les informer des résultats des recherches. Dans le cadre de la médiation, il serait à propos, entre autres de donner accès aux parents aux résultats de cette recherche québécoise, non pas pour les forcer à retenir cette formule mais pour voir à ce qu'ils prennent une décision éclairée, en pleine connaissance de cause.

Les mentalités changent peu à peu mais l'évolution se fait encore trop lentement, croyons-nous.

Les experts, responsables d'évaluation psycho-sociale en matière de garde contestée (soit dans le secteur public ou privé), les juges et les avocats se montrent en général encore réticents face à cette formule de garde.

On invoque encore souvent le conflit parental et l'absence de communication directe entre les parents, comme facteur négatif à l'implantation d'une résidence alternée. Toutefois, ce qui étonne est que ce conflit parental existe, et risque de perdurer tout de même, avec une garde exclusive. Les inconvénients sont-ils si grands pour l'enfant que nous n'osions mettre à l'essai cette formule de garde? Pour qu'une mise à l'essai soit faite, évidemment, les deux parents doivent être en mesure d'accueillir l'enfant et de répondre à ses besoins fondamentaux. Chacun y apportera ce qui lui est spécifique. L'enfant pourra être le premier bénéficiaire de ces différences parentales souvent complémentaires. Un relevé des décisions judiciaires rapportées entre 1989 et 1995 confirme la tendance à l'effet que les ordonnances de garde partagée sont et demeurent exceptionnelles.

Les principaux critères retenus par les juges pour rejeter cette option sont sensiblement toujours les mêmes:

- une conception éducative contradictoire des parents;

- l'avantage d'une prise de décision unique par un parent et un seul domicile pour l'enfant;

- l'absence de dialogue entre les deux parents;

- la rancoeur des parents l'un envers l'autre;

- le besoin de stabilité de l'enfant.

Si l'un de ces critères existe et qu'en plus un expert (psychologue, psychiatre ou travailleur social) formule une recommandation à l'encontre de la garde partagée, les chances du parent, surtout le père, sont relativement minces d'obtenir un jugement en faveur d'une garde partagée.

Conclusion

L'an 2000 arrive à grands pas. Il est, croyons-nous, plus que temps, pour les professionnels du divorce, d'amorcer un virage et d'écarter leurs préjugés personnels et professionnels.

Des études sérieuses ont été faites et il est de notre devoir non seulement de prendre connaissance de ces recherches mais d'en faire part aux parents au cours de la médiation.

Nous ne pourrons ignorer le besoin fondamental de l'enfant de maintenir et développer un lien avec ses deux parents suite à la rupture. L'expérience démontre que rapidement, lors de la séparation de fait, les parents prennent des décisions et que ces décisions risquent d'influencer leur choix de garde pour l'avenir. C'est pourquoi il est à souhaiter que la médiation ait lieu dès la rupture afin que les informations nécessaires à une prise de décision éclairée leur soient transmises et qu'ils reçoivent un accompagnement approprié.

Le juriste (avocat ou notaire) et le thérapeute conjugal (psychologue, travailleur social ou autre professionnel) ont également des rôles privilégiés à jouer avant que les positions ne soient trop cristallisées.

Autant un conseil pourra encourager et soutenir l'engagement parental, autant un autre conseil pourra décourager et démobiliser un parent, surtout si la fibre parentale est déjà faible.

C'est pourquoi nous souhaitons, pour l'enfant du divorce, un monde meilleur où ses deux parents seront présents et complémentaires, selon les besoins et les circonstances. Les parents auront avantage à rencontrer sur leur route un ou des professionnels ouverts et sans préjugés face à toutes les formules de garde. Saurons-nous relever ce défi? L'enfant de l'an 2000 en sera le plus grand bénéficiaire, si nous osons faire confiance aux parents et que nous faisons fi des préjugés.

BIBLIOGRAPHIE

ABARBANEL, Alice (1979), «Shared Parenting After Separation and Divorce: a Study of Joint Custody». American Orthopsychiatric Ass., U.S.A.

BARRY, S., CLOUTIER, R., FILION, L. et GOSSELIN, L. (1986), «La place faite à l'enfant dans les décisions au divorce», *Revue québécoise de psychologie*, vol. 6, n⁰ 2, avril 1986.

BARRY, Suzanne, «La place de l'enfant dans les transitions familiales», *Apprentissage et Socialisation*, vol. 13, n⁰ 1, mars 1990, p. 27-37.

BEAUDRY, Madeleine, «Le partage des responsabilités parentales à la suite d'une séparation», Série – Résultat de recherche, Laboratoire de recherche, École de service social, Université Laval, Québec, 1991, 163 pages.

BERMAN, Eleanor (1977), *The Cooperating Family*, Prentice Hall Inc., New Jersey.

BOUCHER, Caroline, GUAY, Suzy et PLAMONDON, Carole (1984), *Tous les détours; de la garde conjointe à la coparentalité*, Université Laval, 1984.

BROWN-GRIEF, Judith (1979), «Fathers, Children and Joint Custody». American Orthopsychiatric Ass., U.S.A., 49 (2).

CANADIAN JOURNAL OF PSYCHIATRY (1985), «Children of Parental Divorce: Vulnerable or Invulnerable?», vol. 30, n⁰ 4, Ottawa, Canada, June 1985.

CLAWAR, Stanley S. (1983), «Popular and Professional Misconceptions about Joint Custody», *Conciliation Courts Review*, vol. 21, n⁰ 2, December 1983.

CLOUTIER, Richard et CAREAU, Louise (1990), «La garde de l'enfant après la séparation: profil psychosocial et appréciation des familles vivant trois formules différentes», *Apprentissage et Socialisation*, vol. 13, n⁰ 1, mars 1990, p. 55-66.

CLOUTIER, R., CAREAU, L. et DROLET, J. (1988), *La garde partagée: implications psychologiques*, Communication présentée dans le cadre du congrès 1988 de la Corporation des psychologues du Québec, Montréal.

CLOUTIER, R., CHAMPOUX, L., JACQUES, C. et LANCOP, C. (1994), *Ados, familles et milieux de vie*, Rapport de l'enquête québécoise menée sur les adolescents dans le cadre de l'année internationale de la famille, Université Laval, Centre de recherche sur les services communautaires, Québec.

COUTURE, Brigitte, sous la direction de Cloutier, Richard, *Évolution de la garde des enfants après la séparation des parents: un suivi sur quatre ans*, mémoire de maîtrise en psychologie, École de psychologie, Université Laval, déc. 1995, 129 p.

DERDEYN, André (1976), «Child Custody: A Reflection of Cultural Change», *Journal of Clinical Child Psychology*, Fall, vol. 7 (3).

DERDEYN, André (1976), «Child Custody Contests in Historical Perspective», *American Journal of Psychiatry*, Dec., vol. 133.

DURST, Pamela Landes, WEDEMEYER, Nancy Voigt et ZURCHER, Louis A. (1985), «Parenting Partnership After Divorce, Implications for Practice», *Social Work*, September, October 1985.

FOLBERG, Jay H., GRAHAM, Marva (1979), «Joint Custody – Myth and Reality», tiré d'un article intitulé «Joint Custody of Children Following Divorce», *Davis Law Review*, Special Symposium on Children and the Law, Spring 1979.

FORTIN, Denise (1985), «L'entente de garde conjointe suite aux interventions du Service de médiation à la famille de Montréal», Mémoire de maîtrise, École de service social, Université de Montréal, août 1985.

GAMACHE, Marie-Josée, *La garde partagée; recherche exploratoire québécoise: l'expérience de garde partagée d'enfants de 9-10 ans en milieu urbain*, texte d'une allocution prononcée au Colloque provincial des Services d'expertises à la Cour supérieure, Québec, 16 juin 1989.

GALPER, Miriam (1978), *Co-Parenting: Sharing Your Child Equally*, Running Press, Philadelphia.

GALPER, Miriam (1979), *Le Guide pour parents séparés ou divorcés*, Québecor, Canada.

GOLDSTEIN, J., FREUD, A. et SOLNIT, A. (1973), *Beyond the Best Interests of the Child*, Free Press, New York.

GUILLEMAINE, Claudette, *La garde partagée: un heureux compromis*, Stanké, 1991.

GREIF, Geoffrey L., «Mothers Without Custody», *Social Work*, Jan.-Feb. 1987, vol. 32 (1), p. 11-16.

GROTE, Douglas et WEINSTEIN, Jeffrey (1977), «Joint Custody: A Viable and Ideal Alternative», *Journal of Divorce*, vol. 1 (1), Fall.

HAGEN, Jan L., «Proceed with Caution: Advocating Joint Custody», *Social Work*, Jan.-Feb. 1987, vol. 32 (1), p. 26-30.

HOLUB, Donald (1978), «The Pros and Cons of Joint Custody», *Conciliation Courts Review*, vol. 16, no 1.

HODGES, W.F., LANDES, T., DOY, E. et ODERBERG, N. (1991), «Infant and toddlers and post-divorce parental access: An initial exploration». *Journal of Divorce and Remarriage*, 16 (3-4), 239-252.

HOM-INFO (1984), (Magazine d'information sur la condition masculine), «La garde partagée», Montréal, déc.-jan.-fév.

IRVING, Howard H. et BENJAMIN, Michael (1986), «Shared Parenting in Canada: Questions, Answers and Implications», *Canadian Family Law Quarterly*, Carswell Legal Publications, vol. 1, nᵒ 1, August 1986, p. 79-103.

IRVING, Howard H. et BENJAMIN, M., «Shared Parenting: A Critical Review of the Research», *Canadian Social Work Review*, 1984, p. 13-29.

KELLY, J.B., «Further Observations on Joint Custody», (1983) 16 *U.C.D.L. Review* 762-770.

KELLY, J.B. (1993), «Current research on children's post divorce adjustment: no simple answers», *Family and Conciliation Court Review*, 31, (1), 29-49.

LAROCHE, Ghislain (1985), «Moi aussi j'ai deux maisons», *Justice*, mars 85, Québec.

LEGAULT, Dominique et PINEAULT, D. (1985), «La garde partagée: piège ou libération?», *La Vie en Rose*, avril 1985.

LEMIEUX, N., (1993), *L'ajustement de l'enfant à la séparation: évaluation d'un programme portant sur les relations coparentales et parentales*, Thèse de doctorat inédite, Université Laval, Québec.

L'HEUREUX-DUBÉ, Claire (1979), «La garde conjointe, concept acceptable ou non?», *Revue du Barreau*, tome 39, nᵒ 5, sept.-oct. 1979.

LUPNITZ, Deborah A., *Child Custody*, Lexington Books, 1982, Philadelphia.

MAYRAND, Albert, «La garde conjointe, rééquilibrage de l'autorité parentale», *Revue du Barreau canadien*, 1988, vol. 67, nᵒ 2, p. 193-217.

MAYRAND, Albert, *La garde conjointe (autorité parentale conjointe) envisagée dans le contexte social et juridique actuel*, texte d'une allocution prononcée dans le cadre d'un colloque de l'Association des avocats en droit de la famille du Québec, Montréal, 1989, 29 pages.

MEYER, Elkin, «Reflections on Joint Custody and Family Law», *Conciliation Courts Review*, vol. 16, nᵒ 3, December 1978.

MEYER, Elkin, «Joint Custody: A Self-Determined Structure For Shared Parenting», *Conciliation Courts Review*, vol. 22, n⁰ 2, December 1984.

MEYER, Elkin (1987), «Joint Custody: Affirming that Parents and Family are Forever», *Social Work*, Jan.-Feb. 1987, vol. 32, n⁰ 1, p. 18-24.

REITER, Sylvia A., *Recent Trends on Joint Custody*, texte d'une allocution prononcée au Congrès du Barreau international tenu à Montréal, juin 1991, document non publié, 12 pages.

RICCI, Isolina, «Watch your Language: How your Words Describe your Status», Extrait des Actes du Colloque de l'Association of Family Conciliation Court, Winnipeg, June 1990, p. 48-56.

ROMAN, M. et HADDAD, W. (1978), *The Disposable Parent*, Holt, Rinehart, and Winston, New York.

ROMAN, Mel et HADDAD, William (1978), «The Case for Joint Custody», *Psychology Today*, September.

RYAN, Judith, P. (1986), «Joint Custody in Canada: Time for a Second Look», *Reports of Family*, 49 R.F.L. (2d).

SASSER, Donald J., *Joint Custody*, texte d'une allocution prononcée au Congrès du Barreau international tenu à Montréal, juin 1991, document non publié, 6 pages.

SHERIF, Teresa (1979), *La garde conjointe des enfants dans les cas de séparation et divorce*, Service de la recherche, C.S.S.Q., mai.

SIMARD-OEZIMER, Françoise (1982), «La garde conjointe des enfants, c'est possible», *La Gazette des Femmes*, Montréal, septembre 82, vol. 4, n⁰ 3.

SORENSEN, E.D. et GOLDMAN, J., (1990), «Custody determinations and child development: A review of the current literature», *Journal of divorce*, 13, (4), 53-67.

SULLEROT, Evelyne, *Radioscopie des pères*, texte d'une allocution prononcée au Colloque Père et Paternité dans la France d'aujourd'hui, Paris, février 1987, 16 pages.

STACK, Carole (1976), «Who Owns the Child? Divorce and Child Custody Decisions in Middle Class Families», *Social Problems*, XXIII, April 1976.

WALLERSTEIN, J. et KELLY, J. (1975), «The Effects of Parental Divorce: The Experience of the Preschool Child», *J. American Acad. Child Psychiat.*, U.S.A.

WALLERSTEIN, J. et KELLY, J. (1979), «Children & Divorce, A Review», *Social Work*, vol. 24, n⁰ 6, nov. 1979, U.S.A.

WALLERSTEIN, Judith et KELLY, Joan (1980), *Surviving the Break-Up: How Parents and Children Cope with Divorce*, Basic Book, New York.

WALLERSTEIN, J. (1983), «Children of Divorce: The Psychological Tasks of the Child», *American Orthopsychiatric Inc.*, 53 (2) April.

WALLERSTEIN, J. (1984), «Children of Divorce: Preliminary Report of a Ten-year Follow-up of Young Children», *American Journal of Orthopsychiatry*, vol. 54, n° 3, July 1985.

WESTMAN, Jack (1979), *Joint Custody from the Child's Point of View*, University of Wisconsin, Madison, Wisconsin.

ZEMMELMAN, Steven E., STEINMAN, Susan B. et KNOBLAUCH, Thomas M., «A Model Project on Joint Custody for Families Undergoing Divorce», *Social Work*, Jan.-Feb. 1987, vol. 32, n° 1, p. 32-37.

DÉCISIONS CONSULTÉES

S.C. c. *P.R.*, LPJ-96-5755, n° 200-12-052648-947 (C.S.) 28 mai 1996 garde partagée refusée.

B. c. *D.*, C.S.Q., n° 200-12-053841-954 (1995) garde alternée accordée.

Droit de la famille – 2199, [1995] R.D.F. 415, J.E. 95-1095 (C.S.) garde conjointe et partagée accordée.

Droit de la famille – 2002, [1994] R.D.F. 486 (C.S.) garde conjointe et partagée accordée.

Droit de la famille – 1916, [1994] R.D.F. 60 (C.S.) garde conjointe refusée.

Droit de la famille – 1850, [1993] R.D.F. 505 (C.S.) garde partagée refusée.

Droit de la famille – 1747, [1993] R.D.F. 227 (C.S.) garde partagée refusée.

Droit de la famille – 1717, [1993] R.J.Q. 166 (C.S.) garde conjointe et partagée accordée.

Droit de la famille – 1884, J.E. 93-1848 (C.A.) garde conjointe et partagée accordée par la Cour supérieure. C.A. n'intervient pas.

Droit de la famille – 1863, J.E. 93-1625 (C.A.) garde conjointe refusée.

Droit de la famille – 1617, J.E. 92-1022 (C.A.) garde conjointe refusée.

Droit de la famille – 1578, J.E. 92-728 (C.A.) garde conjointe refusée.

Droit de la famille – 1636, [1992] R.D.F. 600 (C.S.) garde partagée refusée.

Droit de la famille – 1545, [1992] R.D.F. 324 (C.S.) garde conjointe refusée.

Droit de la famille – 955, [1991] R.J.Q. 599 (C.A.) garde conjointe refusée.

Droit de la famille – 666, [1989] R.D.F. 412 (C.S.) garde conjointe et partagée accordée.

Droit de la famille – 1219, [1989] R.D.F. 112 (C.S.) garde conjointe refusée.

La spécificité de la médiation en contexte d'autorité

Pierrette Brisson-Amyot*

INTRODUCTION

La famille est-elle en crise? A-t-elle besoin de «soutien»? Faut-il la «responsabiliser» davantage? «Miser sur ses capacités» relève-t-il d'un nouveau projet social ou d'une utopie passéiste?

La vie familiale est, en effet, le théâtre de plusieurs conflits qui dégénèrent en crises graves ou en ruptures. Ces brusques pertes d'équilibre se manifestent tantôt dans les relations entre conjoints, tantôt dans les relations parents/enfants.

Comment rétablir un équilibre? Comment trouver une solution juste et équitable, à la satisfaction des deux parties? Comment protéger l'enfant tout en responsabilisant le parent? Comment traduire le mode utilisé pour résoudre le conflit en ce jour comme un modèle à répéter, comme une école d'apprentissage?

La médiation est un mode efficace de résolution du conflit. C'est un outil qui peut aider la famille à se maintenir, à se rééquilibrer, à évoluer, et ceci peu importe la forme qu'elle adopte. La médiation pourra être pour la famille et ses membres faisant face à un litige, un soutien circonstanciel, un moyen de trouver une solution juste, équitable et satisfaisante pour tous, un moyen de développer leurs capacités de résolution de conflit et de responsabiliser davantage les acteurs en cause.

L'intervenant social dans le domaine de la protection de la jeunesse poursuit comme but premier la protection de l'enfant, tout

---

* Travailleuse sociale. L'auteure n'a pas révisé son texte.

en responsabilisant le milieu naturel. Peut-on concilier ce rôle de délégué à la protection de la jeunesse avec celui de médiateur? Situons-nous dans une des problématiques, soit les conflits parent/ adolescent.

Les troubles de comportement chez l'adolescent tirent souvent leur origine d'une méconnaissance des besoins du jeune ainsi que de ceux du parent; ils dégénèrent en conflit violent, car chacun s'est limité à «sa» solution. La médiation oblige chacune des parties à prendre conscience des intérêts de l'autre, à inventorier plusieurs pistes de solutions et à mettre à l'essai une solution apportant un bénéfice certain à l'adolescent et aux parents. La présence d'un tiers impartial contrôle la situation, évite l'escalade, incite à l'écoute et à la créativité.

La négligence d'un parent envers son enfant ne peut être traitée comme une médiation entre deux parties, car le père et/ou la mère considèrent leurs comportements adéquats mais la société établit des normes et considère ledit enfant en état de compromission; l'intervenant est donc partie prenante et ne peut jouer le rôle de médiateur. Toutefois, l'utilisation de la technique de négociation sur intérêt permettra au parent de mettre en évidence ses besoins et à l'enfant de faire valoir les siens, via l'intervenant social. Ensemble, parent et intervenant social inventorieront des options pour assurer que l'enfant ne soit plus en état de compromission. Le tiers, ici, ne joue pas le rôle de médiateur mais, par son action, oriente vers une solution satisfaisante les deux parties en cause, soit le parent et l'enfant.

Dans le présent chapitre, nous révélerons quelques statistiques démontrant le bien-fondé de la médiation en matière de protection de la jeunesse. Nous rappellerons très brièvement les différentes phases de la médiation. Nous décrirons la trajectoire d'un dossier dans le système de la protection de la jeunesse au Québec ainsi que la possibilité d'avoir recours aux techniques de médiation à ces différentes étapes. Nous préciserons le rôle de l'intervenant social dans l'utilisation de cette technique ainsi que les embûches à éviter. En conclusion, nous survolerons d'autres situations familiales à caractère conflictuel et tirant bénéfice de l'utilisation de la médiation.

EXPÉRIENCES

Jamais vue, jamais connue cette façon d'aborder les problèmes en protection de la jeunesse? Mais non: dès la fin des années 70, quelques sociétés américaines de protection de l'enfant ont préconisé l'utilisation de la médiation, plus particulièrement dans le domaine de la délinquance juvénile.

En 1978, Rochester Juvenile Mediation tente les premières expériences, qui sont suivies en 1980 d'une recherche dirigée par la «Children's Aid Society, New York». Cinq cents références par année, dont les problématiques sont de toutes sortes, ont démontré que l'utilisation de la médiation conduit au succès dans 77% des cas. Cette expérimentation s'adressait à toutes les catégories de familles, sans sélection des problématiques. Il fut observé que le succès est très supérieur lorsque la médiation débute très tôt, soit moins de trois jours après la réception de la demande. En comparant à d'autres modèles d'intervention, il s'avère que le respect des engagements est beaucoup plus grand et que par la suite la communication entre les membres est accrue.

Depuis 1982, il existe à la «Connecticut Superior Court Family Division» une section intitulée «Juvenile Mediation Model».

De 1985 à 1987, au Colorado, un projet s'échelonnant sur deux ans est dirigé par la «Child Protection Mediation». Quinze médiateurs ont participé à l'expérience. Cent quatre-vingt-sept dossiers ont été sélectionnés selon les critères suivants: l'enfant ne doit pas être en danger immédiat, un réel besoin de protection est déterminé, les parents sont capables de négocier par eux-mêmes ou par l'intermédiaire de leur avocat, la participation volontaire de tous, soit le parent, l'adolescent, l'avocat et le travailleur social. Les sujets traités portaient sur la déchéance parentale, la garde et/ou l'accès au grand-parent, les conflits parent-adolescent, la difficulté d'accès engendrée par le déménagement d'un parent, la négligence, l'abus dans l'exercice de l'autorité parentale. Au niveau des mesures volontaires ou d'ordonnance du tribunal acceptée par les parents, la médiation était offerte à toutes les familles correspondant aux critères ci-haut mentionnés; le processus commençait alors immédiatement et s'étendait sur trois rencontres en moyenne. Quatre-vingt-dix pour cent (90%) d'ententes ont été obtenues, une meilleure communication a par la suite été observée entre les parties et un très faible pourcentage de récidive a été enregistré dans ces dossiers.

Au Québec, nous tentons, depuis 1988, d'introduire le modèle médiation dans le cadre de la protection de la jeunesse. Les Centres de services sociaux de Québec (CSSQ), de Sherbrooke (CSS Estrie) et de Montréal (CSSMM) ont formé quelques membres du personnel à cet effet et expérimentent le modèle.

APPLICATION DU MODÈLE MÉDIATION

Rappelons-nous qu'en protection de la jeunesse, la protection de l'intérêt de l'enfant est le premier objectif poursuivi tout en recherchant la responsabilisation du parent. À ce titre, nous devons parler de «médiation ouverte» par opposition à «médiation fermée».

«Médiation ouverte» signifie que, d'une part, toute entente intervenue entre les parties fera l'objet d'un document écrit mais que, d'autre part, une non-entente entre les parties donnera naissance à un rapport rédigé par l'intervenant social et soumis à l'instance appropriée selon l'étape des procédures. Il s'agit ici d'une caractéristique exceptionnelle puisque la médiation, telle que couramment définie en matière matrimoniale, est «fermée», c'est-à-dire qu'un résultat de non-entente met fin immédiatement au processus et interdit alors la rédaction de tout document écrit.

Les phases de la médiation se résument ainsi: l'évaluation de la situation-problème, la reconnaissance et la nomenclature des besoins de chacune des parties, la recherche et la nomenclature des options pouvant permettre une résolution du conflit, la discussion de chacune des options, le choix de «la» solution retenue, la rédaction de l'entente.

Peu importe le problème soumis, les «besoins» des deux parties en cause devront être clairement établis et nommés. S'il s'agit de «troubles de comportement», l'intervenant social écoutera attentivement les revendications de l'adolescent et du parent, les positivera, c'est-à-dire les traduira en «besoins» et recherchera l'assentiment des deux parties en cause.

Dans un deuxième temps, l'intervenant aidera les parties à identifier les options pouvant être considérées comme une solution potentielle. Il stimulera leur créativité et, dans certains cas, suggérera des options. Il est essentiel de visualiser une liste d'options (plus de deux) et de refuser la discussion immédiate. Par la suite, la discussion desdites options permettra d'établir une relation besoins/options et de privilégier une solution.

Dans les situations complexes, il peut être important de partialiser, c'est-à-dire de séparer en séquences, d'étudier un premier volet, de mettre à l'essai la solution correspondante et de reprendre le processus quelques semaines plus tard concernant un second point de désaccord. Une fois toutes les facettes du problème étudiées, la rédaction d'une entente permettra aux parties de réaliser l'importance de l'engagement, de signer des «vraies mesures volontaires» ou de s'engager pleinement dans un plan d'intervention, de s'y référer dans le futur.

TRAJECTOIRE D'UN DOSSIER EN PROTECTION DE LA JEUNESSE

Du signalement à la prise en charge, plusieurs étapes surgissent et peuvent laisser place à l'utilisation de la médiation pour assurer l'intérêt de l'enfant et la responsabilisation du parent.

Attardons-nous à chacune des étapes et scrutons-y les avantages de l'application du modèle médiation. Au tableau 2, les traits non continus indiquent la possibilité d'avoir recours au modèle médiation.

À la réception du signalement, celui-ci peut être retenu et donner cours à l'évaluation/orientation. D'autre part, si le signalement est non retenu et que l'équipe d'urgence sociale y a été associée, il peut être bénéfique de reconnaître les besoins des parties, qu'il s'agisse de ceux des parents, de l'enfant ou de l'adolescent, de lister les options qui peuvent améliorer la situation, de décider d'une solution à mettre en oeuvre, tout ceci dans le meilleur intérêt du jeune. «Pas de fumée sans feu», dit le dicton populaire: en ce sens, un signalement cache toujours un malaise et l'intervention immédiate dirige vers une ressource adéquate s'il y a lieu, crée un modèle à utiliser si des situations semblables surgissent, évite que le problème ne s'amplifie et qu'il en résulte un retour à la protection de la jeunesse. L'adolescent en colère et le parent en désarroi qui ont ainsi été accueillis à l'urgence sociale trouvent une solution à leur problème à la satisfaction des deux parties, peuvent reconstruire une relation saine, voire même éviter que la situation continue à se détériorer au point de faire intervenir une famille d'accueil ou un centre d'accueil.

À l'étape évaluation/orientation, la compromission peut être retenue et donner cours à une ordonnance du tribunal ou à des mesures volontaires. S'il s'avère qu'aucune compromission n'est déclarée, notre intrusion dans cette famille a laissé sa trace, soit en mettant en lumière un malaise, soit en créant un déséquilibre; il est alors important d'inciter les parties à reconnaître les besoins de chacun d'eux, à identifier des options et une solution satisfaisante pour tous afin de rétablir l'équilibre et de permettre à chacun de grandir, de continuer l'édification de la famille (nucléaire, monoparentale ou reconstituée) sur un terrain plus solide et plus riche. Le parent avec lequel ont été abordés les différents aspects de la négligence (nourriture ou gardiennage) devrait ressortir de cette évaluation avec une meilleure connaissance des besoins de son enfant, une reconnaissance de ses propres «besoins» et une image d'un mariage de ces »besoins», à la satisfaction des deux. C'est à ce prix que l'évaluation à connotation «non-danger de compromission» sera non agressante pour les parties en cause, voire même un moyen d'amélioration.

Mesures volontaires ne sont pas synonyme de mesures non judiciaires. Elles tirent leur originalité de ce que les parties reconnaissent les besoins de chacune d'elles et définissent elles-mêmes les termes d'une entente qui devrait faire cesser toute compromission en regard du jeune. La technique de médiation permettra tant au parent qu'à l'adolescent, s'il y a lieu, de mettre en évidence les «besoins» de chacun, de clairement identifier les diverses avenues de solution, de choisir la solution la plus adéquate et de s'engager pleinement dans les différents éléments déterminés pour l'actualiser. Ainsi, dans une situation de troubles de comportement, d'une part, parent et adolescent s'engageront en connaissance de cause et, d'autre part, l'intervenant social qui assurera l'application desdites mesures volontaires pourra plus facilement et efficacement aider les parties à cheminer et s'assurer de l'élimination des éléments de compromission.

Une ordonnance du tribunal statue sur le fait de la compromission et les mesures appropriées. L'intervenant social qui se voit confier le mandat de contrôle, de surveillance et d'aide ne peut remplir sa tâche sans l'établissement d'un plan d'intervention, lequel ne prendra sa valeur que s'il est bâti pour et avec les parties en cause. La médiation les incitera à reconnaître les besoins de chacun, à identifier les objectifs à poursuivre et les moyens pour les atteindre, soit à construire un plan d'intervention, élément essentiel pour arriver au but ultime, faire cesser la compromission.

Nous notons tout au long de la trajectoire «protection de la jeunesse» que la médiation peut être d'un précieux secours. Loin de nous la prétention que la médiation suffit à la tâche; cette technique identifie, définit, précise l'action, incite chacun à l'appropriation de l'objectif, les différents modèles de thérapie seront par la suite mis à profit.

MARIAGE ENTRE LE RÔLE DE DÉLÉGUÉ À LA PROTECTION DE LA JEUNESSE ET LE RÔLE DE MÉDIATEUR

Le médiateur est un tiers neutre qui aide les parties à trouver une solution satisfaisante pour tous. Le rôle du délégué à la protection de la jeunesse n'est pas en contradiction avec le rôle du médiateur, si on garde à l'esprit qu'il s'agit de médiation ouverte à toute étape de la trajectoire sauf celle du signalement non retenu.

Le médiateur/délégué à la protection de la jeunesse joue le rôle de chef d'orchestre et est responsable du processus, mais il est également responsable du contenu et, à ce titre, doit veiller à protéger l'intérêt de l'enfant ou de l'adolescent. Il ne s'agit pas ici d'une incompatibilité dans les rôles mais plutôt d'un complément de fonction.

L'une des tâches du médiateur est d'équilibrer le pouvoir à tout moment du processus. En protection de la jeunesse, le pouvoir est inégal si on compare le pouvoir donné par l'autorité parentale et celui attribué au statut d'enfant. Il ne s'agit pas ici d'égaliser le pouvoir mais bien d'assurer un équilibre, soit permettre à chacun de jouer son rôle au sein de la famille.

Le médiateur, tout en étant neutre, peut et doit fournir l'information. Il peut avoir recours à des ressources pour compléter l'information. Le délégué à la protection de la jeunesse utilisera la technique de médiation comme complément à son action et ne deviendra, en aucun temps, un médiateur au sens pur du terme.

CONCLUSION

La spécificité de la médiation peut s'actualiser dans le fait que les parties définissent elles-mêmes les termes de leur entente, laquelle mettra fin à leur litige et ceci à la satisfaction de tous. À ce titre, quelle que soit l'étape de la trajectoire en protection de la jeunesse, les parents et les jeunes trouveront avantage à faire cesser la compromission en utilisant cette technique.

Non seulement les «besoins» seront mis en évidence, les options seront mises en lumière et la solution sera le résultat d'une entente, mais les parties auront appris à s'écouter et à négocier. En effet, lors du prochain conflit parent/adolescent, les parties mettront en pratique les techniques de négociation, éviteront l'escalade et prendront une entente. C'est donc une forme d'éducation.

Cette technique de médiation peut être utilisée à profit dans d'autres types de conflits au sein de la famille. Comment protéger l'intérêt de l'enfant lorsque la famille biologique et la famille d'accueil s'affrontent? Comment permettre à l'enfant de bien vivre avec sa famille adoptive tout en reconnaissant l'existence et l'importance de sa famille biologique? Comment permettre à des enfants de choisir le devenir de leurs parents âgés tout en respectant leurs besoins? Ces différents champs d'action du travailleur social ouvrent leur porte à la médiation.

BIBLIOGRAPHIE

CÔTÉ, Luc, Pierrette BRISSON-AMYOT et Françoise LAFOR-TUNE, *Le spectre de la neutralité en médiation familiale*, 1988.

HAYNES, John M., «A Conceptual Model of the Process of Family Mediation», *American Journal of Family Therapy*, vol. 10, nº 4.

LEMMON, John A., «The Mediation Method throughout the Family Life Cycle», *Mediation Quarterly*, mars 1985.

MAYER, Bernard, «Conflict Resolution in Child Protection and Adoption», *Mediation Quarterly*, mars 1985.

MAYER, Bernard S. et Mary M. GOLTEN, *The Child Protection Mediation Project: A Manual and Operational Description of Mediation in Child Protection*, C.D.R., Associated Center for Dispute Resolution.

SHAW, Margaret L., «Parent-Child Mediation: a Challenge and a Promise», *Mediation Quarterly*, mars 1985.

URY, William et Roger FISHER, *Getting Yes*, Houghton Mifflin, 1981.

AGMV
MARQUIS
Québec, Canada
1997